本书为中国社会科学院马克思主义理论学科建设与理论研究工程重大项目"加快构建新发展格局的重点任务和实施路径研究"（2021mgczd016）资助成果

新发展格局

从经济领域到非经济领域
加速启动"五位一体"新发展格局的构建

李海舰 孙博文 朱兰 等◎著

New Development Paradigm

From Economic to
Non-Economic Fields——Accelerating the Construction of
the Five-sphere Integrated New Development Paradigm

中国社会科学出版社

图书在版编目（CIP）数据

新发展格局：从经济领域到非经济领域：加速启动"五位一体"新发展格局的构建/李海舰等著. —北京：中国社会科学出版社，2023.10
ISBN 978-7-5227-2677-9

Ⅰ.①新… Ⅱ.①李… Ⅲ.①中国经济—经济发展—研究 Ⅳ.①F124

中国国家版本馆 CIP 数据核字（2023）第 200505 号

出 版 人	赵剑英
责任编辑	黄　晗
责任校对	夏慧萍
责任印制	王　超

出　　版	中国社会科学出版社
社　　址	北京鼓楼西大街甲 158 号
邮　　编	100720
网　　址	http://www.csspw.cn
发 行 部	010-84083685
门 市 部	010-84029450
经　　销	新华书店及其他书店
印　　刷	北京明恒达印务有限公司
装　　订	廊坊市广阳区广增装订厂
版　　次	2023 年 10 月第 1 版
印　　次	2023 年 10 月第 1 次印刷
开　　本	710×1000　1/16
印　　张	22.75
插　　页	2
字　　数	369 千字
定　　价	118.00 元

凡购买中国社会科学出版社图书，如有质量问题请与本社营销中心联系调换
电话：010-84083683
版权所有　侵权必究

目　录

前　言 ……………………………………………………………… (1)

总论篇　"五位一体"新发展格局的指导思想与总体设计

总论一　"五位一体"新发展格局的指导思想 ……………………… (3)

总论二　"五位一体"新发展格局的总体设计 ……………………… (36)

第一篇　"五位一体"新发展格局

第一章　"五位一体"新发展格局的提出 ………………………… (69)
第一节　时代背景 ………………………………………………… (70)
　一　世界发生百年未有之大变局 ………………………………… (70)
　二　实现中华民族伟大复兴战略全局 …………………………… (71)
第二节　"两局"影响 ……………………………………………… (71)
　一　发展阶段的变化 ……………………………………………… (72)
　二　发展环境的变化 ……………………………………………… (72)
　三　发展模式的变化 ……………………………………………… (73)
　四　发展理论的变化 ……………………………………………… (74)
第三节　战略应对：构建"五位一体"新发展格局 …………… (75)

一　经济发展新格局 ………………………………………………（75）
　　二　政治文明新格局 ………………………………………………（76）
　　三　文化发展新格局 ………………………………………………（76）
　　四　社会发展新格局 ………………………………………………（77）
　　五　生态文明新格局 ………………………………………………（78）

第二章　"五位一体"新发展格局的战略内涵与重大意义 ……………（79）
　第一节　战略属性 …………………………………………………（79）
　　一　新时代 …………………………………………………………（79）
　　二　新世界 …………………………………………………………（80）
　　三　新技术 …………………………………………………………（81）
　　四　新框架 …………………………………………………………（82）
　第二节　战略目标 …………………………………………………（83）
　　一　从经济领域到非经济领域 ……………………………………（84）
　　二　从经济领域到非经济领域的难点 ……………………………（85）
　　三　从经济领域到非经济领域的思路 ……………………………（85）
　第三节　内在联系 …………………………………………………（86）
　　一　目标相同 ………………………………………………………（86）
　　二　功能相融 ………………………………………………………（87）
　　三　路径相撑 ………………………………………………………（87）
　　四　机理相通 ………………………………………………………（88）
　第四节　重大意义 …………………………………………………（88）
　　一　现实意义：实现高质量发展的有效战略 ……………………（89）
　　二　理论意义：后发国家追赶模式的理论创新 …………………（89）
　　三　中国意义：中国特色社会主义发展道路的深化 ……………（90）
　　四　世界意义：人类命运共同体 …………………………………（90）

第三章　"五位一体"新发展格局的形成逻辑 …………………………（92）
　第一节　理论逻辑 …………………………………………………（92）
　　一　"五位一体"新发展格局的理论基础 …………………………（92）
　　二　中国发展新格局的理论本质 …………………………………（93）

  三　中国发展新格局形成的理论逻辑 …………………………（94）
 第二节　历史逻辑 ………………………………………………（95）
  一　中国发展格局演变的历史轨迹：后发国家的追赶动力 ……（95）
  二　追赶发展模式的主要问题 …………………………………（97）
  三　历史逻辑：追赶路径转向引领路径 ………………………（98）
 第三节　实践逻辑 ………………………………………………（99）
  一　局部领域试点改革的内涵与成就 ………………………（100）
  二　通过局部领域的试点改革可以降低发展的风险 ………（100）
  三　新时代提出的新要求 ……………………………………（101）
  四　实践逻辑：局部领域试点改革与顶层设计改革 ………（103）

第四章　"五位一体"新发展格局的构建思路 …………………（104）
 第一节　整体理念 ……………………………………………（104）
  一　政治观 ……………………………………………………（104）
  二　全局观 ……………………………………………………（105）
  三　系统观 ……………………………………………………（105）
  四　全球观 ……………………………………………………（106）
  五　未来观 ……………………………………………………（106）
 第二节　总体要求 ……………………………………………（107）
  一　高质量供给需求 …………………………………………（107）
  二　高强度动力支撑 …………………………………………（107）
  三　高水平安全保障 …………………………………………（108）
  四　高水平对外开放 …………………………………………（108）
  五　高品质人民生活 …………………………………………（108）
  六　高站位胸怀天下 …………………………………………（109）
 第三节　根本动力 ……………………………………………（109）
  一　构建发展新格局的动力结构 ……………………………（109）
  二　坚持创新的全局核心地位 ………………………………（110）
  三　坚持把数字化作为重中之重 ……………………………（111）
 第四节　阶段安排 ……………………………………………（111）
  一　"十四五"时期是塑形与成型阶段 ………………………（112）

二 "十五五"时期是定型与完型阶段 ……………………… (112)
三 "十六五"时期是成功与成熟阶段 ……………………… (113)

第二篇 经济发展新格局

第五章 经济发展新格局的提出与重大意义 …………………… (117)
第一节 提出背景 ……………………………………………… (117)
一 中国式现代化进入新发展阶段 ………………………… (118)
二 中国经济进入新常态 …………………………………… (119)
第二节 形成逻辑 ……………………………………………… (120)
一 新发展阶段需要转变原有发展方式 …………………… (120)
二 新发展阶段必须坚持高质量发展 ……………………… (121)
三 构建新发展格局是高质量发展的重要载体 …………… (123)
第三节 重大意义 ……………………………………………… (124)
一 理论意义 ………………………………………………… (124)
二 实践意义 ………………………………………………… (126)

第六章 经济发展新格局的总体要求 …………………………… (128)
第一节 以新发展理念为总体行动指南 ……………………… (128)
一 以创新指导构建新发展格局 …………………………… (128)
二 以协调指导构建新发展格局 …………………………… (129)
三 以绿色指导构建新发展格局 …………………………… (130)
四 以开放指导构建新发展格局 …………………………… (132)
五 以共享指导构建新发展格局 …………………………… (133)
六 以安全指导构建新发展格局 …………………………… (135)
第二节 经济发展新格局的重点任务 ………………………… (136)
一 把握一个基点 …………………………………………… (136)
二 畅通四大环节 …………………………………………… (138)
三 实现六大循环 …………………………………………… (140)
四 实现国内国际双循环 …………………………………… (144)

第七章 经济发展新格局的构建路径 (147)
第一节 实现科技自立自强 (147)
一 高度重视科技自主创新 (147)
二 打好"组合拳",实现高水平科技自立自强 (148)
第二节 提升产业链供应链稳定性竞争力 (149)
一 着力构建自主可控、安全高效的产业链供应链 (149)
二 拉长板与补短板 (150)
三 提高企业根植性 (150)
第三节 全面深化改革、完善社会主义市场经济体制 (151)
一 建立全国统一大市场 (151)
二 建设高标准金融体系和物流体系 (152)
第四节 数字技术为新发展格局赋能 (152)
一 用好数字经济,助力构建新发展格局 (153)
二 推动产业数字化升级 (153)

第三篇 政治文明新格局

第八章 政治文明新格局的科学内涵 (157)
第一节 社会主义政治文明内涵特征 (157)
一 社会主义政治文明内涵 (157)
二 社会主义政治文明特征 (158)
第二节 政治文明新格局的理论框架 (160)
一 社会主义政治文明新内涵 (160)
二 政治文明制度运行新逻辑 (161)
三 世界新形势带来的新挑战 (162)
四 新一轮科技革命下新动力 (163)

第九章 政治文明新格局的制度运行逻辑 (164)
第一节 社会主义与资本主义之比较 (164)
一 生产力与生产关系动态适配性 (164)
二 以人民为中心与以资本为中心 (165)

三　社会主义与市场经济有机统一 …………………………… (167)
　　　四　社会主义与资本规范健康发展 …………………………… (168)
　第二节　中国特色社会主义制度框架 ………………………………… (169)
　　　一　根本制度、基本制度、重要制度的内涵和范畴 ………… (170)
　　　二　根本制度、基本制度、重要制度的有机关系 …………… (171)
　第三节　中国特色社会主义制度优势 ………………………………… (171)
　　　一　政治制度优势 ……………………………………………… (171)
　　　二　经济制度优势 ……………………………………………… (174)
　　　三　文化制度优势 ……………………………………………… (175)
　　　四　社会制度优势 ……………………………………………… (175)
　　　五　创新制度优势 ……………………………………………… (176)

第十章　构建政治文明新格局的重大举措 …………………………… (178)
　第一节　坚持党的全面领导 …………………………………………… (178)
　　　一　坚持和加强党中央集中统一领导 ………………………… (179)
　　　二　坚持党对全面工作领导地位 ……………………………… (179)
　　　三　做到"两个维护"、拥护"两个确立" ………………… (180)
　　　四　全面推进新时代的党建工作 ……………………………… (180)
　第二节　推进全过程人民民主 ………………………………………… (182)
　　　一　全过程人民民主的科学内涵 ……………………………… (182)
　　　二　推动全过程人民民主的举措 ……………………………… (183)
　第三节　推进全面依法治国 …………………………………………… (185)
　　　一　坚持习近平法治思想的根本指引 ………………………… (185)
　　　二　切实加强党对全面依法治国领导 ………………………… (186)
　　　三　推动国家治理在法治轨道上运行 ………………………… (187)
　　　四　健全中国特色社会主义法治体系 ………………………… (188)
　第四节　推动制度优势转化为国家治理效能 ………………………… (190)
　　　一　推进国家治理体系与治理能力现代化 …………………… (190)
　　　二　积极参与和引领全球治理体系变革 ……………………… (191)
　　　三　加强数字技术赋能国家治理现代化 ……………………… (192)

第四篇 文化发展新格局

第十一章 文化发展新格局的科学内涵 (197)
第一节 文化发展新格局的构建背景 (197)
一 新时代 (197)
二 新世界 (198)
三 新技术 (199)
四 新框架 (199)

第二节 文化新发展格局的核心要义 (201)
一 中华优秀传统文化 (201)
二 革命文化 (205)
三 社会主义先进文化 (206)
四 时代文化 (208)
五 人类优秀文明 (210)

第三节 文化发展新格局的内在逻辑 (212)
一 指导地位 (212)
二 内在联系 (216)
三 整体表述 (218)

第十二章 构建文化发展新格局的重大作用 (221)
第一节 理论逻辑 (221)
一 文化与精神的关系 (221)
二 文化与道德的关系 (222)
三 文化与思维的关系 (222)
四 文化与制度的关系 (223)

第二节 历史逻辑 (224)
一 中华民族绵延不断根脉所在 (224)
二 中国共产党人伟大成就所系 (224)

第三节 现实逻辑 (225)
一 文化发展与经济发展的失衡问题 (225)

二　文化发展对经济发展的引领作用 …………………………（226）
第四节　未来逻辑 ………………………………………………………（227）
　　一　应对不确定性思维方式 …………………………………（227）
　　二　推动经济强国与文化强国发展相契合 …………………（227）
　　三　整合国家意识与全球意识 ………………………………（228）

第十三章　构建文化发展新格局的重大举措 ……………………（229）
第一节　践行大德体系：文化与社会的融合发展 ………………（229）
　　一　个人品德 …………………………………………………（230）
　　二　家庭美德 …………………………………………………（230）
　　三　职业道德 …………………………………………………（231）
　　四　社会公德 …………………………………………………（231）
第二节　发挥企业作用：文化与企业的融合发展 ………………（232）
　　一　企业推进文化发展具有天然优势 ………………………（232）
　　二　广泛拓展企业推进文化发展路径 ………………………（233）
第三节　打造人文价值：文化与经济的融合发展 ………………（235）
　　一　突出人文财富 ……………………………………………（235）
　　二　发展美学经济 ……………………………………………（236）
第四节　重塑文化优势：文化与科技的融合发展 ………………（237）
　　一　数智技术赋能中华优秀传统文化的保护 ………………（237）
　　二　数智技术赋能中华优秀传统文化的创新 ………………（238）
　　三　数智技术赋能中华优秀传统文化的传播 ………………（239）
第五节　厚植文化自信：文化与时代的融合发展 ………………（240）
　　一　赋予中华优秀传统文化时代价值 ………………………（240）
　　二　打造与新时代相契合的三大体系 ………………………（244）
第六节　引领全球文化：文化与政治的融合发展 ………………（245）
　　一　坚持文化交流互鉴 ………………………………………（246）
　　二　加强国际传播 ……………………………………………（247）
　　三　发挥世界价值 ……………………………………………（247）

第五篇 社会发展新格局

第十四章 社会发展新格局的科学内涵 (251)
第一节 核心要义 (251)
一 新时代：社会文明新高度 (252)
二 新世界：人类社会新关系 (252)
三 新技术：社会治理新能力 (253)
四 新框架：社会发展新格局 (254)

第二节 重要内容 (255)
一 民生"三性" (255)
二 民生"七有" (256)
三 民生"三感" (256)
四 内在逻辑关系 (257)

第三节 根本要求 (258)
一 以人民为中心 (258)
二 满足美好生活需要 (259)
三 公平优先 (259)
四 共同富裕 (259)
五 共享发展 (260)

第十五章 构建社会发展新格局的逻辑基础 (261)
第一节 理论逻辑 (261)
一 "共享"新发展理念的题中之义 (261)
二 "全面"高质量发展的重要内容 (262)

第二节 历史逻辑 (263)
一 中国传统民生思想的时代发展 (263)
二 中国共产党百年奋斗的历史使命 (264)

第三节 现实逻辑 (265)
一 满足人民美好生活的新要求 (265)
二 应对数智社会治理的新问题 (266)

第十六章　构建社会发展新格局的重大举措 （267）
第一节　多措并举推进民生"七有" （267）
　　一　"幼有所育"举措 （267）
　　二　"学有所教"举措 （268）
　　三　"劳有所得"举措 （269）
　　四　"病有所医"举措 （270）
　　五　"老有所养"举措 （271）
　　六　"住有所居"举措 （272）
　　七　"弱有所扶"举措 （272）
第二节　促进基本公共服务均等化 （273）
　　一　贯彻落实国家基本公共服务标准 （273）
　　二　建立国民身份的公共服务新体系 （274）
　　三　提升数智时代基本公共服务能力 （275）
　　四　健全基本公共服务动态监测体系 （275）
第三节　建成多层次社会保障体系 （276）
　　一　深入实施全民参保计划 （276）
　　二　完善养老保险制度 （277）
　　三　完善医疗保险制度 （278）
　　四　完善社会救助制度 （279）
第四节　打造共建共治共享社会治理格局 （280）
　　一　打造"公平社会"举措 （280）
　　二　打造"安全社会"举措 （281）
　　三　打造"幸福社会"举措 （282）
　　四　打造"共享社会"举措 （282）

第六篇　生态文明新格局

第十七章　生态文明新格局的科学内涵 （287）
第一节　从生态文明到生态文明格局 （287）
　　一　生态文明与生态文明建设 （287）
　　二　生态文明格局的逻辑递进 （290）

第二节 生态文明新格局的突出特征 (290)
  一 适应新发展阶段的生态文明格局 (290)
  二 贯彻落实新发展理念的生态文明格局 (292)
  三 坚持高质量发展的生态文明格局 (294)
  四 与经济、政治、文化、社会新格局高度协同的生态文明格局 (296)

第三节 生态文明新格局的框架体系 (297)
  一 与现代化强国相适配的生态文明建设新目标、新要求 (297)
  二 顺应和促进科技革命与产业变革的绿色创新体系 (298)
  三 支撑人与自然和谐共生中国式现代化的发展方式与制度体系 (299)
  四 引领全球的生态环境治理范式 (300)

第十八章 构建生态文明新格局的重大意义和内在逻辑 (301)
第一节 历史逻辑 (301)
  一 推进社会主义建设时期 (302)
  二 改革开放和社会主义现代化建设时期 (303)
  三 中国特色社会主义新时代 (306)

第二节 理论逻辑 (309)
  一 生态文明新格局是践行习近平生态文明思想的要求 (309)
  二 生态文明新格局是对西方生态环境保护理论的扬弃 (310)

第三节 现实逻辑 (312)
  一 把握新发展阶段机遇的战略选择 (312)
  二 应对新发展阶段挑战的战略选择 (312)
  三 贯彻落实新发展理念和高质量发展的必然要求 (313)
  四 实现新时代"两步走"战略目标的重要保障 (314)
  五 中国引领全球从工业文明走向生态文明的要求 (314)

第十九章 构建生态文明新格局的路径与任务 (316)
第一节 构建自然生命共同体 (316)
  一 开展陆海空天一体化治理 (316)

二　建立"两山"理念下的生态价值实现机制……………………(318)
　　三　数字技术赋能生态环境治理……………………………………(320)
第二节　构建人与自然生命共同体………………………………………(321)
　　一　以多维协调治理推进生态—经济—社会一体化发展………(321)
　　二　强化国内区域间跨界污染治理…………………………………(323)
　　三　把碳达峰、碳中和纳入生态文明建设整体布局………………(325)
　　四　强化发展方式绿色转型的支撑政策体系………………………(328)
第三节　构建人类命运共同体……………………………………………(329)
　　一　积极引领全球气候变化治理……………………………………(329)
　　二　积极引领生物多样性保护………………………………………(330)
　　三　积极引领跨境污染治理…………………………………………(330)
　　四　积极推动联合国可持续发展目标………………………………(332)

参考文献……………………………………………………………………(334)

前　言

党的二十大报告指出："必须完整、准确、全面贯彻新发展理念，坚持社会主义市场经济改革方向，坚持高水平对外开放，加快构建以国内大循环为主体、国内国际双循环相互促进的新发展格局。"关于新发展格局的研究，目前主要集中在经济领域，较少涉及政治、文化、社会、生态等非经济领域。而实际上，党的十八大以来，无论是在理论上，还是在实践中，都已经开启了构建诸领域新发展格局的总探索。

新发展阶段的目标是未来30年把中国建设成为富强、民主、文明、和谐、美丽的社会主义现代化强国，体现了经济、政治、文化、社会、生态诸领域"全面"现代化的要求；新发展理念则为中国"全面"现代化建设的指导原则，创新发展、协调发展、绿色发展、开放发展、共享发展、安全发展的要求是全方位、全领域、全过程的；高质量发展并非单一的经济高质量发展，而是包括经济、政治、文化、社会、生态诸领域在内的"全面"高质量发展。根据习近平新时代中国特色社会主义思想的伟大创造和伟大实践，基于统筹中华民族伟大复兴战略全局和世界发生百年未有之大变局的大背景，我们提出将新发展格局从经济领域拓展至非经济领域，加快构建包括经济发展新格局、政治文明新格局、文化发展新格局、社会发展新格局、生态文明新格局在内的"五位一体"新发展格局。

"五位一体"新发展格局的构建是一项复杂的系统工程，尽管各自内涵不同，但是它们目标相同、功能相融、路径相撑、机理相通，彼此紧密联系，由此形成一个有机整体。"五位一体"新发展格局的构建，必须坚持政治观、系统观、全局观、全球观、未来观，必须体现高质量供给需求、高强度动力支撑、高水平安全保障、高水平对外开放、高品质人民生活、高站位胸怀天下。与中国2035年远景目标规划相一致，力争"五位一体"新发展格局"十四五"时期（2021—2025年）从塑形到成型、"十五五"时期（2026—2030年）从定型到完型、"十六五"时期（2031—2035年）完全成功成熟。"五位一体"新发展格局的构建，意味着中国要在经济、政治、文化、社会、生态诸领域为解决人类问题贡献"中国智慧""中国方案""中国力量"，从而创造中国发展新道路、引领人类文明新形态，加快中国在全球发展中从"跟跑""并跑"向"领跑"的转变。

本书系中国社会科学院马克思主义理论学科建设与理论研究工程重大项目"加快构建新发展格局的重点任务和实施路径研究"（2021mgczd016）资助最终成果。全书共分七篇，其中，总论篇为"五位一体"新发展格局构建的指导思想与总体设计，第一篇至第六篇分别为"五位一体"新发展格局、经济发展新格局、政治文明新格局、文化发展新格局、社会发展新格局和生态文明新格局。本书作者包括中国社会科学院数量经济与技术经济研究所李海舰研究员、张友国研究员、孙博文副研究员、朱兰副研究员、杜爽博士后、赵海兰博士后，中共中央党校（国家行政学院）蔡之兵副教授和北京大学习近平新时代中国特色社会主义思想研究院尹俊研究员。

全书分工如下：李海舰为课题总负责人，负责全书提纲设计与总论篇，其中总论一的作者为李海舰、杜爽，总论二的作者为李海舰、朱兰、孙博文。孙博文为项目执行人，负责全书提纲设计、后期统稿，以及其间的组织、协调等工作。蔡之兵负责第一篇撰写，尹俊负责第二篇撰写，孙博文负责第三篇撰写，杜爽负责第四篇撰写，朱兰负责第五篇撰写，张友国、赵海兰负责第六篇撰写。另感谢北京大学周晓时博士后、谢贤君博士后、吴紫薇博士，中证金融研究院李浩民助理研究员、西安交通大学李凌霄博士、中央财经大学马金秋博士以及中国社会科学院大学硕士研究生苏鑫和杨霄斐的科研辅助工作。全书整体内容，大家集体讨论，相互之间各有观点借鉴。

李海舰　孙博文
2023年4月10日

总 论 篇

"五位一体"新发展格局的指导思想与总体设计

总 论 一

"五位一体"新发展格局的指导思想

基于世界发生百年未有之大变局、基于实现中华民族伟大复兴战略全局，根据当今世界错综复杂的国际国内形势、根据中国共产党百年奋斗的历史经验，习近平总书记给出了一系列的新论述、新理论、新方略，成为指导"五位一体"新发展格局构建、中国发展新道路、人类文明新形态的最高思想。

习近平新时代中国特色社会主义思想涉及经济、政治、文化、社会、生态、国防军队、民族宗教、国际外交、祖国统一、党的建设诸方面。其中，精髓所在、共通之处可概括为"十二个更加突出"：更加突出党的领导、更加突出人民中心、更加突出系统思维、更加突出发展质量、更加突出政治、更加突出安全、更加突出绿色、更加突出文化、更加突出公平、更加突出创新、更加突出开放、更加突出引领。

一 更加突出党的领导

过去一百年，党向人民、向历史交出了一份优异答卷。现在，党团结带领中国人民踏上实现第二个百年奋斗目标新的赶考之路。新时期，要更加突出党的领导。

（一）中国共产党领导是历史的选择、人民的选择

一百年前，中国共产党成立，形成了坚持真理、坚守理想，践行初心、担当使命，不怕牺牲、英勇斗争，对党忠诚、不负人民的伟大建党精神，这是中国共产党的精神之源。一百年来，中国共产党创造了"四个伟

大成就"：创造了新民主主义革命的伟大成就，实现救国大业；创造了社会主义革命和建设的伟大成就，实现兴国大业；创造了改革开放和社会主义现代化建设的伟大成就，实现富国大业；创造了新时代中国特色社会主义的伟大成就，开创强国大业。① 中国共产党的诞生，深刻改变了近代以来中华民族发展的方向和进程，深刻改变了中国人民和中华民族的前途和命运，深刻改变了世界发展的趋势和格局。历史和现实证明，实现中华民族伟大复兴要坚持中国共产党的领导。

中国共产党领导是中国特色社会主义最本质的特征，是中国特色社会主义制度的最大优势，是党和国家的根本所在、命脉所在，是全国各族人民的利益所系、命运所系。在国家治理体系的大棋局中，党中央是坐镇中军帐的"帅"，车马炮各展其长，一盘棋大局分明。② 党中央必须有定于一尊、一锤定音的权威。③ 全党必须始终在政治立场、政治方向、政治原则、政治道路上同党中央保持高度一致。

（二）充分发挥党总揽全局、协调各方的领导核心作用

坚持党的领导，首先是坚持党中央权威和集中统一领导，这是党的领导的最高原则，任何时候任何情况下都不能含糊、不能动摇。党的领导必须是全面的、系统的、整体的，党政军民学，东西南北中，党是领导一切的。党的领导必须体现到经济建设、政治建设、文化建设、社会建设、生态文明建设和国防军队、民族宗教、国际外交、祖国统一、党的建设诸方面，确保党的领导全覆盖，充分发挥党总揽全局、协调各方的领导核心作用。④

经济工作是党治国理政的中心工作，要加强党对经济工作的全面领导，抓住这个"牛鼻子"，其他工作就更好开展；坚持党对科技事业的全面领导，形成高效的组织动员体系和统筹协调的科技资源配置模式。加强党对全面依法治国的集中统一领导，把党的领导贯彻到依法治国全过程和

---

① 习近平：《在庆祝中国共产党成立100周年大会上的讲话》，人民出版社2021年版。
② 中共中央党史和文献研究院：《习近平关于全面从严治党论述摘编》，中央文献出版社2021年版。
③ 习近平：《论坚持党对一切工作的领导》，中央文献出版社2019年版。
④ 习近平：《论坚持党对一切工作的领导》，中央文献出版社2019年版。

各方面，实现党领导立法、保证执法、支持司法、带头守法，确保全面依法治国正确方向。党的领导是社会主义文艺发展的根本保证，党的领导工作和文艺工作都是为人民服务的，把握这个立足点，就能准确把握党性和人民性的关系、政治立场和创作自由的关系。把党的领导贯穿社会治理全过程和各方面，把中国特色社会主义制度优势转化为强大的社会治理效能。加强党对生态文明建设的全面领导，建设一支生态保护铁军，政治强、本领高、作风硬、敢担当。党指挥枪是保持人民军队本质和宗旨的根本保障，要坚持党对人民军队的绝对领导，把这一条当作人民军队永远不能变的军魂、永远不能丢的命根子。党的领导是各民族大团结的根本保证，民族工作能不能做好，最根本的一条是党的领导是不是坚强有力。外交是国家意志的集中体现，必须坚持外交大权在党中央，对外工作是一个系统工程，必须形成党总揽全局、协调各方的对外工作大协同局面。

（三）让党的领导更加适应实践、时代、人民的要求

坚持党的领导，必须不断改善党的领导。新形势下，党面临"四大考验"：执政考验、改革开放考验、市场经济考验、外部环境考验；面临"四种危险"：精神懈怠的危险、能力不足的危险、脱离群众的危险、消极腐败的危险，落实党要管党、全面从严治党的任务比以往任何时候都更为繁重、更为紧迫。要全面推进党的政治建设、思想建设、组织建设、作风建设、纪律建设，把制度建设贯穿其中，把政治建设摆在首位，思想建党和制度治党同向发力，统筹推进党的各项建设。要坚持加强党的集中统一领导和解决党内问题相统一，坚持守正和创新相统一，坚持严管和厚爱相统一，坚持组织推动和个人主动相统一，不断推进党的自我革命，不断增强党自我净化、自我完善、自我革新、自我提高的能力。要牢记打铁必须自身硬的道理，坚定不移推进党风廉政建设和反腐败斗争，坚决清除一切损害党的先进性和纯洁性的因素，清除一切侵蚀党的健康肌体的病毒，坚决防范一切违背初心和使命、动摇党的根基的危险，确保党不变质、不变色、不变味。要全面提高党的建设质量，把党建设成为始终走在时代前列、人民衷心拥护、勇于自我革命、经得起各种风浪考验、朝气蓬勃的马克思主义执政党，让党的领导更加适应实践、时代、人民的要求。

二 更加突出人民中心

中国共产党根基在人民、血脉在人民、力量在人民,人民是我们党执政的最大底气,是我们共和国的坚实根基,是我们强党兴国的根本所在。

(一) 党把人民始终放在心中最高位置

江山就是人民、人民就是江山,打江山、守江山,守的是人民的心。中国共产党把为中国人民谋幸福、为中华民族谋复兴确立为自己的初心使命,把全心全意为人民服务作为根本宗旨,把人民对美好生活的向往作为奋斗目标,把人民日益增长的美好生活需要和不平衡不充分发展之间的矛盾作为新时代的中国社会主要矛盾。党把人民健康放在优先发展的战略地位,把面向人民生命健康作为国家科技创新四大方向之一,坚持人民至上、生命至上。重大疫情面前,党把人民生命安全放在第一位,最优秀的医生、最先进的设备、最急需的资源,全力以赴救治、全部费用承担,不惜一切代价。疫情防控期间,党把群众利益放在第一位,国家实行"六稳六保"政策,其中,稳就业排在"六稳"的首位,保居民就业、保社会民生排在"六保"的前列。无论是"六稳"还是"六保",就业、民生始终排在最前。

(二) 党把人民群众评价作为一切工作得失的根本标准

以百姓心为心,与人民同呼吸、共命运、心连心,是党的初心,也是党的恒心。党来自人民、根植人民、服务人民,除了人民利益之外没有自己的特殊利益,把人民拥护不拥护、赞成不赞成、高兴不高兴、答应不答应,作为衡量一切工作得失的根本标准。党员、干部初心变没变,使命记得牢不牢,要由群众来评价,由实践来检验。党的一切工作都是为了实现好、维护好、发展好最广大人民的根本利益,扎实解决好群众最关心最直接最现实的利益问题、最困难最忧虑最急迫的实际问题,使幼有所育、学有所教、劳有所得、病有所医、老有所养、住有所居、弱有所扶,真正做到发展为了人民、发展依靠人民、发展成果由人民共享,使人民获得感、幸福感、安全感更加充实、更有保障、更可持续。

(三) 党把全过程人民民主作为依法治国核心

全面依法治国最广泛、最深厚的基础是人民,把体现人民利益、反映人民愿望、维护人民权益、增进人民福祉落实到依法治国各领域全过程,把全过程人民民主作为依法治国核心,坚持党的领导、人民当家作主、依法治国有机统一。中国发展全过程人民民主,不仅有完整的制度程序,也有完整的参与实践,全体人民依法实行民主选举、民主协商、民主决策、民主管理、民主监督,依法通过各种途径和形式管理国家事务,具有时间上的连续性、内容上的整体性、运行上的协同性、人民参与上的广泛性和持续性。中国全过程人民民主实现了过程民主和成果民主、程序民主和实质民主、直接民主和间接民主、人民民主和国家意志相统一,是全链条、全方位、全覆盖的民主,是最广泛、最真实、最管用的社会主义民主。[①] 进一步完善全过程人民民主建设,健全全面、广泛、有机衔接的人民当家作主制度体系,构建多样、畅通、有序的民主渠道,丰富民主形式,从各层次各领域扩大人民有序政治参与,使各方面制度和国家治理更好体现人民意志、保障人民权益、激发人民创造。[②]

(四) 党把人民群众作为历史的创造者

不忘初心、牢记使命,说到底是为什么人、靠什么人的问题。中华民族从站起来、富起来到强起来的伟大飞跃,是中国人民奋斗出来的。中国人民是具有伟大创造精神、伟大奋斗精神、伟大团结精神、伟大梦想精神的人民。人民是历史的创造者,是决定党和国家前途命运的根本力量。必须相信人民、依靠人民,始终与人民心心相印、与人民同甘共苦、与人民团结奋斗。必须尊重人民主体地位和首创精神,充分调动人民群众的积极性、主动性、创造性,广泛汇聚民智,最大激发民力,形成人人参与、人人尽力、人人都有成就感的生动局面,举全民之力推进中国特色社会主义事业。

[①] 中华人民共和国国务院新闻办公室:《中国的民主》,人民出版社2021年版。
[②] 《中国共产党第十九届中央委员会第六次全体会议文件汇编》,人民出版社2021年版。

三 更加突出系统思维

系统观念是具有基础性的思想和工作方法。从国内到全球、从经济到政治、从产业到区域，必须坚持系统观念、突出系统思维。

（一）从国内到全球

国内发展突出系统思维，要具备大系统观、大全局观。统筹推进"五位一体"总体布局，坚持以经济建设为中心，发展社会主义市场经济，发展社会主义民主政治，发展社会主义先进文化，构建社会主义和谐社会，建设社会主义生态文明，统一于把中国建成富强民主文明和谐美丽的社会主义现代化强国的新目标。协调推进"四个全面"战略布局，全面建设社会主义现代化国家、全面深化改革、全面依法治国、全面从严治党相辅相成、相互促进，是战略目标和战略举措相统一的有机整体，体现了国家发展和治理的系统性、整体性、协同性。贯彻落实新发展理念，创新发展注重解决发展动力问题，协调发展注重解决发展不平衡问题，绿色发展注重解决人与自然和谐问题，开放发展注重解决发展内外联动问题，共享发展注重解决社会公平正义问题；新发展理念是一个系统的理论体系，要统一贯彻，不能顾此失彼，不能相互代替。系统把握"三新"，把握新发展阶段是贯彻新发展理念、构建新发展格局的现实依据，贯彻新发展理念为把握新发展阶段、构建新发展格局提供了行动指南，构建新发展格局则是应对新发展阶段机遇和挑战、贯彻新发展理念的战略选择；"三新"明确了中国发展的历史方位、中国现代化建设的指导原则、中国经济现代化的路径选择，要注重三者之间的内在关联性，统筹兼顾、整体谋划。全面落实"三个统筹"，统筹疫情防控和经济社会发展，统筹发展和安全，统筹中华民族伟大复兴战略全局和世界百年未有之大变局，增强机遇意识和风险意识，加强前瞻性思考、系统性谋划、战略性布局，于危机中育新机、于变局中开新局。

全球发展突出系统思维，要具备大宇宙观、大全球观。山水林田湖草沙冰是一个生命共同体，不能头痛医头、脚痛医脚、各管一摊、相互掣肘，要从系统工程和全局角度寻求新的治理之道，整体保护、系统修复、综合治理、源头治理，推动生态系统功能整体性提升。人与自然是生命共同体，大自然是人类赖以生存发展的基本条件，人类应该以自然为根，敬畏自然、尊重自然、顺应自然、保护自然，坚持人与自然和谐共生。构建中华民族共同体，坚持大团结大联合，坚持一致性和多样性统一，寻求最大公约数，画出最大同心圆。构建人类命运共同体，世界各国坚持对话协商，建设一个持久和平的世界；坚持共建共享，建设一个普遍安全的世界；坚持合作共赢，建设一个共同繁荣的世界；坚持交流互鉴，建设一个开放包容的世界；坚持绿色低碳，建设一个清洁美丽的世界。

促进国内国际双循环坚持系统思维，既要加强国内大循环在双循环中的主导作用，也要重视以国际循环提升国内大循环效率和水平，实现国内国际双循环互促共进。要把实现高水平自立自强和实行高水平对外开放统筹起来，协同推进强大国内市场和贸易强国建设，促进内需和外需、进口和出口、引进外资和对外投资协调发展。畅通双循环的关键在于畅通经济循环，要建设统一开放、竞争有序的现代市场体系，贯通生产、分配、流通、消费各环节，打通经济循环过程中的堵点、断点，既要确保供给侧有效畅通，增强供给体系韧性，提升供给体系的水平和质量，也要扭住扩大内需这个战略基点，加快培育完整内需体系，要把供给侧改革和需求侧管理统一起来，形成需求牵引供给、供给创造需求的更高水平动态平衡。① 双循环要进一步从经济领域拓展至政治、文化、社会、生态等非经济领域，畅通经济与非经济之间的循环，包括人口与经济、创新与经济、教育与经济、健康与经济、低碳与发展、安全与发展、公平与发展、幸福与发展。

（二）从经济到政治

经济层面，历史地、发展地、辩证地、系统地认识和把握"五类资本"，促进国有资本、集体资本、民营资本、外国资本、混合资本良性发展、协同发展，构建完善的资本体系，激发各类资本活力，发挥其促进科

---

① 习近平：《论把握新发展格局、贯彻新发展理念、构建新发展格局》，中央文献出版社2021年版。

技进步、繁荣市场经济、便利人民生活、参与国际竞争的积极作用。① 从宏观、微观、结构、科技、改革开放、区域、社会层面系统部署"七大政策",有力应对需求收缩、供给冲击、预期转弱"三重压力"。② 宏观政策要稳健有效,保持政策的连续性、稳定性、可持续性,提高政策的针对性、操作性、有效性,财政政策和货币政策要协调联动,跨周期和逆周期宏观调控政策要有机结合;微观政策要着力打造更加完善的市场环境,提振市场主体信心,激发市场主体活力;结构政策要继续深化供给侧结构性改革,畅通国民经济循环,突破供给约束堵点;科技政策要强化国家战略科技力量,强化企业创新主体地位,完善优化科技创新生态,确保政策扎实落地;改革开放政策要激活发展动力,以高水平对外开放提升改革效能;区域政策要增强发展的平衡性协调性,深入实施区域重大战略和区域协调发展战略,全面推进乡村振兴;社会政策要统筹推进经济发展和民生保障,兜住兜牢民生底线。"七大政策"相互配合、相互促进,使稳增长、调结构、促改革、惠民生有机结合,使发展质量、结构、规模、速度、效益、安全相统一。

政治层面,中国特色社会主义制度是一个严密完整的科学制度体系,起四梁八柱作用的是根本制度、基本制度、重要制度,其中具有统领地位的是党的领导制度。根本制度,包括根本领导制度——党的集中统一领导制度和全面领导制度;根本政治制度——人民代表大会制度;根本文化制度——马克思主义在意识形态领域指导地位的制度;根本社会治理制度——共建共治共享;根本军事制度——党对人民军队的绝对领导制度。基本制度,包括基本政治制度——中国共产党领导的多党合作和政治协商制度、最广泛的爱国统一战线制度、民族区域自治制度、基层群众自治制度;基本经济制度——公有制为主体、多种所有制经济共同发展的所有制结构,按劳分配为主体、多种分配方式并存的分配制度,有效市场与有为政府相结合的社会主义市场经济的资源配置方式。重要制度,包括法治体系、行政体制、经济制度、文化制度、民生保障制度、社会治理制度、生态文明制度体系、人民军队领导制度、"一国两制"制度体系、和平外交

---

① 习近平:《依法规范和引导我国资本健康发展　发挥资本作为重要生产要素的积极作用》,《人民日报》2022年5月1日第1版。

② 《中央经济工作会议在北京举行》,《人民日报》2021年12月11日第1版。

政策、国家监督体系。要持续完善根本制度、基本制度、重要制度，构建系统完备、科学规范、运行有效的制度体系。

（三）从产业到区域

产业层面，基础设施领域，"新基建"与"老基建"相互补充、相互支持，打通实体空间之间、虚拟空间之间、实体空间和虚拟空间之间的相互联系，使陆域海域空域融为一体，使实体空间与虚拟空间融为一体。通过"新基建"加力、"老基建"改造，更好地发挥基础设施建设"双轮"驱动作用。"新基建"领域，协同推进消费互联网升级和产业互联网发展，强化消费互联网优势，补齐产业互联网短板。产业互联网领域，协同推进数字产业化和产业数字化发展，通过数字产业化为产业数字化发展提供数字技术、产品、基础设施等核心支撑，通过产业数字化为数字产业化提供源源不断的数据资源和应用场景，催生新产业新业态新模式。

区域层面，促进西部大开发形成新格局，推动东北振兴取得新突破，推动中部地区高质量发展，鼓励东部地区加快推进现代化。高标准高质量建设雄安新区，促进京津冀协同发展、长三角一体化发展、粤港澳大湾区建设、长江经济带发展、黄河流域生态保护和高质量发展、成渝地区双城经济圈建设。运用系统思维谋划区域协调发展，形成优势互补、高质量发展的区域经济布局。

四　更加突出发展质量

立足新发展阶段，要坚持以经济建设为中心，坚定不移走高质量发展之路，确保全面建设社会主义现代化国家开好局、起好步。

（一）发展是党执政兴国的第一要务

中国是世界上最大的发展中国家，发展是解决中国一切问题的基础和关键。中国全面实现社会主义现代化还有相当长的路要走，发展任务仍然很重。脱贫标准层面，中国离国际脱贫水平还有很大差距，脱贫成果要继续巩固，脱贫质量要继续提升。人均 GDP 方面，中国人均 GDP 仅 1.2 万美元，距离国际上现代化国家的标准还有很长的路要走。创新能力方面，全社会 R&D 投入较发达国家差距明显，部分关键核心技术受制于人，创新能力不适应高质量发展要求。公共服务层面，民生保障存在短板，社会治理还有弱项，在政府卫生支出水平、新生儿人均预期寿命等指标方面，中国与发达国家相比差距较大。农业发展方面，中国农业基础还不稳固，农业发展中仍存在深层次矛盾和问题，亟须从农产品结构、抗风险能力、农业现代化水平上发力。资源环境方面，中国生产和生活体系向绿色低碳转型的压力都很大，如期实现"双碳"目标任务极其艰巨。发展是党执政兴国的第一要务，必须紧紧围绕发展这个第一要务，牢牢扭住经济建设这个中心。不能只重视发展不平衡问题，也要高度重视发展不充分问题。对于两类不同性质的发展问题，不能相互混同、相互替代，要用发展的办法协同解决"两类发展问题"，在解决发展不平衡问题中解决发展不充分问题，在解决发展不充分问题中解决发展不平衡问题，推动经济实现质的稳步提升和量的合理增长。

（二）从高速度增长转向高质量发展

过去，中国以国内生产总值作为衡量发展的标准，实现了经济的高速增长。随着中国经济步入增长速度换挡期、结构调整阵痛期、前期刺激政策消化期"三期叠加"阶段，传统发展模式难以为继。不能再简单以国内生产总值增长率论英雄，要以提高经济增长质量和效益为立足点，坚持以供给侧结构性改革为主线，转变发展方式、优化经济结构、转换增长动力，推动经济发展质量变革、效率变革、动力变革，实现更高质量、更有效率、更加公平、更可持续、更为安全的发展。

推动高质量发展，必须构建现代化经济体系。构建创新引领、协同发展的产业体系，统一开放、竞争有序的市场体系，实现效率、促进公平的收入分配体系，彰显优势、协调联动的城乡区域发展体系，资源节约、环境友好的绿色发展体系，多元平衡、安全高效的全面开放体系，充分发挥市场作用、更好发挥政府作用的经济体制。[①] 推动高质量发展，要深入实施制造强国战略，加强产业基础能力建设，提升产业链供应链现代化水

[①] 《习近平谈治国理政》第三卷，外文出版社 2020 年版。

平，推动制造业优化升级，促进制造业降本减负，提升制造业核心竞争力。推动高质量发展，要全面实施乡村振兴战略，健全城乡融合发展体制机制，形成工农互促、城乡互补、协调发展、共同繁荣的新型工农城乡关系，加快农业农村现代化，实现巩固脱贫攻坚成果同乡村振兴有效衔接。推动高质量发展，必须夯实实体经济根基，把做实做强做优实体经济作为主攻方向。提高金融体系服务实体经济能力，健全具有高度适应性、竞争力、普惠性的现代金融体系，构建金融有效支持实体经济的体制机制。促进数字技术与实体经济深度融合，赋能传统产业转型升级，壮大经济发展新引擎，构筑国家竞争新优势。

（三）高质量发展要从经济领域拓展至经济社会方方面面

从高速度增长转向高质量发展，是一次革命性的飞跃；将高质量发展从经济领域拓展至政治、文化、社会、生态等所有领域，这又是一次革命性的飞跃。从内容上看，高质量发展不只是一个经济要求，而是对经济社会发展方方面面的总要求，要以高质量发展为准则，推动物质文明、政治文明、精神文明、社会文明、生态文明协调发展。从空间上看，高质量发展不是只对经济发达地区的要求，而是所有地区发展都必须贯彻的要求。各地区要结合实际情况，因地制宜、扬长补短、优势互补，走出适合本地区实际的高质量发展之路。从时间上看，高质量发展是"十四五"乃至更长时期中国经济社会发展的主题，不是一时一事的要求，而是必须长期坚持的要求，关系中国社会主义现代化建设全局。[①] 由此可见，高质量发展，针对的是全领域全过程全环节。

五　更加突出政治

旗帜鲜明讲政治，既是马克思主义政党的鲜明特征，也是中国共产党一以贯之的政治优势，全党上下必须时时刻刻讲政治，增强政治意识、把握政治大局。

---

① 习近平：《坚定不移走高质量发展之路　坚定不移增进民生福祉》，《人民日报》2021年3月8日第1版。

（一）什么是讲政治

讲政治，是中国共产党补钙壮骨、强健身体的根本保证，是中国共产党培养自我革命勇气、增强自我净化能力、提高排毒杀菌政治免疫力的根本途径。全党讲政治，党就风清气正、团结统一，充满生机活力，党的事业就蓬勃发展；反之，就弊病丛生、人心涣散、丧失斗志，各种错误思想得不到及时纠正，给党的事业造成严重损失。① 旗帜鲜明讲政治，就是要时刻严守政治关，时刻绷紧政治弦，就是要在大是大非面前保持头脑清醒、保证立场坚定、勇于担当作为、敢于善于斗争，始终做政治上的"明白人""老实人"。② 中国共产党要始终做到不忘初心、牢记使命，把党和人民事业长长久久推进下去，必须增强政治意识，树牢政治理想，把握政治方向，遵守政治纪律，承担政治责任，加强政治历练，积累政治经验，提高政治能力，永葆政治本色，要找准坐标、选准方位、瞄准靶心，善于从政治上看问题，用政治眼光观察和分析经济社会问题，从讲政治的高度思考和推进经济社会发展工作，使讲政治从外部要求转化为内在主动。③

（二）为什么讲政治

当今时代，一切重大问题都有政治属性，讲政治既是必然，更是必须。① 经济问题具有政治属性，如中美陷入"修昔底德陷阱"引发经贸摩擦，表面看是经济战，实际是人才战、科技战、知识产权战、创新战，本质上是两种意识形态、两种政治制度的竞争，即政治战。② 文化问题具有政治属性，如中华优秀传统文化是中华民族生命力、凝聚力、创造力的重要源泉，弘扬中华优秀传统文化，有利于构筑中华民族共有精神家园，铸牢中华民族共同体意识。通过强大精神纽带，促进各民族交往交流交融，

---

① 习近平：《以解决突出问题为突破口和主抓手 推动党的十八届六中全会精神落到实处》，《人民日报》2017年2月14日第1版。

② 习近平：《年轻干部要提高解决实际问题能力 想干事能干事干成事》，《人民日报》2020年10月11日第1版；习近平：《筑牢理想信念根基树立践行正确政绩观 在新时代新征程上留下无悔的奋斗足迹》，《人民日报》2022年3月2日第1版。

③ 《中共中央政治局召开会议分析研究二〇二一年经济工作 研究部署党风廉政建设和反腐败工作 审议〈中国共产党地方组织选举工作条例〉》，《人民日报》2020年12月12日第1版。

使各民族自觉从党和国家工作大局、从中华民族整体利益的高度想问题、做决策、抓工作，从而形成各民族团结奋进的强大政治凝聚力。③社会问题具有政治属性，如扎实推进共同富裕，首先是社会问题，通过反垄断反不正当竞争、防止资本无序扩张、优化收入分配结构等，防范化解各类风险，解决社会主要矛盾，维护社会和谐稳定；又是经济问题，通过提高城乡居民收入，提升人力资本，提高全要素生产率，增强经济发展的韧性；更是政治问题，民心是最大的政治，能否实现共同富裕，事关国家长治久安和执政党的政治基础。④生态问题具有政治属性，如"双碳"问题看似自然问题，实则关乎把握国际舆论和博弈的主动权，一些西方国家对中国大打"环境牌"，多方面对中国施压，围绕生态环境问题的大国博弈十分激烈。应对生态问题，不能脱离实际、急于求成，要立足国情、稳中求进，把握工作节奏，保持战略定力，明确阶段目标，决不把长期目标短期化、系统目标碎片化，不把持久战打成突击战，不能因生态问题引发社会问题、政治问题。

（三）怎么样讲政治

从根本看，讲政治就是要讲党性，在思想政治上讲政治立场、政治方向、政治原则、政治道路，在行动实践上讲维护党中央权威、执行党的政治路线、严格遵守党的政治纪律和政治规矩。具体而言，讲政治就是要把握政治大局，不断提高政治判断力、政治领悟力、政治执行力。讲政治必须提高政治判断力，增强科学把握形势变化、精准识别现象本质、清醒明辨行为是非、有效抵御风险挑战的能力。要善于思考涉及党和国家工作大局的根本性、全局性、长远性问题，加强战略性、系统性、前瞻性研究谋划，善于从一般事务中发现政治问题，从倾向性、苗头性问题中发现政治端倪，从错综复杂的矛盾关系中把握政治逻辑，不断提高政治敏锐性和政治鉴别力，做到眼睛亮、见事早、行动快。讲政治必须提高政治领悟力，对党中央精神深入学习、融会贯通，坚持用党中央精神分析形势、推动工作，对"国之大者"了然于胸，把国家长远利益和人民根本利益作为开展一切工作的出发点和落脚点。讲政治必须提高政治执行力，同党中央精神对表对标，切实做到党中央提倡的坚决响应，党中央决定的坚决执行，党中央禁止的坚决不做，不掉队、不走偏，不折不扣抓好党中央精神贯彻落实，知责于心、担责于身、履责于行。①

六　更加突出安全

随着中国社会主要矛盾变化和国际力量对比深刻调整，中国发展面临的内外部风险空前上升，必须增强忧患意识、坚持底线思维，实现更为安全的发展。

（一）统筹发展和安全

安全是发展的前提，发展是安全的保障。全面统筹发展和安全，把更为安全的发展贯穿于创新、协调、绿色、开放、共享的新发展理念，贯穿于国家发展各领域、全过程，实现高质量发展和高水平安全的良性互动，既通过发展提升国家安全实力，又深入推进国家安全思路、体制、手段创新，营造有利于经济社会发展的安全环境，实现发展和安全的动态平衡。②在发展中要更多考虑安全因素，善于预见和预判各种风险挑战，既要高度警惕"黑天鹅"事件，也要防范"灰犀牛"事件；既要有防范风险的先手，也要有应对和化解风险挑战的高招；既要打好防范和抵御风险的有准备之战，也要打好化险为夷、转危为机的战略主动战。③总之，在发展过程中要增强机遇意识和风险意识，把困难估计得更充分一些，把风险思考得更深入一些，注重堵漏洞、强弱项，下好先手棋、打好主动仗。

（二）树牢总体国家安全观

中国目前面临严峻的国家安全形势，传统安全和非传统安全威胁相互交织，经济安全和非经济安全问题交叠渗透。必须构建集政治安全、国土安全、经济安全、社会安全、科技安全、生态安全、核安全、资源安全、生物安全、军事安全、文化安全、网络安全、太空安全、海外利益安全、

---

① 《中共中央政治局召开民主生活会强调加强政治建设提高政治能力坚守人民情怀　不断提高政治判断力政治领悟力政治执行力》，《人民日报》2020年12月26日第1版。
② 中共中央宣传部、中华人民共和国外交部：《习近平外交思想学习纲要》，人民出版社、学习出版社2021年版，第63页。
③ 《习近平谈治国理政》第三卷，外文出版社2020年版。

深海安全、极地安全等于一体的国家安全体系。从系统层面应对各类安全问题，树牢总体国家安全观，以人民安全为宗旨，以政治安全为根本，以经济安全为基础，以军事、科技、文化、社会安全为保障，以促进国际安全为依托；统筹发展和安全，统筹开放和安全，统筹传统安全和非传统安全，统筹自身安全和共同安全，统筹维护国家安全和塑造国家安全。统筹经济安全和非经济安全，防范化解政治、意识形态、经济（金融）、科技、社会、外部环境、党的建设等领域重大风险。维护科技领域安全，完善国家创新体系，建立自主创新的制度机制优势，加强重大创新领域战略研判和前瞻部署，强化国家战略科技力量建设，实现高水平科技自立自强。维护核心技术安全，把核心技术掌握在自己手中，把握竞争和发展的主动权，从根本上保障国家经济安全、国防安全和其他安全。维护网络安全，没有网络安全就没有国家安全，过不了互联网这一关就过不了长期执政这一关，必须高度重视互联网这个意识形态斗争的主阵地、主战场、最前沿，加快推进依法治网，形成网上网下同心圆。

树立总体经济安全观，系统应对经济领域可能出现的重大风险。维护金融安全，守住不发生系统性金融风险底线，防范化解重点领域风险，完善金融安全防线和风险应急处置机制。维护能源安全，能源安全是关系国家经济社会发展的全局性、战略性问题，很多国际政治、经济、外交、军事等方面的活动都是围绕能源在做文章，抓住能源就抓住了国家发展和安全战略的"牛鼻子"。维护粮食安全，"洪范八政，食为政首"，要端牢中国饭碗，饭碗主要装中国粮。维护产业链供应链安全，要坚持经济性和安全性相结合，形成更具创新力、更高附加值、更安全可靠的产业链供应链，防止"经济脱钩""科技脱钩"，防止"去中国化"。

（三）防止各类风险联动、共振、传导

各种风险往往不是孤立出现的，很可能相互交织并形成一个风险综合体。一种风险通常触发另一种风险，或使已存在的风险进一步升级。以此次新冠疫情为例，疫情引致公共卫生风险向经济领域传导，引致企业倒闭、员工失业，极有可能引发经济危机。经济风险进一步向社会领域传导，导致失业人员增加，民众收入得不到保障，极有可能引起突发公共事件，引发社会危机。突发公共事件在网络传播过程中又可能引发舆情危机，波及网络安全和意识形态安全。防范化解重大疫情和突发公共卫生风险，事关社会政治大局稳定。同时，新冠疫情引致实体经济发展困难增多，可能向金融领域延伸，触发金融危机。有效化解金融系统风险，稳固实体经济发展是根基。

国家安全是一个复杂巨系统，各类风险相互叠加，产生负向反馈。对各种可能的风险及其原因要心中有数、对症下药、综合施策，出手及时有力，力争把风险化解在源头，不让小风险演化为大风险，不让个别风险演化为综合风险，不让局部风险演化为系统性风险，不让国际风险演化为国内风险。[①] 要防范各类风险连锁联动、叠加共振，防范经济领域风险向社会、政治领域传导，从全局性着眼，从关联性着手，多维思考，综合求解。

七　更加突出绿色

生态兴则文明兴，生态衰则文明衰。坚持"绿水青山就是金山银山"理念，构建生态文明体系，推进美丽中国建设，实现人与自然和谐共生的现代化。

（一）为什么建设生态文明

建设生态文明关乎人类未来。山水林田湖草沙冰是一个生命共同体，人的命脉在田，田的命脉在水，水的命脉在山，山的命脉在土，土的命脉在林和草，这个生命共同体是人类生存发展的物质基础。要遵循生态系统内在机理和规律，统筹兼顾、整体施策、多措并举，全方位、全地域、全过程开展生态文明建设。人与自然是生命共同体，"万物各得其和以生，各得其养以成"，必须坚持人与自然共生共存的理念，像保护眼睛一样保护生态环境，像对待生命一样对待生态环境，伤害自然终将伤及人类自己。

生态文明建设是关系中华民族永续发展的根本大计。在"五位一体"

[①] 中共中央文献研究室：《习近平关于社会主义社会建设论述摘编》，中央文献出版社2017年版。

总体布局中,生态文明建设是其中一位;在新时代坚持和发展中国特色社会主义基本方略中,坚持人与自然和谐共生是其中一条;在新发展理念中,绿色是其中一项;在三大攻坚战中,污染防治是其中一战;在到本世纪中叶建成社会主义现代化强国目标中,美丽中国是其中一个。① 环境就是民生,青山就是美丽,蓝天也是幸福。良好生态环境是最基本的公共产品和最普惠的民生福祉,搞好生态环境,就是最大的公平。既要创造更多的物质财富和精神财富以满足人民日益增长的美好生活需要,也要提供更多优质生态产品以满足人民日益增长的优美生态环境需要。建设生态文明功在当代、利在千秋,我们不能吃祖宗饭、断子孙路,应遵循天人合一、道法自然的理念,寻求永续发展之路。

(二)建设什么样的生态文明

在过去的发展中,先污染后治理,生态环境遭到严重破坏,要坚决摒弃这条老路,绝不能以牺牲生态环境为代价换取一时一地的经济增长。经济发展不应是对资源和生态环境的竭泽而渔,生态环境保护也不应是舍弃经济发展的缘木求鱼。"绿水青山"和"金山银山"绝不是对立的,关键在人,关键在思路。从"只要金山银山不要绿水青山"到"既要绿水青山也要金山银山",再到"绿水青山就是金山银山""绿水青山胜过金山银山""冰天雪地也是金山银山",揭示了保护生态环境就是保护生产力、改善生态环境就是发展生产力,体现了生态环境保护和经济发展的辩证统一、相辅相成。要以自然之道,养万物之生,从保护自然中寻找发展机遇,探索以生态优先、绿色发展为导向的高质量发展新路子,实现生态环境保护和经济高质量发展双赢。要构建完善的生态文明体系,加快建立健全以生态价值观念为准则的生态文化体系,以产业生态化和生态产业化为主体的生态经济体系,以改善生态环境质量为核心的目标责任体系,以治理体系和治理能力现代化为保障的生态文明制度体系,以生态系统良性循环和环境风险有效防控为重点的生态安全体系。确保到2035年,生态环境质量实现根本好转,美丽中国目标基本实现。到本世纪中叶,实现人与自

---

① 习近平:《论坚持人与自然和谐共生》,中央文献出版社2022年版。

然和谐共生的现代化，建成美丽中国。①

（三）怎样建设生态文明

把生态环境放在经济社会发展评价体系的突出位置。完善以绿色发展为导向的考核评价体系，把资源消耗、环境损害、生态效益等体现生态文明建设状况的指标纳入经济社会发展评价体系，建立体现生态文明要求的目标体系、考核办法、奖惩机制，使之成为推进生态文明建设的重要导向和约束。

积极探索推广"绿水青山"转化为"金山银山"的路径。建立健全生态产品价值实现机制，让保护修复生态环境获得合理回报，让破坏生态环境付出相应代价。建立市场化、多元化生态补偿机制，使有效市场和有为政府更好结合、分类补偿与综合补偿统筹兼顾、纵向补偿与横向补偿协调推进、强化激励与硬化约束协同发力。健全生态价值核算与评估机制，构建科学的生态价值核算评价指标体系，明确不同生态产品核算方法。完善生态产品与生态产权市场交易机制，清晰界定生态产权归属，探索建立排污权、用能权、用水权、碳排放权等与生态价值核算挂钩。选择具备条件的地区开展生态产品价值实现机制试点，探索政府主导、企业和社会各界参与、市场化运作、可持续的生态产品价值实现路径。②

将碳达峰、碳中和纳入生态文明建设整体布局。立足以煤为主的基本国情，抓好煤炭清洁高效利用，增加新能源消纳能力，推动煤炭和新能源优化组合。加快调整优化产业结构、能源结构，大力发展新能源，积极有序发展核电，加快建设全国用能权、碳排放权交易市场，完善能源消费双控制度。解决好科技支撑不足问题，狠抓绿色低碳技术攻关，重点加强碳捕集利用和封存技术、零碳工业流程再造技术等核心技术攻关和市场化应用。建立科学考核机制，尽早实现能耗"双控"向碳排放总量和强度"双控"转变。加快形成减污降碳的激励约束机制，推动减污降碳协同增效。科学推进荒漠化、石漠化、水土流失综合治理，开展大规模国土绿化行动，提升生态系统碳汇能力。绿色低碳发展是经济社会发展全面转型的复

---

① 《习近平谈治国理政》第三卷，外文出版社2020年版。
② 习近平：《在深入推动长江经济带发展座谈会上的讲话》，《求是》2019年第17期。

杂工程和长期任务，要坚持全国统筹、节约优先、双轮驱动、内外畅通、防范风险的原则，处理好发展和减排、整体和局部、短期和中长期的关系，先立后破、通盘谋划。①

八 更加突出文化

文化兴国运兴，文化强民族强。围绕举旗帜、聚民心、育新人、兴文化、展形象的使命任务，建设社会主义文化强国，构筑中国精神、中国价值、中国力量。

（一）为什么建设文化强国

按照理论逻辑：①精神是文化的升华。中华文化为中华民族克服困难、生生不息提供了强大精神支撑。②经济是文化的物化。文化成为重要的生产要素，可使文化内化于心、外化于形。在考察人类文明新形态的多维度视角中，文化是最重要最根本的维度。文化自信是道路自信、制度自信、理论自信的内在支撑，是最基本、最深沉、最持久的力量。②

按照历史逻辑：①文化是中华民族绵延不断的根脉所在。中华民族能够在几千年的历史长河中生生不息、薪火相传、顽强发展，很重要的一个原因是中华民族有一脉相承的精神追求、精神特质、精神脉络。③ ②文化是中国共产党人伟大成就所系。无论是战争时期、建设时期，还是改革开放时期、新时期，文化的力量在改造物质世界、推进实践发展过程中都发挥了重大作用，可使"无形变为有形"。

按照现实逻辑：①文化发展与经济发展平衡。全面建成小康社会后，随着物质生活水平提高，人民对精神文化产品的需求日益增长，要把更好满足人民群众精神层面需求提上议事日程，既要"富口袋"，也要"富脑袋"。②文化强国与经济强国契合。中国从经济大国到经济强国，也要成

---

① 习近平：《正确认识和把握我国发展重大理论和实践问题》，《求是》2022年第10期；习近平：《推动平台经济规范健康持续发展　把碳达峰碳中和纳入生态文明建设整体布局》，《人民日报》2021年3月15日第1版。

② 《习近平谈治国理政》第二卷，外文出版社2017年版。

③ 《习近平在文艺工作座谈会上的讲话》，《人民日报》2015年10月15日第2版。

为文化强国。从时间节点看，2035年建成文化强国，通过文化软实力形成向心力、凝聚力、黏合力，实现中华儿女大团结、中华民族共同体、人类命运共同体，为人类提供正确精神指引。

(二) 建设什么样的文化强国

建设社会主义文化强国，要坚持马克思主义在意识形态领域的指导地位，以社会主义核心价值观引领文化建设，用社会主义先进文化、革命文化、中华优秀传统文化培根铸魂，同时，充分借鉴人类优秀文明。①传承弘扬中华优秀传统文化。思维层面，中华传统文化包括辩证文化、中正文化、和合（和谐）文化、系统文化、大同文化等。实践层面，中华优秀传统文化包括诚信文化、仁爱文化、情感文化、幸福文化、民本文化、家国文化、大一统文化等。②弘扬革命文化。战争时期文化，如红船精神、长征精神、延安精神、抗战精神、伟大建党精神等。③弘扬社会主义先进文化。如建设时期的抗美援朝精神、"两弹一星"精神、焦裕禄精神等，改革开放时期的改革先锋精神、特区拓荒牛精神、孔繁森精神等，新时期的脱贫攻坚精神、抗疫精神、载人航天精神等。④弘扬时代文化，弘扬和平、发展、公平、正义、民主、自由的全人类共同价值；培育和践行社会主义核心价值观，形成适应新时代要求的思想观念、精神面貌、文明风尚、行为规范。⑤借鉴人类优秀文明。多样性是世界的基本特征，也是人类文明的魅力所在，以更加博大的胸怀，更加积极主动地学习借鉴世界一切优秀文明成果。

(三) 怎样建设文化强国

建设文化强国，要推动文化与社会、经济、科技、时代、政治全方位的融合。①践行大德体系，推动文化与社会融合。把个人品德、家庭美德、职业道德、社会公德建设作为着力点，提高人民思想觉悟、道德水平、文明素养。②打造人文价值，推动文化与经济融合。发展美学经济，围绕人的幸福为了人的幸福发展，将文化融入一切，包括"文化+农业""文化+工业""文化+旅游""文化+体育"……加快发展新型文化业态，扩大优质文化产品供给，不断满足人民群众多样化、多层次、多方面的精神文化需求。③重塑文化优势，推动文化与科技融合。通过以互联网、大数据为代表的"新技术群"赋能中华优秀传统文化保护、创新、传承全过程，让非遗、文物"活"起来，实现文化的创新性发展。④再造文化自信，推动文化与时代融合。赋予中华优秀传统文化时代价值，实现文化的创造性转化；打造与新时代相契合的中国特色哲学社会科学学科体系、学术体系、话语体系。⑤引领全球文化，推动文化与政治融合。推进人类各种文明交流交融、互学互鉴，讲好中国故事、传播中国声音、阐发中国精神、展现中国风貌，提高国家文化软实力、中华文化影响力，使中国文化不仅具有中国意义，而且具有世界意义。

九 更加突出公平

全体人民共同富裕取得更为明显的实质性进展是实现社会主义现代化的重要目标，从迈向第二个百年奋斗目标起，更加突出公平，把扎实推进共同富裕提上重要议事日程。

（一）为什么要实现共同富裕

共同富裕是社会主义的本质要求，是中国式现代化的重要特征。中国正在向第二个百年奋斗目标迈进，为适应国内主要矛盾的变化，更好满足人民日益增长的美好生活需要，必须把促进全体人民共同富裕作为为人民谋幸福的着力点。只有促进共同富裕，提高城乡居民收入，提升人力资本，才能提供更多高素质劳动力，提高全要素生产率，夯实高质量发展的动力基础。全球来看，一些国家贫富分化严重，中产阶级塌陷，导致社会撕裂、政治极化、民粹主义泛滥。在中国社会主义制度下，既要不断解放和发展社会生产力，又要防止两极分化，在高质量发展中促进共同富裕。

（二）什么是共同富裕

共同富裕是全民富裕、全面富裕、渐进富裕、共建富裕。①全民富裕。共同富裕不是少数人的富裕，不是特殊阶层的富裕，不是部分地区的富裕，必须使发展成果更多更公平惠及全体人民，绝不能出现"富者累巨万，而贫者食糟糠"的现象。②全面富裕。共同富裕既要实现物质富裕，也要实现精神富裕,既要实现经济层面的富裕,也要实现政治、文化、社会、生态等非经济层面的富裕,要从"单富裕"到"双富裕"再到"多富裕",更好满足人民群众多样化、多层次、多方面需求,实现人的全面发展、社会全面进步。③渐进富裕。共同富裕不是同等富裕、同时富裕、同步富裕,它是一个长远目标,不能一蹴而就,不能齐头并进,对其长期性、艰巨性、复杂性要有充分估计。要允许一部分人先富起来,同时强调先富带后富、帮后富,重点鼓励辛勤劳动、创新劳动、创业劳动的人带头致富。要鼓励各地因地制宜探索有效路径,总结经验,逐步推开。要制定合理规划,分阶段促进共同富裕,把长期目标分解为阶段任务,把各阶段任务分解成具体工作,脚踏实地,久久为功。④共建富裕。推进共同富裕不是"养懒汉",不是"等靠要",要靠全体人民共同奋斗,既要重视"如何分钱",更要重视"如何干活"。要鼓励勤劳创新致富,为人民提高受教育程度、增强发展能力创造更加普惠公平的条件,提升全社会人力资本和专业技能,增强致富本领。要防止社会阶层固化,畅通向上流动通道,充分激发全体人民的能动性和创造力,形成"人人参与、人人努力、人人共享"的局面,避免"内卷""躺平",实现"共建""共富"。①

(三) 怎样实现共同富裕

实现共同富裕,要辩证认识以下几对关系:①等不得与急不得。中国全面建成小康社会,为促进共同富裕创造了良好条件,实现共同富裕已经具备可能性、必要性和现实性,推进这项工作"等不得"。同时,必须清醒认识到,中国发展不平衡不充分问题仍然突出,整体发展水平离发达国家还有很大差距,地区、城乡、行业、代际差距明显,实现共同富裕"急不得"。必须立足当前、着眼长远,统筹需要和可能,不提过高目标,不搞过头保障,坚持尽力而为、量力而行,防止落入"福利主义陷阱"。②做大蛋糕与分好蛋糕。首先通过全国人民共同奋斗把"蛋糕"做大做好,然后通过合理的制度安排把"蛋糕"切好分好。②"做大蛋糕"是

---

① 习近平:《扎实推动共同富裕》,《求是》2021 年第 20 期;习近平:《在高质量发展中促进共同富裕 统筹做好重大金融风险防范化解工作》,《人民日报》2021 年 8 月 18 日第 1 版。

② 《中央经济工作会议在北京举行》,《人民日报》2021 年 12 月 11 日第 1 版。

"分好蛋糕"的前提,"分好蛋糕"是"做大蛋糕"的保障,将二者统筹考量、同步推进,在高质量发展中实现高水平共享。③政府作用与市场作用。充分发挥市场作用,优化资源配置,促进效率提升,奠定实现共同富裕的物质基础。更好发挥政府作用,营造更加公平的市场环境,提高发展的平衡性和协调性,为实现共同富裕提供政策保障。④公有制企业与非公有制企业。坚持"两个毫不动摇",使两类企业在推进共同富裕过程中发挥互补优势。公有制企业要更好发挥集中力量办大事的制度优势,在公共产品提供、社会兜底保障等方面发挥战略支撑作用。非公有制企业要充分发挥机制灵活、经营高效、市场嗅觉敏锐、试错成本低等优势,勇于探索、大胆创新、锐意变革,为全社会提供更优质的产品、更充分的就业、更充足的税收、更丰厚的利润。

实现共同富裕,要系统把握以下政策导向:①以高质量发展作为根本。高质量发展是推进共同富裕的基础和关键,要把推动高质量发展放在首位,不断提高发展的平衡性、协调性、包容性。②全面构建三大分配体系。基于市场力量、政府力量、社会力量构建初次分配、再分配、第三次分配协调配套的基础性制度安排。初次分配充分发挥土地、劳动、资本、技术、管理、知识、数据、企业家精神等各类生产要素的作用,提高劳动报酬在初次分配中的比重,让一切创造财富的源泉充分涌流;再分配加大税收、社保、转移支付等调节力度并提高精准性;第三次分配以自愿为原则并探索完善慈善激励机制。要处理好效率和公平的关系,使三次分配优势互补、协调联动、整体发力。③促进基本公共服务均等。加大普惠性人力资本投入,完善养老和医疗保障体系、兜底救助体系、住房供应和保障体系,在教育、医疗、养老、住房等人民群众最关心的领域提供精准服务。④扩大中等收入群体规模。以高校毕业生、技术工人、中小企业主和个体工商户、进城农民工、公务员等群体为重点,不断提高中等收入群体比重。着力增加中低收入群体收入,推动更多低收入人群迈入中等收入行列,形成中间大、两头小的橄榄型分配结构。⑤规范一并调节过高收入。合理调节过高收入,通过资本税、财产税、遗产税等手段,鼓励高收入人群和企业更多回报社会。清理规范不合理收入,整顿收入分配秩序,坚决取缔非法收入。正确认识和把握资本的特性和行为规律,为资本设置"红绿灯",既不让"资本大鳄"恣意妄为,又要发挥资本作为生产要素的功能。⑥促进农村农民共同富裕。巩固拓展脱贫攻坚成果，接续推进脱贫地区发展，守住不发生规模性返贫的底线。全面推进乡村振兴，增加农民财产性收入，提高农民生活质量，加强农村基础设施和公共服务体系建设，改善农村人居环境。⑦促进人民精神物质双富。物质富裕是实现共同富裕的基础保障，精神富裕是实现共同富裕的重要内容，把二者统一起来，相互促进、协同发展。

十　更加突出创新

创新是引领发展的第一动力，是建设现代化经济体系的战略支撑。把创新摆在国家发展全局的核心位置，让创新贯穿国家一切工作，让创新在全社会蔚然成风。

（一）从要素驱动发展到创新驱动发展

改革开放以来，中国更多依靠资源、资本、劳动力等要素投入支撑经济增长和规模扩张，取得举世瞩目成就。必须清醒看到，中国经济规模很大，但依然大而不强；中国经济增速很快，但依然快而不优。主要依靠传统要素驱动的粗放型发展方式是不可持续的，特别是随着人口、资源、环境压力越来越大，拼投资、拼资源、拼环境的老路已经走不通，要从创新中寻找出路。发展是第一要务，人才是第一资源，创新是第一动力。全球来看，世界各国都把强化科技创新作为打造全球竞争优势的战略选择，积极抢占未来科技制高点，科技创新成为大国博弈的主战场。中国经济社会发展和民生改善比过去任何时候都更加需要增强创新这个第一动力，必须把发展基点放在创新上，深入实施创新驱动发展战略，推动从要素驱动发展向创新驱动发展跨越，并进一步实现创新引领发展。

（二）把科技自立自强作为国家发展的战略支撑

随着新一轮科技革命和产业变革突飞猛进，科技创新广度显著加大、科技创新深度显著加深、科技创新速度显著加快、科技创新精度显著加强。纵观全球，谁牵住了科技创新这个"牛鼻子"，谁走好了科技创新这步先手棋，谁就能占领先机、赢得优势。要牢牢把握建设世界科技强国的战略目标，把科技自立自强作为国家发展的战略支撑，坚持面向世界科技前沿、面向经济主战场、面向国家重大需求、面向人民生命健康，抢抓全球科技发展先机，不断向科学技术广度和深度进军。要走出适合国情的创新路子，实现前瞻性基础研究、引领性创新成果重大突破，夯实世界科技强国建设根基。基础研究既要勇于探索、突出原创，更要应用牵引、突破瓶颈，使基础研究和应用研究相互促进，使创新链和产业链精准对接。要把原始创新能力提升摆在更加突出的位置，加强原创性、引领性科技攻关，从注重后发优势到打造先发优势，实现更多"从0到1"的突破。要强化战略导向和目标引导，根据国家发展急迫需要和长远需要，瞄准"卡脖子"技术和"捅破天"技术，多出战略性、关键性重大科技成果，力争实现中国整体科技水平从跟跑向并跑、领跑的战略性转变，在主要科技领域有一批领跑者，在新兴前沿交叉领域有一批开拓者，创造更多竞争优势。①

（三）把制度创新作为根本创新

制度是关系党和国家事业发展的根本性、全局性、稳定性、长期性问题。制度优势是一个国家的最大优势，制度创新是根本创新。以坚持和完善中国特色社会主义制度、推进国家治理体系和治理能力现代化为主轴，继续全面深化改革，推动党的领导和经济、政治、文化、社会、生态文明、军事、外事等各领域制度创新，不断加强和完善国家治理。

社会主义基本经济制度在整个体制改革和制度建设中发挥牵引作用，要进一步深化公有制为主体、多种所有制经济共同发展，按劳分配为主体、多种分配方式并存，社会主义市场经济体制等社会主义基本经济制度改革。①市场经济体制层面。深化要素市场化配置改革，着力增强土地管理灵活性，引导劳动力要素合理畅通有序流动，完善多层次的资本市场制度，激发技术供给活力，加快培育数据要素市场，全面提升数据要素价值。以要素市场改革为基础，建设高效规范、公平竞争、充分开放的全国统一大市场，实现从"大市场"到"强市场"转变。加快转变政府职能，

---

① 习近平：《加快建设科技强国，实现高水平科技自立自强》，《求是》2022年第9期；习近平：《努力成为世界主要科学中心和创新高地》，《求是》2021年第6期。

创新和完善宏观调控，提高数字政府建设水平，提升政府治理效能，打造"强政府"。推动"强政府"和"强市场"有机统一、相互补充、相互协调、相互促进。②所有制层面。加快国有经济布局优化、结构调整和战略性重组；推动国有企业加快建立权责法定、权责透明、协调运转、有效制衡的公司治理机制；深化国有企业混合所有制改革，创新混合所有制企业治理机制和监管制度。创新扩大非公有制企业市场准入、平等发展的改革措施，激发非公有制经济活力和创造力；引导有条件的民营企业建立现代企业制度。③分配制度层面。完善按要素分配制度，健全各类生产要素由市场决定报酬的机制；完善再分配机制，健全直接税体系，完善综合与分类相结合的个人所得税制度，完善兜底保障标准动态调整机制，健全基本生活救助制度和医疗、教育、住房、就业、受灾人员等专项救助制度；完善慈善捐赠税收优惠政策，加强慈善组织内部监督制度建设。在改革过程中，要坚持以经济体制改革为主轴，以此带动其他领域改革，加强改革举措的系统集成、协同高效，打通瘀点、堵点，激发整体效能，用改革的办法解决发展中的问题。

（四）协同推进科技创新和制度创新双轮驱动

通过制度创新推动科技创新。构建社会主义市场经济条件下关键核心技术攻关新型举国体制，聚焦国家战略需求，强化国家战略科技力量，形成推进科技创新的强大合力，提升国家创新体系整体效能。人才是创新的第一资源，实现高水平科技自立自强，归根结底要靠高水平创新人才，要继续在改革人才培养、使用、评价、服务、支持、激励等机制方面下大功夫。进一步完善人才评价体系，"破四唯""立新标"并举，建立以创新价值、能力、贡献为导向的科技人才评价体系。完善人才管理制度，赋予科学家和科研人员更大技术路线决定权、更大经费支配权、更大资源调度权，积极为人才松绑。建立以信任为基础的人才使用机制，完善科学家本位的科研组织体系，完善科研任务"揭榜挂帅""赛马"制度，实行目标导向的"军令状"制度，用好用活各类人才。总之，加快形成有利于人才成长的培养机制、有利于人尽其才的使用机制、有利于人才各展其能的激励机制、有利于人才脱颖而出的竞争机制，将中国制度优势转化为人才优势、科技竞争优势。①

通过科技创新赋能制度创新。加强数字政府建设，将数字技术广泛应用于政府管理服务，全面推进政府运行方式、业务流程和服务模式"数智化"改造，推动政府治理流程再造和模式优化，提高政府决策科学性和服务效率，为推进国家治理体系和治理能力现代化提供有力支撑。进一步统筹推进各行业各领域政务应用系统集约建设、互联互通、协同联动，充分发挥数字化在政府履行经济调节、市场监管、社会管理、公共服务、生态环保等方面职能的重要支撑作用，构建协同高效的政府数字化履职能力体系。进一步加强公共数据开放共享，统筹推进技术融合、业务融合、数据融合，提升跨层级、跨地域、跨系统、跨部门、跨业务的协同管理和服务水平，全方位提升数字化政务服务效能。②

十一　更加突出开放

改革开放 40 多年来，中国坚持实施更大范围、更宽领域、更深层次对外开放。未来，进一步推进更高水平的对外开放，加快构建开放型经济新体制。

（一）从商品流动型开放到要素流动型开放

商品流动型开放是中国对外开放的起点和基础，通过商品进出口联通国内外市场。随着对外开放程度不断加深，中国从商品流动型开放进一步拓展到要素流动型开放，包括引进外资、对外投资，技术引进、技术输出，智力引进、劳务输出，土地对外转让、承租国外土地等。目前，中国商品开放和要素开放成绩显著。商品开放结构不断优化，从开放初期的一般消费品开放发展为以资本密集型和技术密集型产品开放为主，从注重实物贸易发展为强化服务贸易。要素开放结构不断提升，其重点由一般劳动力和物质资本转向技术、信息、咨询、金融、保险和商务服

---

① 习近平：《深入实施新时代人才强国战略，加快建设世界重要人才中心和创新高地》，《求是》2021 年第 24 期。

② 习近平：《加强数字政府建设　推进省以下财政体制改革》，《人民日报》2022 年 4 月 20 日第 1 版。

务等生产性服务要素。

（二）从流动型开放到制度型开放

立足新发展阶段，既要持续深化商品、服务、资金、人才等要素流动型开放，又要稳步拓展规则、规制、管理、标准等制度型开放，构建与高标准国际经贸规则相衔接的国内制度体系和监管模式，增创国际合作和竞争新优势。进一步健全外商投资准入前国民待遇加负面清单管理制度，精简外资准入负面清单，清理负面清单之外对外资单独设置的准入限制，提升投资自由化水平，促进内外资企业公平竞争。进一步统筹开放与安全，完善与负面清单管理模式相配套的事中事后监管制度，健全外商投资国家安全审查、反垄断审查和国家技术安全清单管理、不可靠实体清单等制度。积极探索以数字经济为代表的新兴领域规则构建，探索建立数据跨境流动安全评估规则、跨境数据交易规则等，提升中国在新兴领域制度建设方面的话语权。建设高标准自由贸易试验区，赋予其更大改革自主权，深入探索首创性、集成化、差别化改革，复制推广制度创新成果和经验。稳步推进海南自由贸易港建设，以货物贸易"零关税"，服务贸易"既准入又准营"为方向推进贸易自由化便利化，大幅放宽市场准入，全面推行"极简审批"投资制度，实施更加开放的人才、出入境、运输等政策，制定出台海南自由贸易港法，初步建立中国特色自由贸易港政策和制度体系。[①]

在推动国内制度、规则与国际对接的同时，积极参与 WTO 改革，推动完善全球经济治理体系，完善国际经贸规则体系。积极加入高水平高标准自贸协定，全面实施《区域全面经济伙伴关系协定》，积极推进加入《全面与进步跨太平洋伙伴关系协定》和《数字经济伙伴关系协定》。坚决倡导、维护投资和贸易自由化，坚决支持多边贸易体制，旗帜鲜明反对贸易保护主义，打造公平、公正、透明、非歧视性的全球贸易和投资便利化体制机制及制度环境。

---

① 中国共产党第十九届中央委员会：《中华人民共和国国民经济和社会发展第十四个五年规划和2035年远景目标纲要》，人民出版社2021年版。

（三）从倾斜式开放到平衡式开放

在推进高水平对外开放过程中，中国开放结构不断优化，逐步从倾斜式开放走向平衡式开放。①开放流向更加平衡。中国资金和技术的输出与输入结构从"大进小出"到"坚持引进来和走出去并重"，从以引进外资为主到对外投资合作水平不断提升，从技术引进大国发展成为全球重要技术输出国。②开放空间更加平衡。中国开放空间从沿海、沿江向内陆、沿边延伸。从东部地区率先开放到加快中西部和东北地区开放步伐，通过培育全球重要加工制造基地和新增长极，增设国家一类口岸，推动内陆地区成为开放前沿。进一步推动沿边开发开放，加快边境贸易创新发展，更好发挥重点口岸和边境城市内外联通作用。通过强化区域间开放联动，构建陆海内外联动、东西双向互济的开放格局。③开放产业更加平衡。从以制造业开放为主，转向制造业和服务业开放并举。服务业开放领域不断拓宽，电信、医疗、教育、金融等行业实际利用外商直接投资增长迅猛。④开放国别更加平衡。从主要向发达国家和地区开放到加强与发展中国家合作共建"一带一路"。从亚欧大陆到非洲、美洲、大洋洲，共建"一带一路"的朋友圈越来越大。⑤开放平台更加平衡。统筹推进自由贸易试验区、自由贸易港、国家级新区和开发区、综合保税区、沿边重点开发开放试验区、边境经济合作区、跨境经济合作区等各类开放平台建设，打造开放层次更高、营商环境更优、辐射作用更强的开放新高地。

（四）从经济领域开放到非经济领域开放

高水平对外开放要从经济领域拓展到政治、文化、社会、生态等非经济领域，不仅输出和输入产品和服务，更要输出和输入精神、文化、制度、理念等，通过非经济领域开放带动经济领域开放，在各领域加深同世界各国的互融、互鉴、互通。①政治领域。通过主办中国共产党与世界政党高层对话会、中国共产党与世界政党领导人峰会，以及上海合作组织、金砖国家、中阿、中拉、中国—中亚等多边政党论坛，为世界各国政党交流互鉴搭建平台，分享中国共产党治党治国经验，推动全球政党政治文明互鉴，共同提高治国理政能力。②文化领域。积极开展各种形式的人文交流活动，推动中华文化走出去，向世界阐释推介更多具有中国特色、体现中国精神、蕴藏中国智慧的优秀文化,推动世界文明交流互鉴。③社会领域。积极参与重大传染病防控国际合作,推动构建人类卫生健康共同体。在应对新冠疫情过程中,中国积极参与国际疫苗合作,同各国分享疫情防控有益经验,向应对疫情薄弱的国家和地区提供帮助,为弥合"免疫鸿沟"作出积极努力。① ④生态领域。积极参与全球气候治理,推动构建公平合理、合作共赢的全球环境治理体系。从非洲的气候遥感卫星,到东南亚的低碳示范区,再到小岛国的节能灯,中国通过多种形式进行南南合作,帮助发展中国家提高应对气候变化能力。中国将生态文明领域合作作为共建"一带一路"重要内容,采取绿色基建、绿色能源、绿色交通、绿色金融等举措,造福参与共建"一带一路"的各国人民。

十二 更加突出引领

一百多年来,中国共产党既为中国人民谋幸福、为中华民族谋复兴,也为人类谋进步、为世界谋大同,深刻改变了世界发展的趋势和格局。从世界议题影响中国议题到中国议题影响世界议题,再到中国议题就是世界议题,直到中国议题引领世界议题。

(一) 经济引领

中国是世界第二大经济体、第一大工业国、第一大货物贸易国、第一大外汇储备国,服务贸易、对外投资、消费市场规模位居世界第二。2021年,中国GDP总量达114.4万亿元,占全球经济的比重超过18%;人均GDP突破1.2万美元,与2021年全球人均GDP水平基本持平,接近世界银行划设的高收入经济体人均水平门槛。近年来,中国经济增长对世界经济增长的贡献率达30%左右,是引领世界经济复苏的主要力量。

中国发展具有社会主义制度优势、新型举国体制优势、超大规模市场优势。今后,中国发展仍具有诸多战略性有利条件,包括中国共产党的坚强领导、中国特色社会主义制度的显著优势、持续快速发展积累的坚实基

---

① 《习近平在博鳌亚洲论坛2022年年会开幕式上发表主旨演讲》,《人民日报》2022年4月22日第1版。

础、长期稳定的社会环境、自信自强的精神力量。[①] 党的坚强领导为沉着应对各种重大风险挑战提供根本政治保证。社会主义制度集中力量办大事的优势，充分体现在中国应对新冠疫情、打赢脱贫攻坚战等实践中，"中国之治"与"西方之乱"对比鲜明。中国经济体量大、回旋余地广、政策工具多，同时具备丰富的人力资源、完备的产业体系、强大的生产能力、完善的配套能力以及超大规模的内需市场，经济长期向好的基本面不会改变，具有强大的韧性和活力。不断提升的社会治理水平，有利于形成群众安居乐业、社会安定有序、国家长治久安的良好局面，是中国经济行稳致远的根本保障。自信自强的精神力量是更高层次、更高能级的力量，在实践过程中，可激发中国人民的积极性、主动性、创造性，使精神变物质。百年变局和世纪疫情相互叠加，危机并存、危中有机、危可转机、转危为机。可见，中国经济发展"机遇论""光明论""贡献论"具有雄厚的基础。

（二）科技引领

党的十八大以来，中国重大科技创新成果竞相涌现。基础研究和原始创新领域取得新进展，在量子信息、干细胞、脑科学等前沿方向上取得一批重大原创成果；战略高技术领域取得新跨越，在深海、深空、深地、深蓝等领域抢占科技制高点；高端产业取得新突破，人工智能、数字经济蓬勃发展，消费互联网全球领跑，智能制造持续推进，图像识别、语音识别走在全球前列，5G技术率先规模化应用。总体来看，中国科技实力正在从量的积累迈向质的飞跃、从点的突破迈向系统能力提升。

今后，中国要进一步加快未来技术布局，加快创新区域布局，加快创新人才布局。加快未来技术布局，超前布局一批国际前沿技术，瞄准未来科技和产业发展的制高点，在人工智能、量子信息、空天科技、深地深海等前沿领域系统前瞻布局。加快创新区域布局，建设世界重要人才中心和创新高地，北京、上海、粤港澳大湾区坚持高标准，努力打造成创新人才高地示范区；一些高层次人才集中的中心城市要采取有力措施，着力建设

[①] 习近平：《把提高农业综合生产能力放在更加突出的位置　在推动社会保障事业高质量发展上持续用力》，《人民日报》2022年3月7日第1版。

吸引和聚集人才的平台，加快形成战略支点和雁阵格局。加快创新人才布局，建设国家战略人才力量。大力培养使用战略科学家，坚持实践标准，在国家重大科技任务担纲领衔者中挖掘人才，坚持长远眼光，形成战略科学家成长梯队，发挥"关键少数"在大科学时代的关键作用；打造大批一流科技领军人才和创新团队，跨部门、跨地区、跨行业、跨体制灵活调配，围绕国家重点领域、重点产业协同攻关；造就规模宏大的青年科技人才队伍，将其作为培育国家战略人才力量的政策重心；培养大批卓越工程师，探索形成中国特色、世界水平的工程师培养体系。全方位谋划基础学科人才培养，建设一批基础学科培养基地。硬实力、软实力，归根到底要靠人才实力。创新引领发展本质上是人才引领发展，综合国力竞争说到底是人才竞争，聚天下英才而用之，构建具有全球竞争力的人才制度体系。[①]

(三) 文明引领

在世界百年未有之大变局中，中国是人类和平发展的主导者、新型国际秩序的塑造者、全球公共产品的贡献者、时代进步的推动者、人类文明的引领者。中国推动物质文明、政治文明、精神文明、社会文明、生态文明协调发展，创造了中国式现代化新道路，创造了人类文明新形态。中国现代化是人口规模巨大的现代化，是全体人民共同富裕的现代化，是物质文明和精神文明相协调的现代化，是人与自然和谐共生的现代化，是走和平发展道路的现代化。中国式现代化既切合中国发展实际和社会主义建设规律，也体现了人类社会发展的一般规律，拓展了发展中国家走向现代化的途径，为它们提供了全新的道路选择和指引。未来，中国不仅要在经济层面引领，更要强化在思想层面、精神层面、文明层面引领。要不断增强中国特色社会主义道路自信、理论自信、制度自信、文化自信，坚持中国道路、总结中国实践、构建中国理论、弘扬中国精神、凝聚中国力量、彰显中国气派。要构建中国话语和中国叙事体系，打造融通中外的新概念、新范畴、新表述，更加充分、更加鲜明地展现中国故事及其背后的思想力量和精神力量。同时，建设更加美好地球家园，坚持公正合理，破解治理

[①] 《中共中央政治局召开会议分析研究当前经济形势和经济工作　审议〈国家"十四五"期间人才发展规划〉》，《人民日报》2022 年 4 月 30 日第 1 版。

赤字；坚持互商互谅，破解信任赤字；坚持同舟共济，破解和平赤字；坚持互利共赢，破解发展赤字。总之，要为人类文明进步贡献中国智慧、中国方案、中国力量。

在中国共产党几代领导人的思想指引下，中国"两个一百年"的实践发展和未来展望可用"七组天地"高度概括。1921年中国共产党的诞生，可谓"开天辟地"；1949年中华人民共和国的成立，可谓"改天换地"；1949—1978年，中国社会主义建设探索，可谓"战天斗地"；1978—2018年改革开放40年，中国特色社会主义道路开创，可谓"翻天覆地"；2013年中国特色社会主义发展进入新时期以来，党带领人民进行了根本性变革、取得了历史性成就，特别是脱贫攻坚全面建成小康社会、抗击新冠疫情世界壮举，可谓"惊天动地"；2021—2035年基本实现社会主义现代化，中国特色社会主义制度成熟完善起来，无论是理论上，还是实践上，都将会再创辉煌，可谓"顶天立地"；从2036年到本世纪中叶，全面建成社会主义现代化强国之时（"第二个百年"），可以相信，世界社会主义制度将会"铺天盖地"。

总 论 二

"五位一体"新发展格局的总体设计

加快构建以国内大循环为主体、国内国际双循环相互促进的新发展格局,是党中央根据中国发展阶段、环境、条件变化审时度势做出的重大决策,也是重塑国际合作和竞争新优势的战略选择。构建新发展格局对于中国经济实现高水平国内循环、高水平对外开放、高水平自立自强有着全局性、系统性、根本性、长远性的指导意义,是实现中国经济现代化的战略选择。

新发展格局概念形成时间不长,但是阐释新发展格局的核心要义、重点任务和实施路径的国内文献较为丰富。研究内容主要可分为三类:一是基于经典理论阐释新发展格局的内涵,认为新发展格局的提出遵循马克思主义政治经济学总体性原则的基本原理,[①] 是马克思主义经济循环和社会再生产理论的最新成果。二是分析新发展格局下"国内大循环"和"国际大循环"的主体地位和辩证关系,强调"国内大循环"的主体地位,以及"国际大循环"的引领作用。[②] 三是提出新发展格局的比较优势和实现路径。新发展格局的提出有其必然性,符合中国经济比

[①] 王维平、陈雅:《"双循环"新发展格局释读——基于马克思主义政治经济学总体性视域》,《中国特色社会主义研究》2021年第1期。

[②] 王一鸣:《百年大变局、高质量发展与构建新发展格局》,《管理世界》2020年第12期;马建堂、赵昌文:《更加自觉地用新发展格局理论指导新发展阶段经济工作》,《管理世界》2020年第11期;裴长洪、刘洪愧:《中国外贸高质量发展:基于习近平百年大变局重要论断的思考》,《经济研究》2020年第5期;江小涓、孟丽君:《内循环为主、外循环赋能与更高水平双循环——国际经验与中国实践》,《管理世界》2021年第1期。

较优势,[①] 并从供给侧结构性改革、投资消费、产业链创新链、深化制度改革、高水平对外开放、收入分配等不同维度探讨构建新发展格局的路径。[②]

总体而言,上述围绕新发展格局的研究,目前主要集中在经济领域,较少涉及政治、文化、社会、生态等非经济领域。新发展格局作为进入新发展阶段、贯彻新发展理念的战略选择,理应与新发展阶段、新发展理念的理论内涵保持逻辑一致,服务于"五位一体"总体布局。本书提出加速启动"五位一体"新发展格局的构建,即将新发展格局从经济领域拓展至政治、文化、社会、生态等非经济领域,构建包括经济发展新格局、政治文明新格局、文化发展新格局、社会发展新格局、生态文明新格局在内的"五位一体"新发展格局。而实际上,党的十八大以来,无论在理论上还是实践上,都已经开启了"五位一体"新发展格局的探索。这里,根据习近平新时代中国特色社会主义思想的伟大创造和伟大实践,对"五位一体"新发展格局的实践进行了归纳整理,对"五位一体"新发展格局的理论进行了系统整合。综合应用经济学、政治学、文化学、社会学、生态学等多学科知识,本书探讨了构建"五位一体"新发展格局的重点任务和实施路径。"五位一体"新发展格局的提出和构建,将极大丰富新时代新发展格局的理论内涵,为"十四五"乃至中长期实现"全面"高质量发展、加快中国特色社会主义现代化建设、实现第二个百年奋斗目标提供政策参考。

一 构建"五位一体"新发展格局的理论逻辑和现实逻辑

(一)理论逻辑

(1)构建"五位一体"新发展格局是"三新"理论整体上逻辑自洽

[①] 张少军、方玉文:《中国经济双循环的比较优势分析》,《数量经济技术经济研究》2022年第2期。

[②] 黄群慧、倪红福:《中国经济国内国际双循环的测度分析——兼论新发展格局的本质特征》,《管理世界》2021年第12期;郭克莎、田潇潇:《加快构建新发展格局与制造业转型升级路径》,《中国工业经济》2021年第11期;李雪松:《贯彻新发展理念构建新发展格局》,《改革》2022年第6期。

的要求。新发展阶段、新发展理念、新发展格局是由中国发展的理论逻辑、历史逻辑、现实逻辑所决定的。把握新发展阶段是贯彻新发展理念、构建新发展格局的现实依据，贯彻新发展理念为把握新发展阶段、构建新发展格局提供了行动指南，构建新发展格局则是应对新发展阶段机遇和挑战、贯彻新发展理念的战略选择。新发展阶段的目标是未来30年把中国建设成为富强、民主、文明、和谐、美丽的社会主义现代化强国，体现了经济、政治、文化、社会、生态等"全面"现代化的要求；新发展理念则是贯穿中国发展全过程和各领域，推动"全面"高质量发展的理念引领。鉴于新发展阶段和新发展理念的要求都是全方位的、多领域的，并非只是经济一个领域，这样一来，新发展格局也不应局限于经济领域，而应涵盖政治、文化、社会、生态等非经济领域，由此形成"五位一体"新发展格局。

（2）构建"五位一体"新发展格局是"全面"高质量发展内涵一致的要求。习近平总书记在2021年"两会"上对高质量发展提出了"三个要求"，即"高质量发展不只是一个经济要求，而是对经济社会发展方方面面的总要求；不是只对经济发达地区的要求，而是所有地区发展都必须贯彻的要求；不是一时一事的要求，而是必须长期坚持的要求"。这里，"三个要求"对高质量发展落实到中国发展的全领域、全地区、全过程指明了方向，形成了"全面"高质量发展的思想，而非单一的经济高质量发展。刘鹤指出，"高质量发展是全面建设社会主义现代化国家的需要"①。这里，进一步明确了高质量发展已扩展至全领域的意蕴。构建新发展格局作为实现"全面"高质量发展的路径选择，在高质量发展的内涵发生调整时，新发展格局的覆盖领域也应相应调整，即从经济领域向政治、文化、社会、生态等领域全面拓展，由此构成"五位一体"新发展格局。

（二）现实逻辑

（1）构建"五位一体"新发展格局是时代发展的必然要求。目前全球形势更加复杂多变，经济问题、政治问题、文化问题、社会问题、生态问

---

① 刘鹤：《必须实现高质量发展》，《人民日报》2021年11月24日第6版。

题相互交织叠加共振。如果新发展格局只关注经济领域，不仅难以应对世界百年未有之大变局的加速演变，而且无法满足实现中华民族伟大复兴战略全局的整体要求。当今世界，以人工智能、量子计算、区块链、元宇宙等为代表的新一轮科技革命和产业变革，深刻改变了人类的生产方式、生活方式和思维方式，推动传统生产关系变革，直接或间接引致经济"质变"，中国在数字经济发展上已经走在时代前列、世界前列。当今时代，世界范围两种社会制度的历史演进及其相对地位发生了重大变化，世界格局"东升西降"态势依旧，中国在国际社会上逐渐从"客场""配角"地位转向"主场""主角"地位，实现从"世界议题影响中国议题"到"中国议题引领世界议题"的转变。今后，中国在推动物质文明、政治文明、精神文明、社会文明、生态文明协调发展上将继续创造中国发展新道路、人类文明新形态。

（2）构建"五位一体"新发展格局是中国发展的内在要求。"十四五"时期，中国开启全面建设社会主义现代化国家新征程。到2035年的远景目标是经济发展取得新成效、改革开放迈出新步伐、社会文明程度得到新提高、生态文明建设实现新进步、民生福祉达到新水平、国家治理效能得到新提升，这一目标体现了统筹推进"五位一体"总体布局的整体设计。从"十五五"起，将"国民经济社会发展五年规划"改为"国家发展五年规划"。未来，中国不仅要在经济领域为全球经济发展做出更大贡献，更要在政治、文化、社会、生态等领域为解决人类问题贡献"中国智慧""中国方案""中国力量"，由此成为数智时代进步的推动者、世界公共产品的贡献者、新型国际秩序的塑造者、人类和平发展的主导者、全球人类文明的引领者。

二 构建"五位一体"新发展格局的整体理念和总体要求

（一）整体理念

（1）政治观。政治观要求深入贯彻习近平新时代中国特色社会主义思想，坚持党的全面领导，坚定不移走中国特色社会主义道路，不断推进马克思主义中国化进程。"五位一体"新发展格局的构建要"以人民为中心"，着力解决发展不平衡不充分问题，满足人民美好生活需要，推动人的全面发展和社会全面进步。

（2）全局观。全局观要求从客观事物的内在联系去全面地而非片面地看问题。"不谋全局者，不足以谋一域"。构建"五位一体"新发展格局，需要加强顶层设计，把握各个方面、各个层次、各个环节、各个要素，以经济领域新发展格局构建为引领，协调推进政治、文化、社会、生态领域新发展格局建设。

（3）系统观。系统观要求坚持用系统的思维和方法谋划发展，将新发展格局的构建当作一个复杂的系统工程。加强前瞻性思考、全局性谋划、战略性布局、整体性推进，统筹国内和国际两个大局、统筹发展和安全、统筹国内和国际两个循环，坚持"全国一盘棋"，处理好局部和全局、历史和现实、当前和长远、重点和非重点等关系。

（4）全球观。全球观要求将地球作为一个整体，国际社会作为"你中有我、我中有你"的共同体，要在追求本国利益时兼顾他国关切。构建"五位一体"新发展格局，要以平等、开放、协同、共赢心态，在经济、政治、文化、社会、生态等领域开展广泛的交流与合作，推动构建自然生命共同体、人与自然生命共同体、人类命运共同体。

（5）未来观。未来观要求统筹当前与长远的关系，着眼于发展的未来性、可持续性。围绕"五位一体"新发展格局的构建，不仅要基于发展现状，更要包容现在、超越现在，以更宽广的视野、更长远的眼光来思考和把握中国经济、政治、文化、社会、生态领域发展的脉络和趋势，科学预见中国和世界发展的未来图景。

（二）总体要求

"五位一体"新发展格局涵盖经济发展新格局、政治文明新格局、文化发展新格局、社会发展新格局、生态文明新格局。其中，经济发展新格局处于中心地位，政治文明新格局提供制度与安全保障，文化发展新格局是精神与灵魂支撑，社会发展新格局彰显人民美好生活向往，生态文明新格局实现人与自然和谐共生。构建"五位一体"新发展格局，其总体要求是：

（1）高质量供给需求。高质量供给需求是构建新发展格局的关键。要求既在供给端发力，提高经济、政治、文化、社会、生态等广义产品和服务的质量，满足人民对美好生活的向往，也在需求端着力，提升广大民众经济、政治、文化、社会、生态等方面的需求层次和产品种类，从而促进供给和需求在更高水平上动态适配。

（2）高强度动力支撑。高强度动力支持是构建新发展格局的核心。强调自主创新的核心作用，不仅要突破"卡脖子"技术，也要研究"捅破天"技术；发挥制度改革的关键作用，强化制度创新对技术创新的推动作用。通过技术创新和制度创新，"双轮"驱动"全面"高质量发展。以数智化转型为契机，重塑经济、政治、文化、社会、生态新格局。

（3）高水平安全保障。高水平安全保障是构建新发展格局的底线。按照"总体国家安全观"的要求，在经济领域、政治领域、文化领域、社会领域、生态领域牢固树立"底线"意识和忧患意识，统筹发展和安全两件大事，把维护人民安全作为构建新发展格局的基础和保障。

（4）高水平对外开放。高水平对外开放是构建新发展格局的重要支撑。从经济领域到政治领域、文化领域、社会领域、生态领域的全面开放，达到内外供需、规则标准、文化文明"你中有我，我中有你"的高效衔接。

（5）高品质人民生活。高品质人民生活是构建新发展格局的最终目标。强调一切为了人民，经济领域、政治领域、文化领域、社会领域、生态领域的改革与发展坚持以人为本、质量优先，统筹效率与公平，提高人民群众的获得感、幸福感、安全感。

这里，本书将构建"五位一体"新发展格局理论框架概括如下，见图1。

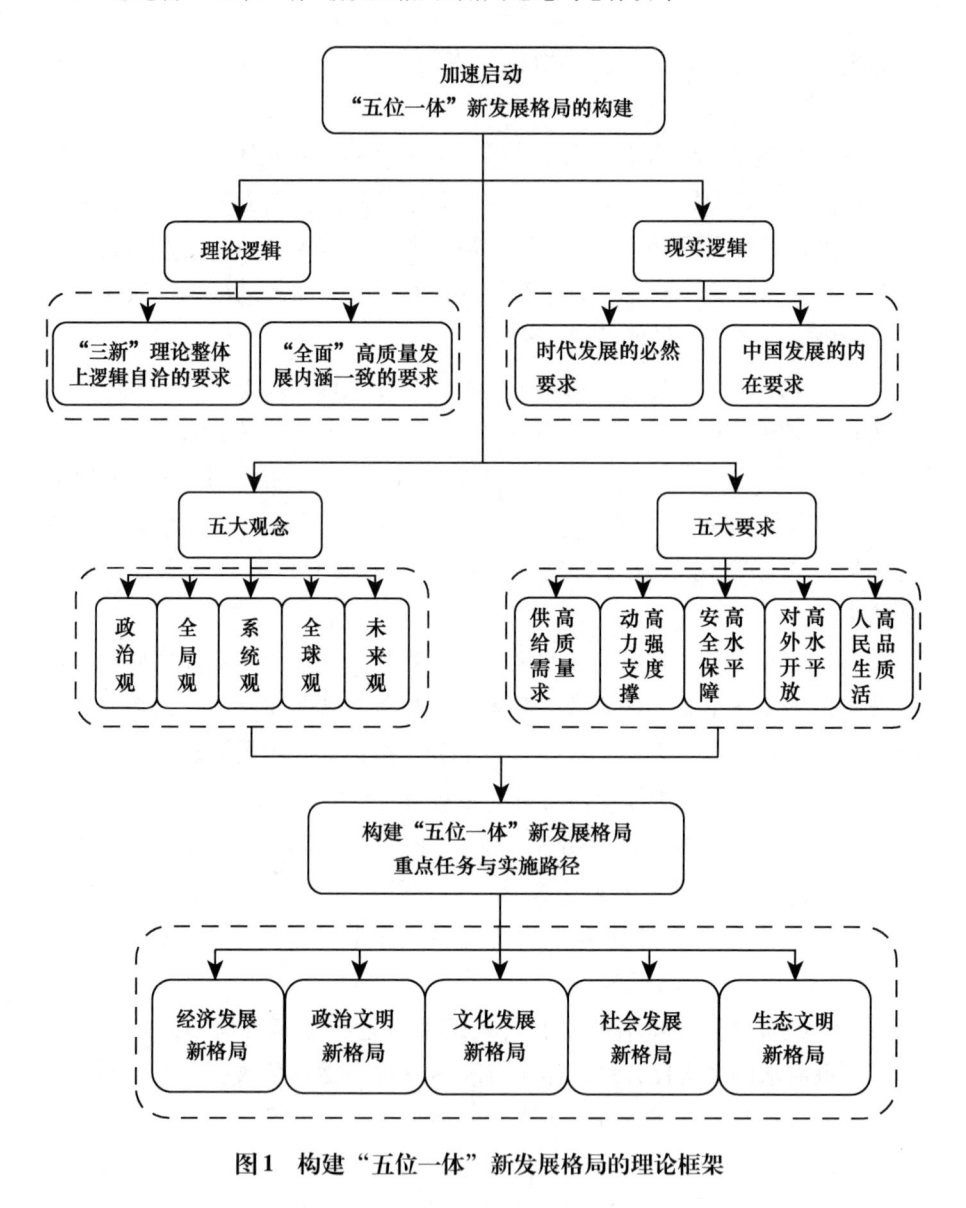

图1 构建"五位一体"新发展格局的理论框架

三 构建"五位一体"新发展格局的重点任务和实施路径

（一）经济发展新格局

经济发展新格局以高水平国内循环、高水平对外开放和高水平自立自强为核心要义,其形成将有助于改变现有的经济增长模式,旨在实现高质量发展和高速度增长相统一的"双高"模式。

1. 打造高水平国内循环

(1) 生产要素流动畅通。生产要素作为产品生产和产业升级的基本元素,其流动畅通是构建以国内大循环为主体的新发展格局的微观基础和根本保障。一是打造全国统一的大市场,促进生产要素流动。深化要素市场改革,形成全国统一的土地、劳动力、资本、技术、数据、能源、生态环境要素市场,推动生产要素在更大范围内自由流动,提高要素生产效率。破除地方保护和区域壁垒,清理废除妨碍统一市场和公平竞争的政策,防止地方搞封闭小市场、自我小循环,降低制度性交易成本。① 二是完善生产要素分配机制,激发生产要素活力。数字经济时代,数据成为新的关键生产要素。要深化数据所有权归属、数据价值评估和数据定价等研究,规范数据交易规则和数据交易市场,加速数据流动和价值挖掘。② 改善营商环境,打造从"以企为本"到"以人为本"的营商环境,构建充分体现知识、技术、管理、企业家创新等要素价值收益分配机制。

(2) 供给需求动态适配。供给需求动态适配是国内高质量循环的内在要求和宏观表现。供给层面,深化供给侧结构性改革,提升供给体系对国内需求的适配性。一是推动质量变革,从低端产品、中国数量、中国产品向高端产品、中国质量、中国品牌升级,扩大中国产品影响力。二是推动效率变革,从劳动、资本、资源密集型产业向知识、技术、数据密集型产业转型,提高全要素生产率。三是推动动力变革,从要素投入、高速度增长模式向创新驱动、高质量发展模式转变,提升全民创新活力。需求层面,注重需求侧结构性升级,加强需求体系对国内供给的引领性。一是投资结构升级。优化国内投资结构,处理好"硬"基础设施和"软"基础设施的投入力度和强度,提高投资效率。"硬"基础设施适度增加"新基建""绿色基建""适老基建"比重,推动"老基建"与"新基建"相互补充。"软"基础设施加大人力资本投资、人文投资、生态投资以及公共服务投

---

① 刘志彪、孔令池:《从分割走向整合:推进国内统一大市场建设的阻力与对策》,《中国工业经济》2021 年第 8 期。

② 李海舰、赵丽:《数据成为生产要素:特征、机制与价值形态演进》,《上海经济研究》2021 年第 8 期。

资，推动教育和未来产业、科技与创新经济的精准对接。二是消费结构升级。扩大国内消费市场，在拓宽居民收入来源、稳步提高居民可支配收入的同时，深化收入分配体制改革，扩大中等收入群体比重，提升居民消费预期。改善消费环境，培育新型消费，引导绿色消费、数智消费、定制消费、高端消费、品质消费，培育完整内需体系。

（3）生产分配流通消费循环。打通生产、分配、流通、消费环节堵点，构建大生产、大分配、大流通、大消费。其中，"生产"环节要着重实现创新链、供应链、产业链、价值链"四链循环"，打造网主企业和节点企业，推动产业链条升级、产业网络升级、产业生态升级。"分配"环节要兼顾效率与公平，打造全时经济、零工经济等新就业形态，创新个人时间分配价值，做好初次分配，发挥二次分配和三次分配的协调作用。[①] "流通"环节要减少交易环节、降低交易费用、提高流通效率，打造涵盖交通、通信、融通、物流的大流通体系，完善硬件和软件、渠道和平台，推动陆域、海域、空域和网络领域统筹布局和一体发展。"消费"环节要着重从供给和需求两端探讨促进消费升级以及提高居民收入的任务，提升传统消费、提高新型消费、增加公共消费、发展服务消费、扩大假日消费、培育绿色消费。[②]

（4）实体经济虚拟经济循环。虚拟经济是实体经济发展的血脉，实体经济是虚拟经济发展的根基。促进实体经济和虚拟经济协调发展和良性循环，要从宏观层面和微观层面统筹展开。宏观层面，坚持落实金融服务实体经济理念，金融围绕实业，金融反哺实业。金融发展内生于经济发展需求，一国最优金融结构应与该国产业结构、技术结构和企业特性等相匹配。[③] 围绕现代产业体系、市场体系、绿色发展体系，优化国家金融体系结构，调整大银行与中小银行、直接融资与间接融资、绿色金融与非绿金融的比重。完善金融有效支持实体经济的体制机制，发挥好再贷款再贴现和直达实体经济货币政策工具的牵引带动作用，提高金融体系服务实体经

[①] 李海舰、李燕：《对经济新形态的认识：微观经济的视角》，《中国工业经济》2020年第12期。

[②] 李雪松：《贯彻新发展理念构建新发展格局》，《改革》2022年第6期。

[③] 林毅夫、孙希芳、姜烨：《经济发展中的最优金融结构理论初探》，《经济研究》2009年第8期。

济能力。微观层面，推动大型集团公司产融结合发展，实中有虚、虚中有实，虚实一体、互动互助。产业资本和金融资本相结合，具有"1+1>2"的功效。大型实业集团公司，立足主营业务需求，通过成立金融部门、开发金融平台等，加大金融资本投入，降低融资成本，实现"由产到融"的一体发展。大型金融集团公司，根据金融平台功能，通过企业并购、参股控股、人士参与等，进入产业资本领域，提高资金效率，实现"由融到产"的一体发展。

（5）一二三产业循环。数智经济时代，产业融合发展成为产业转型升级的新趋势。促进一二三产业循环，一是树立融合发展思想。通过延长产业链价值链、向"微笑曲线"两端转移、产业多元发展等方式，引导农业工业化、制造业服务化、服务业平台化，形成三次产业融合发展的新模式、新业态。二是树立共享经济思想。打通三次产业资金、数据、生态环境等要素资源，整合三次产业生产厂房、办公楼宇等物理空间，通过以租代买、分时使用、成本分担、循环流动等方式，探索三次产业共享经济新模式。三是树立产业生态思想。在新一代信息技术支撑下，依靠数据驱动、软件支撑、平台链接和系统集成，三次产业融合渗透、交叉重组，形成"全产业链""全生态圈"。[1] 设计三次产业融合发展政策体系，破除不同行业进入壁垒，消除三次产业在财政、税收、金融、科技、要素价格等方面的政策差异，以政策融合促进产业生态形成。

（6）城乡经济循环。随着经济社会的发展，中国城乡关系在经历了城乡二元分割、以城市为重点的城乡关系调整、城乡统筹发展之后，进入城乡融合发展新阶段。[2] 促进城乡经济循环：一是城乡要素流动自由化。深化户籍制度改革，放宽城市落户限制，健全农业转移人口市民化机制。改革农村土地承包权、宅基地使用权、集体收益分配权，畅通"三权"自愿有偿市场化退出渠道，实现乡村土地要素价值。破除城乡要素流动体制机制障碍，推动城乡要素平等交换、双向流动。二是城乡基础设施同质化。统筹城乡建设，完善农村交通、物流等传统基础设施建设，推进基础设施全面普惠，促进城乡互联互通。加强数字基础设施建设，推动城乡数字基

---

[1] 盛朝迅：《新发展格局下推动产业链供应链安全稳定发展的思路与策略》，《改革》2021年第2期。

[2] 李海舰、杜爽：《推进共同富裕若干问题探析》，《改革》2021年第11期。

础设施同规同网，消除城乡数字鸿沟，共享数字红利。三是城乡公共服务均等化。政府财政支出重点从城市转向农村，按照"幼有所育、学有所教、劳有所得、病有所医、老有所养、住有所居、弱有所扶"要求，制定覆盖城乡的基本公共服务实施标准，实现城乡教育、医疗、养老等基本公共服务均等化。四是城乡生态环境一体化。提升农村环境基础设施水平，加大农村面源污染、垃圾回收等环境治理，改善农村人居环境。加快推进城乡融合发展的生态治理体系建设，建立城乡环境共建共治共享、生态治理联防联控联治联动体制机制，建设美丽城镇、美丽乡村。

（7）东西部经济循环。东西部经济循环是国内要素和产业梯度转移的空间载体。促进东西部经济循环，需要从产业、经济和生态三个维度，实现产业一体化、经济一体化和生态一体化。一是发挥地区比较优势，促进产业一体化。东部地区处于产业链中上游，新经济、新模式、新业态丰富，产业体系相对完整，西部地区产业发展水平相对落后，处于产业链中下游。结合东西部资源禀赋和产业结构特点，通过产业间转移、产业链融合、"飞地化发展"等模式，深化区域合作机制，形成东西优势互补的现代产业体系。二是依托中心城市和城市群，促进经济一体化。尊重产业、人口流动客观规律，增强中心城市和城市群的经济承载力、辐射力和带动力，在长三角、珠三角、成渝都市圈等有条件地区率先形成新发展格局。打破区域行政壁垒，破除要素自由流动体制机制障碍，打造要素市场一体化、交通一体化，促进东西经济联动发展。三是探索区域补偿机制，促进生态一体化。根据全国整体发展规划及各地具体情况，中国大部分限制开发区域和禁止开发区域都位于西部地区。按照受益者付费、保护者得到合理补偿，建立东西部区际利益补偿机制。依托长江流域、黄河流域，加强上中下游地区各项生态要素的协同治理，增强各项举措的关联性和耦合性，探索流域上中下游环境补偿机制、生态产品价值实现机制，推动东西部生态一体化。

（8）南北方经济循环。近年来，南北在经济、社会、生态和民生领域差距逐渐扩大，南北区域经济发展分化态势明显。[①] 畅通南北经济循环，

[①] 许宪春、雷泽坤、窦园园、柳士昌：《中国南北平衡发展差距研究——基于"中国平衡发展指数"的综合分析》，《中国工业经济》2021年第2期。

关键要从制度环境、科教资源和公共服务等方面加强交流与合作，促进营商环境一体化、科技创新一体化和公共服务一体化。一是营商环境一体化。营商环境是区域经济发展的核心竞争力，北方营商环境整体弱于南方，营商环境得分整体低于南方。[①] 坚持市场化、法治化、国际化原则，深化商事制度、"放管服"、市场准入"负面清单"等改革，建立规则、规制、管理、标准等一致的全国统一大市场。加强南北城市营商环境建设交流，学习采纳营商环境先进城市经验。加快转变政府职能，提高公共服务意识，减少政府市场干预，营造风清气正、公平竞争的营商环境。重视培育企业家精神，切实支持和爱护民营企业。二是科技创新一体化。南北科教资源比较优势不同，北方科教资源和高技能劳动力资源丰富，基础研究实力较强，南方应用研究能力更为突出。加强南北方科研院所、高校和企业的交流与合作，明确科研院所、高校、企业创新主体在创新链不同环节的功能定位，创新科研组织模式，形成科研创新合力。三是公共服务一体化。北方主要是人口净流出区，南方是人口净流入区，南北方人口总量和结构差距较大，加快建立基本公共服务与常住人口挂钩机制，完善财政转移支付与农业转移人口市民化挂钩机制。加快推进养老保险全国统筹进度，加大养老保险金结余富余省份对养老保险金负担较重地区的支持，实现区域间互助互济。

2. 打造高水平对外开放

（1）从节点企业开放到网主企业开放。企业作为经济循环的微观主体，加快畅通国内国际双循环，节点企业要尽可能做到"专精特新"且不可替代，以此深度融入全球价值网络；网主企业要向"四链"方向发展，力争产业链的链长、供应链的链主、价值链的枢纽和创新链的领头。嵌入全球价值网络，构建全球产业生态，从模块供应商到系统集成商，再到规则设计商。

（2）从流动型开放到制度型开放。从全球化1.0到全球化3.0，更多的是生产要素和商品的全球流动和配置；全球化4.0和全球化5.0，则是

[①] "中国城市营商环境评价研究"课题组：《中国城市营商环境评价的理论逻辑、比较分析及对策建议》，《管理世界》2021年第5期。

规则制度和经济治理的全球化。① 提高对外开放水平既要持续深化商品、服务、资金、技术、人才等要素流动型开放,又要稳步拓展规则、规制、管理、标准等制度型开放,将开放措施从关税等边境措施向规则、规制、管理、标准等边境内措施延伸。② 不断完善贸易、投资、货币金融、人员信息流动等重点领域的法律法规和管理制度,构建与国际通行规则相衔接的制度体系和监管模式。推动贸易和投资自由化便利化,构建互利共赢、多元平衡、安全高效的开放型经济体系。

(3) 从倾斜式开放到平衡式开放。开放客体平衡,即从商品开放、生态要素开放向规则、规制、管理、标准等制度型开放,以开放促进国内国际联结。开放流向平衡,即从进口向出口,从引进外资向对外投资,统筹内需和外需、进口和出口、引进外资和对外投资,以开放统筹两个市场、两种资源。开放地区平衡,从东南沿海为主要开放地区延伸到中西部地区开放,以开放促进区域协调发展。开放产业平衡,从传统的劳动密集型产业向资本密集型、知识密集型、数据密集型产业转变,从商品贸易向服务贸易转变,以开放带动产业全面升级。开放平台平衡,从国家级新区、经济开发区、高新技术开发区向自由贸易试验区、自由贸易港、综合保税区、边境经济合作区、跨境经济合作区转变,以开放推进跨境合作。开放国别平衡,从发达国家向"一带一路"、东南亚、非洲国家拓展,以多元开放主体保障全球产业链供应链安全。

(4) 从经济领域开放到非经济领域开放。政治领域,中国社会主义现代化的成功实践为世界其他发展中国家的现代化提供了新的道路;加强对外话语体系建设,"讲好中国故事",解决"失语就要挨骂"的问题。文化领域,挖掘中华文化精神内核,推动中华文化走出去,增强国家文化软实力,为人类提供正确精神指引。社会领域,提升人民群众收入水平,满足人民美好生活需要,建设"橄榄型"社会,提供建设高质量共同富裕社会的发展中国家新路径。生态领域,研究设计发展中大国"碳减排""碳中和"路径,积极参加全球气候治理,推动构建公平合理、合作共赢的全球环境治理体系。

---

① 李海舰、杜爽:《中国现代化国家建设中的"十化"问题》,《经济与管理》2021年第1期。

② 何忠国:《坚定不移推进更高水平对外开放》,《红旗文稿》2021年第8期。

3. 打造高水平自立自强

（1）遵循科学发现科学发展规律，培育高水平的科创成果。基础研究是科技创新的源头。鼓励科研人员以探索世界奥秘的好奇心，持之以恒投入基础研究。加强创新基础设施建设，加大基础研究投入力度，强化国家战略科技力量。营造宽松、包容、自由的良好科研生态，鼓励广大科研人员探索科学规律，产出高水平的原创性成果。深化国际科技交流合作，主动布局和积极利用国际创新资源，融入全球科技创新网络。总之，适应全球科技创新活动活跃、技术迭代加快，以及学科之间、科学与技术之间、技术之间日益交叉融合的大趋势，重构全球创新版图。

（2）尊重科技创新区域集聚规律，建设创新城市创新高地。全面总结、交流推广国家创新型城市建设经验，汇聚高水平创新资源，打造一批具有国际影响力的区域创新高地。以国家实验室建设为抓手，整合全国创新资源，推动大科学计划、大科学工程、大科学中心、国际科技创新基地的统筹布局和优化，形成国家实验室体系。围绕京津冀协同发展、长江经济带发展、粤港澳大湾区等重大规划，着力打造区域开放协同的创新网络。发挥各地在创新发展中的积极性和主动性，因地制宜探索差异化的创新发展路径。

（3）探索符合科技创新规律体制，推进科技政策扎实落地。尊重人才成长自身规律，充分激发人才创新活力，全方位培养、引进、用好人才。尊重科研活动自身规律，改革和创新科研经费使用和管理方式。探索符合科技创新规律的人才评价制度，破除"唯论文""唯学历""唯职称""帽子满天飞"的现象，建立健全以创新能力、质量、贡献为导向的科技人才评价体系，完善科研任务"揭榜挂帅""赛马"制度。加快建设国家战略人才力量，大力培养战略科学家、一流科技领军人才和创新团队、青年科技人才、卓越工程师四类人才。

（4）把握科学研究成果转化规律，加快向现实生产力转化。建设基础研究成果数据库，搭建专利、技术等成果发布和转化平台，成立技术成果转化中介公司，加大科技成果转化力度与效率。推进新型协同创新机制，鼓励科研人员、技术人员、企业家等不同主体相互流动，分领域构建产业技术创新联盟，深化产学研用一体建设。强化知识产权全链条保护，创新高价值专利、软件著作权等无形资产的质押融资担保方式，放大知识产权价值。将科技政策贯穿于战略产业、未来产业和"卡脖子"技术、"捅破天"技术突破和产品应用等层面，切实提高研发投入效率和引领带头作用。

（二）政治文明新格局

当今时代，一切重大问题都有政治属性，讲政治既是马克思主义政党的鲜明特征，又是中国共产党一以贯之的政治优势。构建政治文明新格局，核心在于发挥党的全面领导优势、社会主义制度优势、全过程人民民主优势、新型举国体制优势。

1. 发挥党的全面领导优势

党的领导是中国特色社会主义最本质的特征和最大的优势。党政军民学，东南西北中，党是领导一切的。坚持党的全面领导是当代中国的最高政治原则，是实现中华民族伟大复兴的关键所在。党的全面领导，一是主体全覆盖。人大、政府、政协、监察机关、审判机关、检察机关、武装力量、人民团体、企事业单位、基层群众性自治组织、社会组织等设立党组织，确保党在各种组织中发挥领导作用，当好国家机构的"指南针"。二是领域全覆盖。经济建设、政治建设、文化建设、社会建设、生态文明建设和国防军队、祖国统一、外交工作、党的建设等各方面确立党的领导地位，健全党对重大工作的领导体制，握好国家发展的"方向盘"。三是环节全覆盖。改革发展稳定、内政外交国防、治党治国治军等不同领域的制度制定、政策执行、监督考核等环节明确党的责任与义务，强化政治监督和政治巡视，做好国家工作的"定盘星"。

党的领导是党和国家事业不断发展的"定海神针"。加强党对一切工作的领导，必须通过以下系列"抓手"得以实施。一是远景目标规划。《中华人民共和国国民经济和社会发展第十四个五年规划和2035年远景目标纲要》明确将"坚持党的全面领导"列为必须遵循的第一条原则，彰显党在推进中国特色社会主义事业中的"把方向、谋大局"地位。二是五年发展规划。在国家发展五年规划中，建立党对经济建设、政治建设、文化建设、社会建设、生态建设一切工作领导的体制机制，发挥党在治国理政中的"管大局、统四方"作用。三是政策组合体系。在宏观政策、微观政策、结构政策、科技政策、改革开放政策、区域政策、社会政策的制定与执行中,明确不同机构党委在国家事务中"促改革、定政策"的职责。四是国有企业载体。国有企业是中国特色社会主义的重要物质基础和政治基础,是党执政兴国的重要支柱和依靠力量。国有企业在保障重要战略物资、攻克技术难题、应对重大危机中,扮演"国家队""主力军"角色,发挥党在国计民生中的"作决策、保落实"功能。

2. 发挥社会主义制度优势

中国特色社会主义制度是一个严密完整的科学制度体系,起四梁八柱作用的是根本制度、基本制度、重要制度,其中具有统领地位的是党的领导制度。根本制度,包括根本领导制度——党的集中统一领导制度和全面领导制度;根本政治制度——人民代表大会制度;根本文化制度——马克思主义在意识形态领域指导地位的制度;根本社会治理制度——共建共治共享;根本军事制度——党对人民军队的绝对领导制度。基本制度,包括基本政治制度——中国共产党领导的多党合作和政治协商制度、最广泛的爱国统一战线制度、民族区域自治制度、基层群众自治制度;基本经济制度——公有制为主体、多种所有制经济共同发展的所有制结构,按劳分配为主体、多种分配方式并存的分配制度,有效市场与有为政府相结合的社会主义市场经济的资源配置方式。重要制度,包括法治体系、行政体制、经济制度、文化制度、民生保障制度、社会治理制度、生态文明制度体系、人民军队领导制度、"一国两制"制度、和平外交政策、国家监督体系。这里,根本制度是"根",具有统领性;基本制度是"干",具有稳固性;重要制度是"叶",具有约束性。

党的十九届四中全会通过的《中共中央关于坚持和完善中国特色社会主义制度推进国家治理体系和治理能力现代化若干重大问题的决定》,将中国特色社会主义制度的显著优势概括为13个方面:党的集中领导优势、人民当家作主优势、全面依法治国优势、全国一盘大棋优势、民族一律平等优势、基本经济制度优势、思想精神文化优势、民生保障改善优势、改革创新发展优势、选贤任能优势、党指挥枪优势、"一国两制"优势、自主开放优势。通过固根基、扬优势、补短板、强弱项,构建系统完备、科学规范、运行有效的制度体系,加强系统治理、依法治理、综合治理、源头治理,把国家制度优势更好转换为国家治理效能。

3. 发挥全过程人民民主优势

党的十九届六中全会通过的《中共中央关于党的百年奋斗重大成就和历史经验的决议》强调，积极发展全过程人民民主。"人民至上"的价值理念构成了中国特色社会主义制度的核心优势。全过程人民民主的核心，就在于始终坚持以人民为中心，把马克思主义民主理论与中国实际相结合、与中华优秀传统文化相结合，探索出一条坚持党的领导、人民当家作主和依法治国有机统一的民主新路。全过程人民民主是一个完整的制度链条，包括选举民主、协商民主、社会民主、基层民主、公民民主等民主政治的全部要素，涵盖了民主选举、民主协商、民主决策、民主管理、民主监督等民主过程的一切领域，不仅有完整的制度程序，而且有完整的参与实践，实现了过程民主和成果民主、程序民主和实质民主、直接民主和间接民主、人民民主和国家意志相统一，是全链条、全方位、全覆盖的民主，是最广泛、最真实、最管用的社会主义民主。

坚定对中国特色社会主义制度的自信，很重要的一条，就是要坚定对中国式民主的自信。中国式民主坚持"人民至上"的价值理念，始终以人民为中心，一切围绕人民转，把人民作为制度选择和制度建构的主体力量，以人民为根本评价尺度，将人民对美好生活的向往作为奋斗目标。而西方资本主义国家的政治制度和政党制度则是以资本为中心，一切围绕资本转，把资本作为社会制度的主导力量，弘扬资本至上、体现资本意志。西方政党代表不同利益集团，为了赢得竞选，彼此相互竞争、倾轧，政策往往不具有连续性、预期性和稳定性，即"翻烙饼"，不断折腾、相互否定。与西方多党竞争、轮流执政相比，中国共产党领导的多党合作和政治协商制度具有稳定性、预期性和承续性，即"接力赛"，"一张蓝图绘到底，一代接着一代干"。

4. 发挥新型举国体制优势

举国体制是指充分发挥社会主义国家"集中力量办大事"的体制优势，超越局部利益、短期利益，服务于国家利益、长期利益。新型举国体制在中国特色社会主义市场经济条件下具有新内涵、新机制、新模式。一是基于有效市场和有为政府的新内涵。区别于计划经济时期政府主导的传统举国体制，新型举国体制主张政府与市场相结合，既要发挥政府的资源调配、组织协调作用，也要维护和激发市场主体活力和动力，发挥市场在科技创新中的关键性作用。二是基于数字技术、智能技术的新机制。随着创新活动"乌卡特征"愈加明显，科技创新治理面临"市场政府双失灵"挑战。① 新型举国体制利用新一代信息技术和数据要素优势，基于数据、算力和算法，赋能市场和政府，打造数智时代的"强市场""新市场"和"强政府""新政府"，提升科技创新治理效能。② 三是基于国内统一超大规模市场的新模式。利用全国统一超大规模市场优势，构建高标准国家实验室体系，聚焦国家重大战略需求，整合、优化配置全国优势资源，实施国家科技重大专项等大科学计划、大科学工程等，推动重大领域技术突破。

新型举国体制集合了市场政府结合优势、数智技术支撑优势和国内统一超大规模市场优势，重点应用于重大科技、重大工程、重大民生等特定应用场景。"嫦娥工程""中国天眼"、集成电路、量子计算、中国高铁等重大技术突破，"南水北调""西气东输""北煤南运""东数西算"等重大工程建设，脱贫攻坚、乡村振兴和疫情防控、公共安全等重大民生问题应对，均彰显了新型举国体制的独特优势。未来，在不稳定性、不确定性成为常态的情况下，新型举国体制在应对地缘政治冲突、全球气候变化、重大自然灾害、公共卫生安全等领域的体制优势不断凸显。

（三）文化发展新格局

文化是一个国家、一个民族的灵魂。构建文化发展新格局作为建设文化强国的实践路径，其根本在于坚定文化自信，弘扬中华优秀传统文化、革命文化、社会主义先进文化、时代文化，借鉴和吸纳世界优秀文明成果，促进文化与社会、经济、科技、时代、政治融合。

1. 践行大德体系，促进文化与社会融合

中国历来被称为"礼仪之邦"，"崇德利用"被视为中华文化的基本精神之一。③ 新时代应加强个人品德、家庭美德、职业道德和社会公德教育，

---

① 蔡跃洲：《中国共产党领导的科技创新治理及其数字化转型——数据驱动的新型举国体制构建完善视角》，《管理世界》2021年第8期。

② 李海舰、杜爽：《"十二个更加突出"：习近平新时代中国特色社会主义思想精髓》，《改革》2022年第5期。

③ 张岱年、程宜山：《中国文化精神》，北京大学出版社2015年版。

践行大德体系，构建和谐社会。促进文化与社会融合，一是注重个人品德教育。品德教育应从娃娃抓起，加强学前、幼儿和小学的国学教育和德行培育，从小树立正确的世界观、人生观、价值观。加强青年群体品德教育，以系统把握中国共产党精神谱系为根本，将英雄人物和时代楷模作为学习榜样，从中汲取力量，收获"敢于担当""勇于挑战""奋力拼搏"等精神品格，打牢道德根基。二是注重家庭美德教育。提高家长的素质和能力，加强家长在孕期和儿童成长期的家庭教育知识体系培训；坚持立德树人导向，以优秀的家风、家教、家规影响和帮助孩子养成好思想、好品格、好习惯。三是注重职业道德教育。高校和单位协同加强职业道德教育，强化弘扬敬业精神、工匠精神、创新精神、合作意识、契约意识、诚信意识。将职业道德纳入员工入职标准，建立奖惩分明的考核体系，奖励品德优秀的员工。四是注重社会公德教育。面向基层、面向大众，开展中华优秀传统文化和社会主义核心价值观教育，开展节约资源、爱护公物、保护环境等公德教育，使之"内化于心、外化于行"。明确公共场所行为的"红绿灯"，借助数字监控、网络平台等进行智能表扬和智能批评，从技术层面即时外在约束公民遵守社会公德。

2. 打造人文价值，促进文化与经济融合

财富包括劳动财富、自然财富、人文财富，随着消费结构的升级，人民对美好生活需要的提高更加凸显人文财富在三大财富中的重要性。促进文化与经济融合，一是突出人文财富，培育国民文化消费需求。大力提高文化消费，提升国民幸福感。顺应国民文化消费的高端化、个性化、多样化需求，利用"文化+农业""文化+工业""文化+旅游""文化+体育"等新模式，加快发展新型文化业态，丰富文化消费产品和服务类型，拓宽文化消费空间和场景，让文化能够看得见、摸得着、感得到，在文化创造、文化消费、文化旅游、文化养生中，丰富人的精神世界，提高国民幸福指数。二是发展美学经济，赋能中国文化产业发展。深入挖掘和提炼中华优秀传统文化精髓，形成鲜明的文化符号、标志、风格，通过专利授权、品牌溢价等形式获取利润，抢占全球文化产业链、价值链的高位。以美学设计赋能文化产业全产业链，围绕超级美学IP，生产多品种、多领域美学产品，提供多元化美学服务，通过美学经济化（把虚的做成实的）和经济美学化（把实的上升为虚的），将中华文化中的"美学"转换为中国经济上的"美力"。

3. 重塑文化优势，促进文化与科技融合

人工智能、大数据、直播平台、元宇宙等新技术新模式的出现，提供了文化保护、创新、传播新路径。促进文化与科技融合，一是数字技术赋能中华优秀传统文化保护。数码显微技术、三维虚拟技术等数字化手段，弥补传统文物修复方式的不足，助力文物修复和保护。图片拍摄、视频录制、数字化档案和图书馆等方式，助力传统文化资源数字化沉淀，让非遗、文物"活"起来。人工智能、大数据等技术降低文化修复、转换和存储工作难度，助力文物修复和再现。借助动漫电视、动漫电影等形式，重塑中华优秀传统文化经典人物，赋予英雄人物时代精神，给予历史人物"新生命"。二是数字技术赋能中华优秀传统文化创新。通过长城、故宫、国家宝藏等实物载体与VR、AR技术的融合，打造虚拟文化体验空间，创新文化表现形式。借助音乐、电影、短视频等新媒介，打造数字文化产品和服务，丰富优秀文化产品类型。借助元宇宙技术，依托"元宇宙+影视""元宇宙+次元""元宇宙+游戏"等模式，打造虚拟偶像、次元空间等虚拟文化产品，重塑传统文化产业业态。三是数字技术赋能中华优秀传统文化传播。借助数字技术，对博物馆、图书馆等进行数字化改造，改进文物展陈方式，创造逼真、三维虚拟场景，强化展览互动性和参与感，实现"线下体验"数字化。借助网络直播等方式，通过讲故事的方式挖掘文化遗产背后的理念，通过"云游风景区"等途径构建虚拟体验和交互场景，实现"线上体验"直观化。

4. 厚植文化自信，促进文化与时代融合

中华优秀传统文化历久弥新，通过多措并举焕发时代活力。促进文化与时代融合，一是赋予中华优秀传统文化时代价值。挖掘和阐发中华优秀传统文化，使中华民族最基本的文化基因与当代文化相适应、与现代社会相协调，弘扬跨越时空、超越国界、富有永恒魅力、具有当代价值的文化精神，提出体现中国立场、中国智慧、中国价值的理念、主张和方案，比如"人与自然生命共同体""人类命运共同体"。传统哲学思想指导认识和改造世界方式，儒家思想教人学会"人与社会相处"，道家文化教人学会"人与自然相处"，释家价值教人学会"人与自己相处"。二是打造与新时代相契合的"三大体系"。充分利用马克思主义的资源、中华优秀传统文化的资源、国外哲学社会科学的资源，按照"不忘本来、吸收外来、面向未来"的要求，构建中国特色、中国风格、中国气派的学术体系、学科体系、话语体系。立足中国实践创新，加强理论与对策研究，提炼有学理性的新理论，概括有规律性的新实践，构建具有主体性和原创性的学术体系。加强学科体系建设，扎实基础学科，突出重点学科，创新发展新兴学科、交叉学科、前沿学科，传承冷门学科。重视话语体系建设，鼓励国内外研究人员开展交流与合作，大力推动国家高端智库建设，加强中国哲学社会科学在国际话语体系中的影响力。

5. 引领全球文化，促进文化与政治融合

"和羹之美，在于合异。"文明因多样而交流，因交流而互鉴，因互鉴而发展。坚持借鉴和吸纳世界优秀文明成果，这是中国共产党对价值与文明进行百年探索的重要途径。[①] 促进文化与政治融合，一是坚持文化互鉴。倡导平等、互鉴、对话、包容的文明观，以兼收并蓄的态度，积极学习借鉴人类文明的一切有益成果，坚决反对"教师爷"般颐指气使的说教。[②] 对国外的理论、概念、话语、方法，保持鉴别力和批判力，以"以我为主、洋为中用、辩证取舍"的原则，从本国本民族实际出发，取长补短、择善而从，以此丰富和发展中华文化。二是加强国际传播。创新中国文化表现形式，深入挖掘和丰富文化产品种类和服务方式，借助高科技、互联网平台、网络直播等新技术、新平台、新方式，开展丰富多彩的国际人文交流活动，展示真实、立体、全面的中国，加深各国人民对中国的了解和认同。引进和培养"文化+传播+国际语言"等复合型人才，加强国际话语引导能力，打造具有国际影响力的一流新型主流媒体。三是发挥世界价值。中国传统优秀文化蕴涵着解决当代人类面临问题的重要启示，对解决世界经济、政治、社会、生态难题具有重要价值。基于"天下大公""世界大同""仁者爱人"等思想提出的"人类命运共同体"为维护世界和平与发展、促进全球化贡献了"中国智慧"，延续"天人合一"理念的"人与自然生命共同体"为解决全球气候问题提供了"中国方案"，受"和合"思维启发的"和平统一、一国两制"伟大构想为解决国家统一问题提

[①] 吴向东：《价值与文明：中国共产党的百年探索》，《光明日报》2021 年 11 月 15 日第 15 版。
[②] 杨洁篪：《推动构建人类命运共同体》，《人民日报》2021 年 11 月 26 日第 6 版。

供了"中国道路"。

（四）社会发展新格局

新时代，人民对美好生活有了更高层次、更广领域、更多样化的需求。构建社会发展新格局，需要在社会建设水平上取得新突破，强化"三个发展"、建设"三个社会"，促进人的全面发展和社会全面进步。

1. 强化人口发展

人口是一国经济社会发展的重要基础和核心要素。促进人口均衡发展，一要积极应对少子化趋势，推动构建生育友好型社会。依法实施三孩生育政策，适时取消计划生育政策。消除就业和工作中的性别歧视，保障女性就业机会，落实带薪孕产假、父亲陪产假和父母育儿假，提高女性生育意愿。允许地方探索实施鼓励生育政策，以住房优惠、现金补贴、住院分娩免费服务等方式，降低生育、养育成本。大力发展多种形式的托育普惠服务，加快完善0—3岁婴幼儿托育机构建设标准和人才培养，提高托育服务质量。二要积极应对老龄化趋势，形成"适老社会"发展方式。逐步实施渐进式延迟退休方案，大力发展养老保险第三支柱，健全养老保险体系。按照《全球老年友好城市建设指南》，加快推进和完善城市"适老"基础设施和建筑改造，构建老年友好城市。尽早加大对老年健康学、衰老生物学、老年疾病预防与治疗等学科的研究，挖掘"寿命福利"。[①] 从"投物"为主逐渐转向"投人"为主，基于全生命周期，加大人力资本投入，包括孕育、生育、养育、教育、休闲、文娱、养生、养老环节。大力发展"银发经济"，积极开发"适老"技术和产品，培育智慧养老、社区养老、康养产业等新业态。探索时间银行这一新型互助劳务养老模式，缓解国家养老资源不足和个人养老资金储蓄不足的难题。[②]

2. 强化教育发展

人才是经济发展的根本，教育是培养人才的主要渠道，事关国家发展和民族未来的千秋基业。按照短期与长期相结合、国内与国际相结合原

[①] Scott A. J., Ellison M., Sinclair D. A., "The Economic Value of Targeting Aging", *Nature Aging*, No. 1, 2021.

[②] 李海舰、李文杰、李然：《中国未来养老模式研究——基于时间银行的拓展路径》，《管理世界》2020年第3期。

则,未来中国教育体系需着重培养以下三种类型人才。第一类是面向经济主战场的技能复合型人才。新一代信息技术革命和产业变革下,产业所需技能要求出现了新变化。以适应当前产业技术特性和发展要求,构建"三位一体"培训机制,即自主培训机制、培训积分机制、收入挂钩机制,引导产业工人自学习,提高专业技能。面向电子数据取证分析师、职业培训师、密码技术应用员、碳排放管理员等新职业,及时更新职业技术教育内容,加快新型技能人才队伍培养。第二类是面向长远经济发展的知识复合型人才。改革高等教育模式,允许跨区域、跨高校、跨学科学习,培养精通经济、政治、文化、社会、生态等多领域、具有交叉学科知识的综合型人才。同时,鼓励天才儿童"偏科发展",以数学、物理、化学、哲学等某一基础研究领域为特长,培养造就顶尖创新人才。第三类是面向国际和海外利益的国际复合型人才。采取"3+"培养模式,通过"外国语+""区域国别+""国家传播+"经济、政治、文化、社会、生态等多学科的交叉融合,培养"一精多能""一专多能"国际复合型人才,赋能中国海外利益发展与国家安全。完善海外复合型人才引进机制,加快建设全球人才高地,聚天下英才而用之。

3. 强化健康发展

高质量的经济增长可以提高国民健康水平,良好的国民健康水平有利于促进经济增长。促进国民健康发展,一要实施全方位全周期健康管理,从以末端治疗为主转向以前端预防为主。利用微信公众号、短视频等新媒介,普及健康知识,引导居民合理膳食,强化个人是健康"第一负责人"意识,引导和开展全民健身运动,促进全民养成文明健康生活方式。提高预防意识和防范措施,针对心脑血管疾病、癌症、慢性呼吸系统疾病、糖尿病四类慢性病以及传染病、地方病,加强重大疾病的疫苗接种、早筛早查、早诊早治等前端预防措施。二要提高健康人力资本水平,从身体健康转向"身心灵"健康。良好生态环境是最普惠的民生福祉。开展碧水青山、减污降碳、垃圾分类等活动,修复山水林田湖草,改善自然生态环境,既有利于降低疾病发生率,也有利于促进居民身心愉悦。重视精神健康,加强精神卫生信息系统、证据和研究,以社区、单位、家庭为基础提供全面、综合并符合需求的精神卫生与社会关护服务。三要创新发展"大健康"产业形态,从健康与经济"单一分离"发展转向"融合循环"发展。根据消费群体和需求，丰富健康产品与服务，大力发展个护美容、饮食营养及减重、体育活动、养生旅游等健康产业，提高健康产业在国民经济中的比重。利用科技与科学，创新医疗产品与技术，连接虚拟空间与实体空间，发展智能监测、智慧医疗、远程医疗、直播健身等数字健康产业。

4. 建设安全社会

安全既是美好社会的基础保障，也是经济发展的重要内容。实现国家层面的安全，一是以发展保安全，提高国家安全水平。发展是最大的安全，通过高质量的经济发展，增加国家安全要素投入，保持一定的军费开支占比，维护国家安全和保卫领土完整。增加经济安全、政治安全、文化安全、社会安全、生态安全等领域的研发投入，加强安全基础设施和人员队伍建设，健全国家安全体系。二是以安全促发展，实现经济平稳发展。大数据时代，健全个人、企业、国家信息保护、数据安全和数据产权等法律法规，奠定经济平稳发展基础。增强"总体国家安全观"，加强重大风险防控能力建设，防止发生系统性经济风险和金融风险，留足经济腾挪转移空间，增强经济发展韧性。加强生物、能源、气候等领域的国际合作，深度融入全球创新体系，共同解决人类发展面临的医学、气候、绿色技术等难题。防范经济、政治、文化、社会、生态各类风险连锁联动、叠加共振，从全局性着眼、关联性着手，多维思考，综合求解。①

5. 建设公平社会

效率与公平是发展中面临的永恒问题，二者相互制约、相互促进。建设公平社会，一要打破根据户籍、社会身份提供公共服务的"旧框框"，构建以"国民身份"为原则的公共服务新体系，实现区域间基本公共服务均等化。深化户籍制度改革，健全农业转移人口市民化机制，落实农民工与城镇职工同工同酬制度。完善农村土地、集体产权、宅基地使用权等要素分配机制，增加农民财产性收入。健全覆盖全民、统筹城乡、可持续的多层次社会保障体系，完善全国统一的社会保障公共服务平台。② 二要推

---

① 李海舰、杜爽：《共同富裕问题：政策、实践、难题、对策》，《经济与管理》2022年第3期。

② 刘晓梅、曹鸣远、李歆、刘冰冰：《党的十八大以来我国社会保障事业的成就与经验》，《管理世界》2022年第7期。

动产业融合，消除不同产业进入壁垒和收入不平等、代际不平等现象。促进第一产业、第二产业和第三产业纵向融合、横向融合与交叉融合，降低三次产业全要素生产率。消除所有制歧视，营造公平竞争的市场环境，缩小民营企业与国有企业差异。引导虚拟经济实体经济融合发展，提高实体经济的利润率，缩小金融、房地产、互联网等行业与实体经济产业的收入差异。创造更加公平竞争的就业环境，降低不同行业间人员进入壁垒，破除父辈职业、社会关系等阻碍社会性流动的障碍，让人人都能够通过辛勤劳动、诚实劳动、创业劳动、创新劳动，实现自身的价值。

6. 建设幸福社会

围绕人的幸福、为了人的幸福，构建幸福社会，一是深化美学研究，发展美学经济。深化美学研究，挖掘中华民族传统文化美学特色，提炼美学符号与气质；以"文化+经济""艺术+经济""创意+经济"等形式，融入美学元素、美学成分、美学理念、美学思维，丰富产品形态与服务，在生产、购买与体验中满足消费者的精神需求。二是丰富快乐内涵，发展快乐经济。发展文化旅游、影视体育等快乐产业，通过"产业快乐化"和"快乐产业化"，满足人民物质层面与精神层面的需求。而且，将快乐理念拓展至动物层面，不仅人要快乐，动物也要快乐。三是坚持"两山理论"，挖掘生态价值。"环境就是民生，青山就是美丽，蓝天也是幸福。"提供更多优质生态产品以满足人民日益增长的优美生态环境需要，全面推动绿色发展，建设美丽城镇、美丽乡村。四是构建幸福指数，建设幸福中国。将国民经济社会统计核算体系重点由国内生产总值转向国民幸福指数。在政策评估体系中引入民众快乐程度指标，把"以人为本"的发展理念落地落实。

（五）生态文明新格局

构建生态文明新格局，核心在于遵循自然规律，坚持人与自然和谐共生，构建自然生命共同体、人与自然生命共同体、人类命运共同体，实现人与自然和谐共生的现代化。

1. 构建自然生命共同体

（1）认识生态系统，深化对自然价值理论的把握。传统自然价值理论坚持生态中心主义的整体论，主张以价值作为环境伦理学的基础，把人类对大自然的道德义务建立在大自然所具有的客观价值的基础上,其核心是论证自然的内在价值,即自然价值的客观性。① 习近平生态文明思想创新性地提出自然生命共同体,将"山水林田湖草沙冰"视为一个有机生命体,是自然生态系统中不可或缺的要素构成,并进一步拓展了自然要素的生态价值、经济价值、文化价值、社会价值。在关于自然要素的表述中,"绿水青山就是金山银山""破坏生态环境就是破坏生产力,保护生态环境就是保护生产力,改善生态环境就是发展生产力""保护生态环境就是保护自然价值和增值自然资本,就是保护经济社会发展潜力和后劲,使绿水青山持续发挥生态效益和经济社会效益""草木植成,国之富也""绿水青山既是自然财富、生态财富,又是社会财富、经济财富"等,指明了"山水林田湖草沙冰"等自然要素,不仅是生态系统的重要组成,也是生产力和人类文明传承的重要载体。②

(2) 尊重自然规律,强化对生态系统质量的提升。坚持系统观念,系统推进生态系统的整体保护、系统修复、整合治理。以更高标准打好碧水、蓝天、净土"三大"保卫战,强化"陆海空天"全域生态治理。以长江水带、黄河流域和国家公园等为载体,加快建立以区域、流域或者国家公园为主体的自然保护地体系,构筑"陆海空天"生物一体性、多样性保护网络。以近岸海域、河口、河湾等陆海结合部为突破点,统筹推进海河流及其汇水范围内的水污染监督与治理、水域环境质量检测等,构筑环海、环湖、环河生态圈。③ 利用新技术构建"陆海空天"一体化生态监测网络,打造全方位、立体化生态监管模式,强化"陆海空天"协同治理。严格"陆海空天"环境执法和环境督察,加强全空间全过程监管。

(3) 围绕生态要素,拓展生态产品价值实现路径。核心是畅通生态要素与经济的循环,本质是实现国民经济体系中绿色产品供给与需求的均衡发展。一是广泛形成绿色生产方式,提高绿色产品供给。深化对自然资本及其作用的认识,发挥自然资本作为重要生产要素的积极作用。深入挖掘

---

① 郭辉、王国骋:《自然价值论的理论突破及其意义》,《河南师范大学学报》(哲学社会科学版) 2010 年第 11 期。

② 习近平:《论坚持人与自然和谐共生》,中央文献出版社 2022 年版。

③ 姚瑞华、赵越、张晓丽、严冬:《坚持陆海统筹,加强流域海域系统治理》,《中国环境报》2021 年 1 月 20 日。

林天湖草、绿水青山、冰天雪地等自然要素的生态价值、经济价值、文化价值、社会价值，通过"互联网+""文化+""旅游+"等多种途径，实现"生态产业化"。广泛形成绿色生产方式，通过绿色技术创新，提高清洁生产和能源资源节约高效利用标准，加快推动绿色、低碳、循环生产方式，实现"产业生态化"。二是广泛形成绿色生活方式，引致绿色产品需求。生态产品价值实现的前提是居民绿色消费需求创造绿色产品市场，通过价格机制变现生态产品价值。加大环境保护、资源节约、绿色消费教育，引导全社会形成绿色生活方式。统一和完善绿色产品标准、认证、标识体系，降低公众识别门槛。探索建立绿色采购激励制度，鼓励居民购买绿色产品，提高绿色产品市场份额和质量效益。三是完善生态产品价值实现体制机制建设，促进绿色供需有效对接。在发挥市场机制对绿色产品和绿色消费决定性作用的同时，发挥有为政府的因势利导作用。针对生态产品"难度量、难抵押、难交易、难变现"等问题，建立生态产品调查监测机制、评价机制、经营开发机制、保护补偿机制、价值实现保障机制、价值实现推进机制，形成生态产品价值实现的制度框架，支撑生态产品价值实现。[①]

2. 构建人与自然生命共同体

（1）基于"天人合一"理念，倡导人与自然和谐共生的现代化。中华优秀传统文化提倡"赞天地化育""天地万物为一体"，遵循"道法自然""天地与我并生，万物与我为一"，认为人与自然万物皆为同源，天道的自然是人道的根基。[②] "天人合一"思想孕育了中华民族尊重自然、顺应自然、保护自然的文化传统和绿色情怀，提供了人与自然和谐相处之道。构建人与自然生命共同体，强调自然同人一样具有生命价值，自然和人类的发展相互影响、相互制约、相互联系，二者是不可分割的生命共同体。"人与自然生命共同体"反映了中华文明"天人合一、道法自然"的理念，是对人与人、人与自然、人与社会辩证关系的高度凝练和时代表达。

（2）加强多维协同治理，综合求解生态、经济与社会一体发展。生态

[①] 孙博文：《建立健全生态产品价值实现机制的瓶颈制约与策略选择》，《改革》2022年第5期。

[②] 严文波：《中国传统"和合"理念与构建人类命运共同体》，《红旗文稿》2020年第16期。

环境具有强外部性，解决生态问题不仅依赖于本地区的生态治理与保护行为，还取决于地区间的分工与协同。一是加强规划引领。将绿色发展融入国家发展规划、国土空间规划、区域发展规划，统筹生态、生产、生活三大空间，优化绿色低碳发展区域布局。按照"全国一盘棋"，各地区结合自身发展阶段、产业结构、供应链位置等实际情况，制定科学合理减碳政策，梯次有序推进碳达峰，因地制宜推进绿色低碳发展。[1] 统筹推进减污降碳协同增效，更加注重综合治理、系统治理、源头治理，编制出台减污降碳协同增效实施方案，对减污降碳协同增效一体谋划、一体部署、一体推进、一体考核。[2] 二是加强区域协同。以长江、黄河、淮河等流域为载体，统筹水资源、水环境、水生态治理，加强上中下游地区各项生态要素的协同治理。以京津冀一体化、长三角一体化、粤港澳大湾区等国家区域战略为依托，以产业集群、产业转移、产业融合、"飞地经济"等产业协同发展模式，带动区域整体绿色转型。探索区域内生态保护补偿和生态环境损害赔偿政策制度，形成生态产品供给地和受益地利益共享和风险共担机制。强化多污染物协同控制和多区域间协同治理，建立跨区域环境监管与治理机制。鼓励开展排污权、碳排放权、用能权等初始分配和跨省交易制度，建立横向与纵向、赔偿与补偿相结合的生态产品价值实现机制，形成多元化生态补偿政策体系。

（3）发挥多元主体力量，全面科学统筹推进碳达峰、碳中和。推进"双碳"落地需要政府、企业、个体等全社会成员的共同努力。一是发挥政府的引导性作用。做好碳达峰、碳中和发展规划，严格落实"1+N"政策要求，做好制度保障和支持。提高生态治理和环境保护财政支出，加强绿色基础设施和技术改造投入，降低企业污染排放和能耗强度。建立健全绿色金融体系，统一绿色项目和绿色金融界定标准，拓宽绿色技术创新资金来源渠道。[3] 二是发挥企业的主体性作用。增强企业绿色社会责任，提高环境信息披露标准和要求，强化企业环境责任意识。加强绿色低碳基础研究和前沿技术研发与布局，推进绿色低碳新技术、新材料、新能源的研

---

[1] 张友国、白羽洁：《区域差异化双碳目标的实现路径》，《改革》2021年第11期。

[2] 黄润秋：《把碳达峰碳中和纳入生态文明建设整体布局》，《学习时报》2021年11月18日第1版。

[3] 朱兰、郭熙保：《党的十八大以来中国绿色金融体系的构建》，《改革》2022年第6期。

发和推广，以前沿技术带动企业绿色发展，提高企业市场竞争力和影响力。三是发挥个体的基础性作用。开展绿色低碳全民行动，增强全民节约意识、环保意识、生态意识，倡导简约适度、绿色低碳、文明健康的生活方式。提高全民绿色低碳理念，以绿色消费引导绿色生产，倒逼产业绿色转型。①

3. 构建人类命运共同体

（1）推动全球跨界气候治理。保护生态环境是全球面临的共同挑战和共同责任。构建人类命运共同体要求各国人民"坚持环境友好，合作应对气候变化，保护好人类赖以生存的地球家园"，建设清洁美丽的世界。这就要求坚持多边主义，维护以联合国为核心的国际体系，推动各方全面履行《联合国气候变化框架公约》及其《巴黎协定》。② 按照共同但有区别的责任原则，积极承担与中国国情、发展阶段和能力相适应的环境治理义务，坚定不移实施积极应对气候变化国家战略，力争实现 2030 年碳达峰、2060 年碳中和目标。深度参与全球气候治理，加强南南合作，积极推动绿色"一带一路"建设，与周边国家开展绿色经贸、技术与金融合作。

（2）推动全球公域气候治理。随着全球化的推进和科学技术的发展，人类活动范围不断突破主权地理界限，延伸至极地、网络空间、外太空等全球公域。③ 由于全球公域自身的敏感性和脆弱性，加上各国在全球公域的明争暗斗，海底争端、气候变化、外空竞赛、极地争夺、网络安全等一系列全球公域问题，逐渐成为困扰世界发展的"焦点"。面向全球公域治理难题，一要加强全球公域治理重视程度，提高全球公域治理话语权。引导学者加强全球公域治理伦理、法律、机制设计等相关研究，深化全球公域治理来源、理念、原则认识，为全球公域治理方案的提出奠定理论基础。增强全球公域治理规则制定能力、议程设置能力、舆论宣传能力和沟通协调能力，提供全球公域治理设计"中国方案"。二要以"人类命运共同体"理念为指导，坚持多边主义，反对全球公域治理中的"制度化霸权"。秉持共商共建共享的全球治理观，针对外太空、海洋、陆地等全球公域，推动全球公域治理体系改革和建设，维护中国和广大发展中国家的共同利益。

---

① 林伯强：《碳中和进程中的中国经济高质量增长》，《经济研究》2022 年第 1 期。
② 杨洁篪：《推动构建人类命运共同体》，《人民日报》2021 年 11 月 26 日第 6 版。
③ 季思：《积极为全球公域治理贡献中国方案》，《当代世界》2019 年第 2 期。

四　结语

根据习近平新时代中国特色社会主义思想的伟大创造和伟大实践，基于新发展阶段、新发展理念、新发展格局"三新"理论整体上的逻辑自洽和"全面"高质量发展的内涵一致，基于统筹中华民族伟大复兴战略全局和世界百年未有之大变局的大背景，本书提出将新发展格局从经济领域拓展至非经济领域，加速形成经济、政治、文化、社会、生态"五位一体"新发展格局。本书分析了加速启动"五位一体"新发展格局的理论与实践逻辑，明确了构建"五位一体"新发展格局的整体理念和总体要求，阐释了经济发展新格局、政治文明新格局、文化发展新格局、社会发展新格局、生态文明新格局的重点任务和实施路径，包括"三个高水平打造""四个优势发挥""五个融合""三个强化三个建设""三个共同体构建"。

"五位一体"新发展格局的构建坚持政治观、全局观、系统观、全球观、未来观，把创新置于构建"五位一体"新发展格局的核心地位，把数智化贯穿于构建"五位一体"新发展格局之中，彰显新时代、新阶段、新技术下的发展新路径。五个新发展格局目标相同、功能相融、机理相通、路径相撑、终点相依，统一于中国特色社会主义制度体系，共同服务中国式现代化目标。"五位一体"新发展格局的构建坚持从人类发展大潮流、世界变化大格局中认识和处理中国同外部世界的关系，既把中国发展置于世界发展的大背景中求解，又强调中国发展对世界发展做出重大贡献。与中国2035年远景目标规划相一致，本书提出"五位一体"新发展格局的时间表路线图，即力争"五位一体"新发展格局在"十四五"时期（2021—2025年）从塑形到成型、"十五五"时期（2026—2030年）从定型到完型、"十六五"时期（2031—2035年）完全成功成熟。

第 一 篇

"五位一体"新发展格局

第 一 章

"五位一体"新发展格局的提出

"十四五"时期是我国向实现第二个百年奋斗目标的第一个五年,是中华民族实现伟大复兴进程中具有特殊重要性的时期。在这一时期,世界正经历百年未有之大变局。为适应国内外经济形势复杂变化的要求,统筹"两个大局",党的十九届五中全会审议通过《中共中央关于制定国民经济和社会发展第十四个五年规划和二〇三五年远景目标的建议》(以下简称《建议》),提出要科学把握新发展阶段,深入贯彻新发展理念,加快构建新发展格局。党的二十大报告则进一步明确"必须完整、准确、全面贯彻新发展理念,坚持社会主义市场经济改革方向,坚持高水平对外开放,加快构建以国内大循环为主体、国内国际双循环相互促进的新发展格局"[1]。

然而目前对于加快构建新发展格局的内涵特征和实施路径的研究,主要集中在经济领域,构建经济发展新格局。新发展格局作为新发展阶段、贯彻新发展理念、实现社会主义现代化的战略选择,其理论内涵与"创新协调绿色开放共享"的新发展理念不匹配,战略定位与"五位一体"总体布局和社会主义现代化国家的奋斗目标不一致,仅仅体现了其中的经济维度。着眼于两个"百年目标"的时间紧迫和任务艰巨性,新发展格局急需从经济领域拓展至非经济领域,加速构建经济发展新格局、政治文明新格局、文化发展新格局、社会发展新格局与生态文明新格局下的"五位一体"新发展格局。

---

[1] 习近平:《高举中国特色社会主义伟大旗帜 为全面建设社会主义现代化国家而团结奋斗——在中国共产党第二十次全国代表大会上的报告》(2022年10月16日),人民出版社2022年版,第28页。

因此，基于"三新"的理论逻辑自洽性，以及统筹"两个大局"的实践目标一致性，本书首次提出"五位一体"新发展格局，将发展新格局从经济领域拓展至政治、文化、社会和生态领域。其中，构建经济、文化、社会等领域的新格局仍然立足于发展，从实践层面不断提高各个领域的发展水平，而构建政治与生态领域的新格局则要着眼于文明，从整个国家发展的底层逻辑出发，构建全新的政治与生态文明系统。本书将基于经济发展新格局、政治文明新格局、文化发展新格局、社会发展新格局与生态文明新格局的核心要义，指出"五位一体"新发展格局的总体思路和推进路径，对新时期新发展格局的理论内涵进行了拓展。研究将进一步丰富习近平新时代中国特色社会主义思想的理论框架，成为习近平新时代中国特色社会主义经济思想的有机组成部分，为实现"十四五"规划和2035年远景目标提供政策参考与指引。

第一节 时代背景

加快构建"五位一体"新发展格局是关系中国发展全局的重大战略任务，需要从全局高度准确把握这一战略提出的时代背景。

一 世界发生百年未有之大变局

"百年未有之大变局"是"五位一体"新发展格局提出的重要时代背景。从具体内涵看，当前世界格局正处于"旧的格局正在瓦解、新的格局正在形成"这一时期。[1] 一方面，基于自身的利益考量，以美国为首的西方发达国家正在重构过去几十年的全球治理秩序，尤其是在自由贸易、全球化等国家经贸关系上出现了大幅度调整。另一方面，以中国、印度、越南等为代表的发展中国家正在崛起，从经济总量看，目前新兴市场国家和发展中国家的经济总量占世界的比重已经超过40%，目前全球经济增速最快的几个国家几乎都是发展中国家。与此同时，2020年暴发的新冠疫情在

---

[1] 林利民：《世界政治与格局的变化趋势》，《现代国际关系》2020年第12期。

显著加速人类社会与世界发展格局的变化。因此，近几年一系列事件都表明此次变局将深刻改变全球发展格局，这对中国的发展道路也提出了前所未有的挑战，能否成功应对此次变局将取决于我们能否探索出高质量的发展道路。

二 实现中华民族伟大复兴战略全局

实现中华民族伟大复兴是全体中国人民的共同梦想，也是中国共产党成立的初心。过去70多年的快速发展已经为中华民族复兴奠定了坚实基础。然而，在这一伟大进程中，我们在各个领域都面临诸多挑战与困难。在经济发展上，我们面临由高速增长阶段向中高速阶段转型的挑战；在产业结构上，我们面临高端制造业转型升级的压力；在生态环境保护上，以重化工为主的产业结构、以煤为主的能源结构和以公路货运为主的运输结构没有根本改变，污染排放和生态破坏的严峻形势没有根本改变，生态环境事件多发频发的高风险态势没有根本改变的"三个没有根本改变"的系统挑战仍然存在；在社会治理上，我们面临社会问题多发频发以及社会阶层分化日趋严重的挑战；在文化自信上，我们面临极端个人主义、绝对自由主义、拜金主义等错误价值观的巨大冲击。因此，实现中华民族伟大复兴目标必然要求成功构建包含经济、政治、社会、文化、生态等多个领域的发展新格局。

第二节 "两局"影响

统筹中华民族伟大复兴战略全局和世界百年未有之大变局，这是我们党在深刻把握世界发展大势的基础上，围绕实现"两个一百年"目标，实现民族复兴的中国梦作出的重大结论。"两局"的交织作用意味着中国发展环境、发展阶段都出现了新的变化，由此也对未来发展模式与发展理论提出了全新要求。

一 发展阶段的变化

1949年以来,中国从一个"一穷二白"的农业国逐步发展成为全球最大的工业国,不同的历史发展阶段都发挥了不同的作用。比如前30年的重工业化阶段,改革开放以来的30年的轻工业化阶段都为中国的崛起和复兴奠定了坚实基础。党的十八大以来,以习近平同志为核心的党中央准确认识到国内外发展环境与阶段的变化,明确指出我国进入了新的发展阶段。

从阶段特征看,新时代的主要发展特征是经济目标与经济发展速度的变化。改革开放以来,在以经济建设为中心思路的引领下,中国曾经长期保持高速增长。但随着中国特色社会主义进入了新时代,中国经济发展也由高速增长阶段转向了高质量发展阶段。从具体经济增速看,疫情暴发前的2014—2019年,中国经济增速分别为7.4%、6.9%、6.7%、6.9%、6.6%、6.1%,六年时间下降1.3个百分点,"L"形经济增长轨迹非常明显。在经济增速持续下降的背景下,如何实现更高质量的发展从而为应对百年未有之大变局与实现中华民族复兴全局提供更为充足的物质保障也是未来构建新发展格局所需要着力解决的重点问题。

二 发展环境的变化

由于世界政治格局开始瓦解,不确定因素增多,同时贸易保护主义开始抬头,整个世界的发展环境也因此深受影响。其主要表现为高速全球化进程逐渐停滞。[①] 过去五年里,各个国家的民族主义情绪、极右情绪、种族情绪开始抬头,逆全球化和贸易保护主义在世界部分国家大行其道。尤其是美国,连年的巨额贸易赤字为美国开展各种形式的贸易保护主义提供了借口,近几年美国政府对其他国家都进行了贸易保护,特别是针对中国。自2017年以来,美国宣布正式对中国发起"301调查"并于2018年和2019年连续针对中国出台加征关税、打击中国高科技产业的措施,包括中国在内的一大批国家面临巨大的产业和经济安全威胁。在这种背景下,

---

① 戴翔、张二震:《逆全球化与中国开放发展道路再思考》,《经济学家》2018年第1期。

中国的出口贸易增速也开始下滑，1999—2010 年中国出口贸易额平均增速为 19.5%，2011—2019 年出口贸易的平均增速已经下降至 5.7%。[①] 同时，过去依靠低土地成本、廉价劳动力成本、无视环境的招商引资模式也很难持续，1999—2010 年中国实际利用外资额平均增速为 7.4%，2011—2019 年实际利用外资额平均增速已经下降至 2.8%。[②] 因此，可以认为过去宽松且高速增长的全球经济贸易环境已经出现重要转折，这对中国对外贸易增长动力提出了巨大挑战。

面对逐渐抬头的全球贸易保护主义和逆全球化思潮，中国始终坚持人类命运共同体的互利共赢发展方针。在这种思路的指导下，我们提出了"一带一路"倡议、成立亚洲基础设施投资银行、设立了多个自由贸易试验区和首个自由贸易港、举办了国际进口商品博览会、修订了《外商投资法》、进一步降低了关税税率。这一系列的有力措施都表明面对部分西方发达国家掀起的逆全球化浪潮，中国将坚持走互利共赢的深化对外开放发展道路。因此，作为全球第二大经济体，同时也是最具发展潜力的创新驱动经济体，实现经济社会更好更优发展离不开外部世界，必然要走更加开放之路。但与此同时，妥善应对世界发展环境的变化需要我们重新优化内外发展动力的关系，以国内大循环为主体、国内国际双循环相互促进的新发展格局正是我们应对发展环境变化而提出的重要战略举措。

三　发展模式的变化

改革开放以来，依靠后发优势的充分发挥，中国经济发展模式取得了巨大成就，众多主要经济指标名列世界前列。[③] 同时，随着经济的高速增长，我国的发展模式也暴露了部分问题，严重制约了经济社会的可持续发展。

一方面，从经济增长动力看，经济发展模式必须从单一增长动力走向多元增长动力。很长一个时期内，中国经济发展模式的动力格局出现了明

[①] 数据来源于国家统计局数据库。
[②] 根据国家统计局数据测算而得。
[③] 郭熙保、胡汉昌：《后发优势新论——兼论中国经济发展的动力》，《武汉大学学报》（哲学社会科学版）2004 年第 3 期。

显异化。在促进经济增长的三驾马车中,投资动力、贸易动力远远强于消费动力,内需不足是我国经济发展模式的重要特征,也是制约我国发展模式高质量转型的关键环节。另一方面,从生产要素相对优势看,经济增长模式必须从要素和投资驱动转向创新驱动发展模式。过去,中国依靠价廉物美的产品体系与高度便利的出口贸易体系,在很长一个时期内实现了数量型增长,尤其在全球产业链、价值链中低端位置上取得了较大市场份额,但随着中国经济发展水平与研发实力的增长,中国产业与企业在全球产业链、价值链上的位置不断攀升,与发达国家的技术与产业竞争开始加剧,部分发达国家已经开始采取大量措施来围剿我国的高科技产业。在这种背景下,中国的经济增长模式必须坚持走创新驱动发展的道路。

四 发展理论的变化

在过去几十年的发展过程中,中国经济总量已经跃居世界第二位,大量经济指标开始成为世界第一,以经济建设为中心的发展战略取得了巨大进展。然而,随着发展阶段的变化,指导现实发展的理论也会随之发生变化,由于中国已经极大地缩小了与发达国家的经济差距,过去利用后发优势实现快速发展的经济发展思路已经难以完全奏效、过去注重经济发展速度而忽略整体质量的发展思路也不能满足新时代的发展需要。尤其是党的十八大以来,高质量发展被确立为我国发展战略的根本指向,加快构建能够满足高质量发展需要的新发展理论体系是我国面临的重要挑战,而习近平经济思想则是这一理论体系的主要成果。[①]

一方面,习近平经济思想虽然形成于党的十八大以来的经济实践,但它与中国共产党历代领导人的经济思想和过去几十年的经济发展实践也具有直接联系,是中国共产党探索社会主义经济发展实践的思想结晶,具有鲜明的民族与国情特征,符合中国经济发展实际。另一方面,习近平经济思想是中国特色社会主义政治经济学的最新成果,与马克思主义政治经济学的基本原理具有高度一致性,是马克思主义政治经济学同中国经济发展

---

① 刘伟:《习近平新时代中国特色社会主义经济思想的内在逻辑》,《经济研究》2018年第5期。

实际相结合的产物，具有马克思主义政治经济学的一般规律性与普遍实用性，能够指导中国经济社会迈向更高质量的发展阶段。因此，在未来发展过程中，我们仍然要坚持以习近平经济思想为根本指导，加快构建高质量的新发展格局，不断推动中华民族伟大复兴的历史进程。

第三节 战略应对：构建"五位一体"新发展格局

"五位一体"新发展格局包含经济发展新格局、政治文明新格局、文化发展新格局、社会发展新格局和生态文明新格局。五大发展新格局是一个有机整体，相互联系、彼此支撑。其中，经济发展新格局处于中心地位，政治文明新格局提供制度与安全保障，文化发展新格局是价值观与灵魂支撑，社会发展新格局体现"以人民为中心"的宗旨，生态文明新格局守住生态底线，构建人与自然生命共同体。

一 经济发展新格局

高质量发展是中国式现代化新征程的总体方法论，加快构建经济新发展格局，是高质量发展的重要载体。党的二十大指出高质量发展是全面建设社会主义现代化国家的首要任务，并强调要坚持以推动高质量发展为主题，把实施扩大内需战略同深化供给侧结构性改革有机结合起来，增强国内大循环内生动力和可靠性，提升国际循环质量和水平，推动经济实现质的有效提升和量的合理增长。[①] 新发展格局的落脚点是"格局"，定语是"双循环"。所谓"格局"，就是指构建经济长期健康发展的骨架，优化我国经济的基本格局。构建新发展格局，就是要优化经济发展的供需格局、内需格局、消费格局、分配格局、技术格局、生产格局、空间格局、内外格局，重塑经济持续健康发展的内生性引擎。所谓"双循环"，既指畅通

---

① 习近平：《高举中国特色社会主义伟大旗帜　为全面建设社会主义现代化国家而团结奋斗——在中国共产党第二十次全国代表大会上的报告》（2022年10月16日），人民出版社2022年版，第28页。

国内生产、分配、需求及其相互之间的循环，也指通过开放促进国内国际双循环相互促进，而不是封闭的国内单循环。

二 政治文明新格局

政治文明新格局即中国特色社会主义政治文明新格局。坚持党的领导、人民当家作主、依法治国有机统一是社会主义政治文明建设的核心要求。党的十八大以来，习近平总书记高度重视社会主义政治文明建设，积极落实"四个全面"布局，赋予了社会主义政治文明新的核心内涵，推动社会主义政治文明建设迈向新境界、呈现新格局。一方面，不断拓展与创新社会主义政治文明建设的核心要义，形成了诸多新表述、新理论、新思想。从"坚持党的领导"到"坚持和加强党的全面领导"，持续加强党对一切工作的全面领导地位；从实现"人民当家作主"到"发展全过程人民民主"，开辟了人类政治文明新形态；不断推动"依法治国"向"全面依法治国"转变，形成了习近平法治思想。另一方面，超越一般政治逻辑分析，立足中国特色社会主义制度运行逻辑全局把握政治文明新格局。通过准确把握中国特色社会主义制度体系中的根本制度、基本制度、重要制度及内在有机联系，充分彰显了中国特色社会主义制度优势，不断推动制度优势转化为国家治理效能，促进实现国家治理体系与治理能力现代化，形成了政治文明新格局运行的制度逻辑。

三 文化发展新格局

中国共产党人深刻认识到，只有把马克思主义基本原理同中国具体实际相结合、同中华优秀传统文化相结合，坚持运用辩证唯物主义和历史唯物主义，才能正确回答时代和实践提出的重大问题，才能始终保持马克思主义的蓬勃生机和旺盛活力。构建文化发展新格局，它是包括中华优秀传统文化、革命文化、社会主义先进文化、时代文化和人类优秀文明在内的系统构成。中国特色社会主义文化，源自于中华民族五千多年文明历史所孕育的中华优秀传统文化，熔铸于党领导人民在革命、建设、改革中创造的革命文化和社会主义先进文化，植根于中国特色社会主义伟大实践。社会主义现代化建设新时期，培育和发展中国特色社会主义文化，推动社会主义文化繁荣发展，必须构建文化发展新格局，它是包括中华优秀传统文化、革命文化、社会主义先进文化、时代文化和人类优秀文明在内的系统构成。

中华优秀传统文化、革命文化和社会主义先进文化是中华民族在生存和发展过程中的伟大创造，是民族文化、民族精神在不同时代的具体体现，是中华民族精神脉络的延续发展与不断升华。从本质上看，中华优秀传统文化、革命文化和社会主义先进文化是一脉相承的，中华优秀传统文化是中华民族的文化基因和精神命脉，革命文化、社会主义先进文化则是以此为根基创造出来的更加繁盛的文化体系。时代文化是从国家价值目标、社会价值追求和个人价值遵循三个层面凝结的全体人民共同的价值追求，是中华优秀传统文化、革命文化、社会主义先进文化在新时代的价值凝练，为社会主义现代化建设提供价值支撑。中华文化之所以生生不息，在世界文化丛林中独树一帜，一个重要的原因就在于它善于从外来文明中汲取有益的养分，中国文明与世界文明在交流交融、互学互鉴中共同发展，推动全人类文明共同繁荣。

四 社会发展新格局

社会发展是人类经济社会发展的根本所在。社会文明是一个历史的、动态的概念，随着时代变迁、经济发展、社会传统、文化价值等经济社会文化的变化，社会文明的内涵和高度发生变化，社会发展的重要方向和内容随之进行调整。社会发展新格局就是在新发展阶段贯彻新发展理念实现高质量发展在社会领域的体现，坚持"人民至上"的理念，强调发展为了人民、发展依靠人民、发展成果由人民共享，在发展中保障和改善民生，增强人民群众获得感、幸福感、安全感。社会发展新格局以"民生体系"为依托，民生建设具有普惠性、基础性、兜底性，民生内容以人的全生命周期需求为导向，实现"幼有所育、学有所教、劳有所得、病有所医、老有所养、住有所居、弱有所扶"民生"七有"向"幼有善育、学有优教、劳有厚得、病有良医、老有所养、住有所居、弱有众扶"民生"七优"的转变，从而实现新时代社会文明新高度、塑造新世界人类社会新关系、打造新技术社会治理新能力、形成新框架下社会发展新格局。构建社会新发展格局的内容包括但不局限于促进基本公共服务均等化，完善收入分配体制机制，缩小区域间、城乡间、行业间收入不平等，扩大中等收入群体规模，建设橄榄型社会，实现更高质量的共同富裕，建成覆盖全民、统筹城乡、公平统一、可持续的多层次社会保障体系，打造共建共治共享社会治理格局，等等。

五 生态文明新格局

生态文明新格局是新发展阶段在习近平新时代中国特色社会主义思想特别是习近平生态文明思想的指引下，在生态文明建设领域所制定实施的一系列行动方案、配套制度、政策体系以及最终形成的人与自然和谐共生的关系。其目标是经济社会发展与生态环境保护共赢的高质量发展新路，实现人与自然和谐共生的现代化；其技术支撑体系主体是促进经济发展与化石能源消耗脱钩的可再生能源技术及其他绿色技术；其所形成的制度是促进绿色生产方式和生活方式加快形成的完善的生态文明制度；其所依赖的机制不仅是政府与市场的高度协调机制，也包括跨区域及跨国协调机制。生态文明新格局是中国共产党在近百年的不懈探索、实践过程中，坚持用科学理论指导生态文明建设实践所形成的生态文明格局，是面向第二个百年奋斗目标的新征程，实现碳达峰、碳中和目标和美丽现代化中国建设目标的必然选择；是在习近平生态文明思想指引下生态文明建设实践的必然结果，是习近平生态文明思想在物质世界的具体表象，是在扬弃西方生态环境保护理论基础上形成的具有中国特色的生态文明建设方略；是把握新发展阶段机遇和应对新发展阶段挑战的战略选择，是贯彻落实新发展理念的必然要求，是中国引领全球从工业文明走向生态文明的要求。

第二章

"五位一体"新发展格局的战略内涵与重大意义

"先谋于局、后谋于略，略从局出。"站在"两个一百年目标"的历史交汇期，胸怀"中华民族伟大复兴和百年未有之大变局"两个大局，谋划和推动"十四五"及未来一个时期我国经济社会发展，必须认真学习贯彻习近平新时代中国特色社会主义思想，把握加快构建新发展格局的逻辑链条和核心要义。基于"新发展阶段、新发展理念、新发展格局"三新的理论逻辑一致性、"经济高质量发展"到全方位"高质量发展"的话语体系转变的适配性，以及统筹中华民族伟大复兴和百年未有之大变局"两个大局"的战略目标的复杂性，本书首次提出将新发展格局的构建从经济领域拓展至非经济领域，加速形成经济、政治、文化、社会和生态"五位一体"新发展格局，具有重大的理论与现实价值。

第一节　战略属性

从不同维度看，"五位一体"新发展格局具有多重属性，尤其是在新时代、新世界、新技术、新框架等领域，"五位一体"新发展格局都具有特殊意义。

一　新时代

中国特色社会主义进入了新时代是以习近平同志为核心的党中央做出

的一个重大政治判断。新时代的出现意味着国家发展面临的内外部环境都发生了变化，而"五位一体"新发展格局则是适应新时代全方位变化的发展道路。

一方面，新时代的社会矛盾发生了全新变化。随着我国生产力的发展，尤其是党的十八大以来，我们实施了前所未有的精准扶贫战略，在中华民族几千年历史上第一次消除了绝对贫困，温饱问题可以说已经得到稳定解决。然而，经济基础的变化往往会带来社会主要矛盾的变化，在居民收入水平逐步提高的背景下，我国社会主要矛盾已转化为人民日益增长的美好生活需要和不平衡不充分的发展之间的矛盾，社会主要矛盾的变化要求我国发展战略随之出现转型，与过去发展战略仅仅重视经济增速不同，新时代的发展战略要更加重视发展质量，这就要求采取更有效的战略举措来解决共同富裕、产业结构转型、攻克卡脖子技术等诸多难题。

另一方面，新时代的发展安排发生了全新变化。整体来看，如何实现现代化从而实现中华民族复兴是中国共产党的初心使命，也是我国发展战略的最根本目标。1949年以来，针对不同发展阶段的基本情况，党中央提出了不同的发展目标，比如20世纪50年代提出的"四个现代化"目标、80年代提出的"三步走"的目标，都曾经在不同的历史发展阶段发挥了巨大的指引作用。而随着新时代的到来，针对新时代所面临的具体问题与国内外发展环境，以习近平同志为核心的党中央提出了全面建设社会主义现代化国家的"两步走"总体安排，这个"两步走"战略安排对我国未来的发展战略提出了更高要求，为新时代进行社会主义现代化建设提供了重要遵循。

可见，构建"五位一体"新发展格局是立足新时代的全新发展起点、面对全新的社会主要矛盾所做出的全新战略安排。

二　新世界

当前世界已经出现百年未有之大变局，这种变局不仅对全球治理格局提出了全新挑战，也对中国自身发展道路与模式提出了新的要求，构建"五位一体"新发展格局是应对新世界形态的重要方向。

一方面，构建"五位一体"新发展格局是统筹国内国际两个大局的需要。从国内发展格局看,无论是基于经济、政治、社会、文化、生态等单个领域的发展情况,还是从五大领域发展的系统性与整体性看,国内发展格局都遇到了较多发展问题,需要进行重要调整。[①] 与此同时,从国际发展格局看,国际政治、经济、产业、贸易秩序近几年开始出现剧烈波动甚至颠覆性变化,不稳定不确定性风险急速提高,这也使得中国的外部发展环境面临巨大压力。因此,无论是优化国内发展格局,还是应对国际发展格局的变化,都需要通过加快构建"五位一体"新发展格局来增强中国抵御发展风险的内生能力。

另一方面,构建"五位一体"新发展格局是顺利实现中国由追跑者到并跑者并最终到领跑者转变的需要。自工业革命爆发以来,全球发展格局逐渐形成由西方发达资本主义国家充当核心,而其他国家位于依附位置的发展结构。绝大多数后发国家想要实现现代化都需要学习借鉴甚至模仿西方发达国家的发展模式。然而,在这个过程中,除了韩国、以色列等国家成功实现现代化发展目标,其他包括南非、阿根廷、巴西等国家都没有成功实现现代化目标。导致这一现象的关键原因是后发国家无法找到一条有效的现代化发展路径,难以在引入外部力量的同时保持自身发展格局的独立性与科学性从而导致跨越现代化门槛的失败。在这种背景下,中国成功的现代化进程为全世界其他想要实现现代化目标的国家提供了全新选择,构建"五位一体"新发展格局是中国推进现代化进程的重要支撑和具体安排,也是顺利实现中国由追跑者到并跑者并最终到领跑者转变的必然路径。

三 新技术

整个世界和人类社会进步的第一直接推动力是科技,从过去技术革命与当前所处产业技术阶段分析,目前整个世界处于旧技术革命红利和新技术革命红利替换阶段。因此,加快构建"五位一体"新发展格局既是迎接新技术革命的需要,也是孕育新技术革命的需要。

[①] 中共商务部党组:《实现开放发展必须坚持统筹国内国际两个大局》,《求是》2016年第4期。

一方面，加快构建"五位一体"新发展格局是迎接新技术革命的需要。在构建"五位一体"新发展格局的过程中，五大领域新格局的构建都高度依赖新技术的广泛应用。经济领域，经济发展新格局的形成将与人工智能、5G、大数据等新技术的普及与产业化密切相关；政治领域，政治文明新格局的成熟要求现代信息技术全方位地参与全过程民主过程当中；文化领域，文化发展新格局的蓬勃发展需要互联网、知识图谱、AI技术、数字3D等技术的深度参与；社会领域，社会发展新格局的顺利形成需要通过人工智能、大数据等新技术来打破信息壁垒和沟通障碍，降低信息不对称，全方位提高社会治理水平；生态领域，生态文明新格局的建设需要信息通信、新能源等技术的全方位支撑。因此，加快构建"五位一体"新发展格局必须高度重视技术的重要支撑作用。

另一方面，加快构建"五位一体"新发展格局也是孕育新技术革命的需要。"五位一体"发展新格局是对国家治理体系的全方位提升，对现代技术尤其是数字技术的应用是国家治理体系与治理能力现代化的必然路径，也是把握新一轮科技革命和产业变革新机遇的战略选择。从过去几轮工业革命爆发之前的规律看，国家是否重视新技术在国家治理各个领域的应用与普及是工业革命能否孕育和顺利爆发的重要前提。一个国家越是重视新技术在国家治理领域的引入与应用，新技术就越容易得到足够多的外部支撑从而不断迭代升级并最终产生技术革命。因此，通过在"五位一体"新发展格局中引入大量新技术有助于加速中国成功孕育新一轮技术革命。

四　新框架

高质量发展已经被确立为中国发展战略的根本导向，加快构建"五位一体"新发展格局是实现高质量发展的全新框架。

从发展框架的关联性看，"五位一体"新发展格局虽涉及不同领域，有各自特殊的内容和规律，但它们之间是相互关联、相互影响、相互促进的系统关系。首先，经济发展新格局是构建"五位一体"新发展格局的基础，作为经济基础的主要承载者，经济发展新格局的高质量形成将极大地促进政治文明新格局、社会发展新格局、文化发展新格局、生态文明新格局的建设进程。其次，政治文明新格局是构建"五位一体"新发展格局的保障。政治文明新格局是发挥中国特色社会主义制度优势的保障，也是其他新发展格局按照党中央决策部署顺利推进的保障。再次，社会发展新格局与政治文明新格局是构建"五位一体"新发展格局的重要目标与导向。实现生态环境绿色治理、缩小居民收入差距、满足居民生活需要并实现社会和谐是高质量发展的终极目标，也是构建"五位一体"新发展格局的重要目标与导向，这两大发展格局将引领"五位一体"新发展格局的构建。最后，文化发展新格局是加快构建"五位一体"新发展格局的深层次动力。在影响国家竞争的诸多因素中，文化是深层次的因素之一，如何能够找到契合民族禀赋与基因的文化动力是确保一个国家可持续发展的根本动力。

从发展框架的整体性看，"五位一体"新发展格局是关于实现现代化发展道路的框架创新。现代化是一项复杂且极为困难的进程，实现现代化需要破解大量的发展难题，这些难题既具有一般性，即绝大部分国家在跨越现代化门槛时都会碰到相似的难题，也具有差异性，即不同国家所遇到的难题往往也与自身发展国情密切相关。这也是为何过去百余年，后发国家极难实现现代化的根本原因。在这种背景下，中国式现代化道路既遵循了现代化发展的一般规律，又超越了既有现代化模式和发展理论；既是"走自己的路"，也是走人类文明发展之路。很显然，"五位一体"新发展格局正是中国式现代化道路这一特征的直接体现。

第二节　战略目标

长期以来，西方发达国家实现现代化的路径往往被奉为圭臬。然而，中国经过几十年的发展，从一个贫困国家成为世界第二大经济体、最大的社会主义国家，向世界展现了实现现代化的另一路径。尤其是近些年，随着"一带一路"倡议、人类命运共同体发展理念的普及，中国发展模式的影响越来越大，中国也由此实现了从输出"中国思想"向输出"中国道路"的转变，过去世界议题主导、影响中国议题，现在中国议题影响、主导世界议题，中国议题就是世界议题。世界格局"东升西降"，世界文明

"从西潮到东风"。然而,从国家竞争的角度看,构建新发展格局作为一个复杂系统,仅仅关注经济领域新发展格局是不够的,经济问题与社会问题、政治问题相互交织、无法分割,各类因素相互叠加共振、互相反馈、循环发展。因此,构建新发展格局既要注重经济领域的新格局,也要注重非经济领域的新格局。

一 从经济领域到非经济领域

通过构建经济、政治、文化、社会和生态的"五位一体"新发展格局来实现经济领域与非经济领域的全方位提升是新时代高质量发展转型的必然结果。

一方面,构建从经济领域到非经济领域的发展新格局是满足人民日益增长的美好生活需要的必然路径。1949年以来,由于我国发展基础差、发展起点低,重视经济增速与规模的提升是我国发展战略的重点,而一系列重大举措与战略的持续实施也充分释放了我国经济发展潜力,我国也在短短几十年的时间内实现了经济规模的快速提升,成为世界第二的经济大国。党的十八大以来,人民日益增长的美好生活需要和不平衡不充分的发展之间的矛盾已经成了社会主要矛盾。显然,人民日益增长的美好生活需要不可能局限于单一领域,而是一种全方位的,涉及经济、政治、社会、文化、生态等多领域的利益诉求。因此,加快构建"五位一体"新发展格局是满足人民越来越多样化美好生活需要的必然选择。[1]

另一方面,构建从经济领域到非经济领域的发展新格局是提高国家可持续发展能力的必然路径。经济发展水平的提升是综合国力提升的重要前提,但从国家强盛的本质看,国家综合国力的提升必然是全方位的提升,而不能仅仅是单一的经济发展水平的提升。实际上,在现实经济活动中,经济发展水平的提升受到诸多其他领域因素的影响。比如政治组织的效率与能力、生态环境的承载能力、社会环境的稳定程度、民族文化的自信程度等因素都会对经济发展产生直接影响。因此,想要持续提升一个国家的

---

[1] 周明海:《比较视野中的"四个全面"战略布局与"五位一体"总体布局》,《中共天津市委党校学报》2015年第3期。

综合国力，就必然要求全方位提高各个领域的发展质量，确保整个国家的可持续发展能力能够支撑综合国力的不断上升，而加快构建"五位一体"新发展格局是实现这一目标的重要方法。

二 从经济领域到非经济领域的难点

构建从经济领域到非经济领域的发展新格局是一项系统工程，既面临探索单个发展新格局发展思路的挑战，也需要破解五大发展新格局的协同推进难题。

一方面，构建从经济领域到非经济领域的发展新格局需要探索单个发展新格局的具体思路。长期以来，以经济建设为中心是我国发展战略的重要抓手，经济水平的快速提升也间接带动了其他领域的发展。然而，与经济发展领域不同，政治、社会、文化、生态等领域面临的问题也存在较大差异。同时不同领域的具体发展思路也截然不同，在这种背景下，如何能够顺利推动政治文明新格局、社会发展新格局、生态文明新格局、文化发展新格局的建设进程也需要充分考虑不同领域工作的具体特点与实际需要，提出针对性与系统性的发展战略与推进思路。

另一方面，构建从经济领域到非经济领域的发展新格局需要着力破解五大发展新格局的协同推进难题。经济发展新格局、政治文明新格局、社会发展新格局、生态文明新格局、文化发展新格局虽然都具有各自特点，需要相应的发展战略，但考虑到不同发展新格局之间也存在相互影响的关联渠道，如生态文明新格局的建设需要平衡经济发展与生态保护的关系，探索"绿水青山就是金山银山"的实现路径就必须处理好经济发展新格局与生态文明新格局的关系。又如政治文明往往内生于一个国家的民族历史与文化，政治文明新格局与文化发展新格局之间的关系也会影响政治文明新格局的形成。因此，如何协调推进五大发展新格局仍然是未来面临的重要挑战。

三 从经济领域到非经济领域的思路

构建从经济领域到非经济领域的发展新格局要从战略定位、思想认识以及具体思路三个维度展开。在战略定位上，构建从经济领域到非经济领域的发展新格局要立足于提高国家发展道路的整体影响力，全方位挖掘经济发展新格局、政治文明新格局、社会发展新格局、生态文明新格局、文化发展新格局的创新之处，把握从"中国议题影响国际议题"到"中国议题主导国际议题"，再到"中国议题就是国际议题"的历史潮流变化，强化"五位一体"新发展格局体系在世界上的主动引领地位。在思想认识上，构建从经济领域到非经济领域的发展新格局要把握"国内国际统筹、以我为主"的根本指导原则，坚持对外开放的大门越来越大，统筹利用国内国际资源与市场，不断提高发展新格局对各种经济要素与经济活动的吸引力与包容力，实现从"被动适应"到"主动引领"，从"客场"到"主场"的理念转变。在具体思路上，要重视非经济领域发展新格局的顶层设计，基于政治文明新格局、社会发展新格局、生态文明新格局、文化发展新格局的发展阶段与面临的实际问题，进行系统谋划与科学设计。与此同时，要强化不同发展新格局之间的协调推进，对相互影响与相互促进的发展新格局，要针对其关联渠道进行优化布局，提升不同发展新格局之间的相互支撑程度。

第三节　内在联系

虽然经济发展新格局、政治文明新格局、社会发展新格局、生态文明新格局、文化发展新格局的内涵并不相同，但这五大发展新格局之间在主动方面都存在紧密联系并由此形成系统整体。

一　目标相同

由于都涉及独立领域和较多问题，五大发展新格局的顺利推进都会有很多阶段性目标。如经济发展新格局会追求产业结构转型、科技自立自强等目标；政治文明新格局会追求法治水平提升、政府效率提高等目标；社会发展新格局会追求社会稳定和谐、收入差距缩小等目标；生态文明新格局则会对生态环境保护、生态产品价值转换等工作提出更高要求；文化发展新格局也对文化产品创新、文化自信程度提出相应要求。然而，除了这些阶段性的不同发展目标，五大发展新格局还具有一个最根本的相同目标即高质量发展。五大发展新格局中都是以高质量发展为根本目标的发展格局，如经济发展新格局需要实现经济的高质量发展、社会发展新格局则需要实现高质量的社会治理。总而言之，随着我国整个社会进入高质量发展阶段，高质量成了我国发展战略的根本导向，也是构建"五位一体"新发展格局的根本目标与要求。

二 功能相融

在高质量发展的导向下，"五位一体"新发展格局都具有自身独有的功能。经济发展新格局是实现高质量发展的经济基础，能够为高质量发展提供足够多的物质基础与产品基础。政治文明新格局是实现高质量发展的重要保障，通过坚持党的领导可以充分发挥中国特色社会主义制度优势，为经济发展新格局与其他发展新格局保驾护航；社会发展新格局是实现高质量发展的前提条件，通过高质量的社会治理来确保社会稳定和谐，保证整个发展大局处于长期稳定状态；生态文明新格局是高质量发展的重要载体，通过加强国土空间保护和生态环境治理，能够提高国家发展的承载能力从而为其他发展新格局提供更多的发展空间；文化发展新格局是高质量发展的重要基石，通过提高文化软实力，弘扬优秀传统文化，可以极大地激发内生发展活力和凝聚发展共识，为其他发展新格局提供更大的前进动力。

三 路径相撑

从相互联系看，"五位一体"新发展格局的各自建设路径也存在密切的相互支撑关系。首先，政治文明新格局是"五位一体"新发展格局的核心，其建设路径是其他发展新格局建设路径的支撑，政治制度会直接塑造经济发展新格局、社会发展新格局、生态文明新格局、文化发展新格局的发展路径。其次，经济发展新格局是"五位一体"新发展格局的基础，其建设路径会对其他发展新格局产生直接影响。由于经济发展的重要性，经济发展模式会对政治制度、社会结构、生态环境、文化自信产生巨大影响。再次，社会发展新格局与生态文明新格局是"五位一体"新发展格局的支撑，社会发展新格局与生态文明新格局建设水平的提高有助于提升社会与自然环境的包容能力与承载能力，有助于增强整个发展格局的发展能力。最后，文化发展新格局是"五位一体"新发展格局的动力。文化是影响一个国家发展的长期动力，文化发展新格局的建设路径会对这种动力产生直接影响并最终对整体发展格局带来持续影响。

四　机理相通

经济发展新格局、政治文明新格局、社会发展新格局、生态文明新格局、文化发展新格局的构建需要满足各自领域的发展实际与规律，但从具体的构建机理看，五大发展新格局的构建思路仍有相似之处，这种相似之处主要体现在五大发展新格局的构建都需要遵循"发现问题—分析问题—解决问题"的具体逻辑。换言之，五大发展新格局的构建都会坚持问题导向。这是因为"五位一体"新发展格局的构建针对的是过去发展格局遇到的具体问题，如经济发展新格局面临经济发展质量不高、双循环相互促进程度不够等问题；政治文明新格局面临政府治理能力与效率有待提升等问题；文化发展新格局面临文化自信程度不够等问题；社会发展新格局面临社会阶层日趋分化等问题；生态文明新格局面临生态产品价值转换机制不畅等问题。在这种背景下，只有从现有格局遇到的实际问题出发，才能在具体构建过程中做到有的放矢，精准破解制约发展格局顺利形成的障碍与难点。

第四节　重大意义

构建"五位一体"新发展格局是实现高质量发展的根本支撑，也是我国应对百年未有之大变局的重要战略，这一战略的提出具有四大维度的重要意义。

一 现实意义：实现高质量发展的有效战略

党的十八大以来，党中央判断我国发展已经进入新常态，实现高质量发展已经成为我国发展战略的根本目标。然而，在过去几十年的高速发展过程中，我国各个领域都出现并积累了一系列问题，比如经济发展的效率亟待提高、政治改革有待深入、生态环境保护力度有待加强、社会阶层面临较大分化压力、文化产品供给不够等问题，成功破解这些问题是实现高质量发展的重要前提。在这种背景下，"五位一体"新发展格局的提出既把握了经济、政治、文化、社会、生态等各个领域当前发展的症结，也着眼于从国家发展大循环的角度提出实现高质量发展的系统路径，是助推高质量发展的有效战略思路。

二 理论意义：后发国家追赶模式的理论创新

不可否认，由于西方资本主义国家抢占了工业革命的先机，近代以来的世界发展格局呈现西方资本主义国家占据核心而其他国家位于依附位置的结构。在这种背景下，位于依附位置的国家如何实现成功追赶就成为这些后发国家的普遍愿望。[1] 然而，成功的实践需要正确的理论创新予以指导，长期以来，正是由于缺乏正确的理论进行指导，绝大多数后发国家的追赶都没有成功，甚至出现了阿根廷与南非这种距发达国家门槛已经一步之遥而止步不前的情形。归根结底，导致这一现象的根本原因在于缺乏正确的理论指导。对已经位居全球经济总量第二的中国而言，如何实现经济成功追赶同样是中国根本发展目标，面对缺乏理论创新指导的困境，我们一方面采取了局部领域的试点改革实践举措，不断推动经济社会发展取得更大成就。另一方面不断地根据发展情况而进行理论创新并成功探索出中国特色社会主义发展模式，而面对新时代的新问题与新挑战，构建"五位一体"新发展格局的提出也意味着我们国家对后发国家追赶理论的创新也日益成熟，能够更有信心为其他后发国家提供更成熟的发

---

[1] 杨汝岱、姚洋：《有限赶超与经济增长》，《经济研究》2008年第8期。

展模式参考。

三 中国意义：中国特色社会主义发展道路的深化

如何实现民族复兴是全党与全国人民的根本愿望。1949年以来，党中央为了实现民族复兴的伟大目标，率领全国人民克服了一个又一个困难，取得了一个又一个的宝贵成就，不断推动整体国家综合实力迈向更高水平。在历经挫折与波折后，中国特色社会主义发展道路已经被证明是能够引领我们实现民族复兴伟大目标的正确道路，尤其是近几十年的快速发展更是为现代化强国目标的实现奠定了坚实基础。然而，随着发展阶段的变化与发展水平的提高，中国特色社会主义发展道路面临的挑战也逐渐增多，如何应对这些挑战已经成为党的十八大以后的重要任务。也正是在这一背景下，以习近平同志为核心的党中央基于中国特色社会主义现代化国家的"五位一体"总体布局的战略目标，保持与新发展阶段、新发展理念的内在逻辑统一，以及统筹"两个大局"、构建人类命运共同体的现实逻辑的目标一致而提出的更高维度的新发展格局，涵盖了经济发展新格局、政治文明新格局、文化发展新格局、社会发展新格局和生态文明新格局，是对中国特色社会主义发展道路的深化和优化，为最终民族复兴目标的实现提供了更准确的理论指导。

四 世界意义：人类命运共同体

近代以来，如何实现现代化是世界各国普遍追求的共同目标，但从全球发展格局看，能够真正实现现代化发展目标的国家寥寥无几。导致这一现象的根本原因在于由西方资本主义国家主导的全球发展秩序是以满足自身利益最大化为根本导向的发展结构，绝大多数后发国家难以在这种发展框架下实现自身发展水平的提高以及最终的现代化发展目标。无数国家的发展实践都告诉我们，当后发国家在跨越现代化门槛上，往往就会因为西方资本主义国家各种手段的攻击与威胁而陷入中等收入陷阱。可见，由西方发达国家主导的全球发展格局难以满足绝大多数国家实现现代化的发展需要。而中国提出的"五位一体"新发展格局则是基于中国特色社会主义现代化国家的"五位一体"总体布局的战略目标,其效率不仅已经被过去多年发展实践所证明,更是始终立足于习近平总书记提出的人类命运共同体理念,着眼于所有国家利益的共同增长,能够满足绝大多数国家的发展需要。[①]

[①] 刘同舫:《构建人类命运共同体对历史唯物主义的原创性贡献》,《中国社会科学》2018年第7期。

第三章

"五位一体"新发展格局的形成逻辑

习近平总书记在关于《建议》的说明中指出,"高质量发展不能只是一句口号,更不是局限于经济领域,经济、社会、文化、生态等各领域都要体现高质量发展的要求"。因此,高质量发展目标不仅仅局限于经济领域的高质量发展,而应该是在所有领域的全面高质量发展。这一转变是党中央根据国内外发展环境和条件出现的新变化而做出的一个新重大判断,高质量发展的内涵要求也将从经济领域向"政治、经济、文化、社会、生态""五位一体"领域全面拓展,这一内容范畴的调整具有深刻的理论逻辑、历史逻辑与实践逻辑。

第一节 理论逻辑

"五位一体"新发展格局目标的提出是国家发展道路的整体转型,与生产力和生产关系理论以及现代化理论都具有密切关系。前者是"五位一体"新发展格局的根本理论支撑,而后者则是"五位一体"新发展格局推动中国式现代化道路的根本动力。

一 "五位一体"新发展格局的理论基础

"五位一体"新发展格局作为中国特色社会主义政治经济学的实践与理论成果,与马克思主义政治经济学密切相关。而马克思主义政治经济学的根本任务就是要研究"生产方式及其与之相适应的生产关系"[1]。因此,

---

[1] 《马克思恩格斯选集》第3卷,人民出版社1972年版,第32页。

"五位一体"新发展格局同样立足于这一理论支撑。

从生产力与生产关系的视角看，一个国家的发展，既是生产力水平不断提升的过程，也是生产关系不断优化变革的过程，只有从生产力和生产关系两个方面同时进行整体把握，才能更好地理解我国近几十年发展与转型的逻辑以及"五位一体"新发展格局的形成逻辑。从生产力层面来看，实现国家的高质量发展必然要求生产力水平的极大提高，而这显然要求继续以经济建设为中心，这也是为何经济发展新格局仍然在"五位一体"新发展格局中占据核心地位的根本原因。而与此同时，国家的高质量可持续发展也需要不断优化生产关系，从而使得生产关系与生产力更加匹配。考虑到生产关系包含生产效率、收入分配、发展自信等多个方面的内容，优化生产关系也必然要求政治文明新格局、社会发展新格局、生态文明新格局、文化发展新格局与经济发展格局相匹配。

二　中国发展新格局的理论本质

在生产力与生产关系相互关系的不断优化调整过程中，"五位一体"新发展格局逐渐形成，这意味着中国式现代化道路与理论的不断成熟与完善。[①]

在很长一个时期内，经济现代化被视为中国现代化的主要目标。早在1956年，党的八大就提出在现代中国条件下，只有建立社会主义制度，才能真正解决工业化问题。因此，受限于当时较低的生产力发展水平，党中央认为我国的生产力水平落后于生产关系，实现现代化就需要加快破解落后的生产力问题，这属于经济现代化的范畴。随着经济实践经验的增多，党中央也开始意识到不同领域现代化的同步性。如1959年，毛泽东提出"建设社会主义，原来要求是工业现代化、农业现代化、科学文化现代化，现在要加上国防现代化"[②]。1980年，邓小平明确指出，现代化建设的任务是多方面的，各个方面需要综合平衡。[③] 在工业、农业、国防和科学技术现代化取得重要进展的基础上，中国式现代化道路开始面临越来越多的挑

[①] 夏志强：《国家治理现代化的逻辑转换》，《中国社会科学》2020年第5期。
[②] 《毛泽东文集》第8卷，人民出版社1999年版，第116页。
[③] 《邓小平文选》第2卷，人民出版社1994年版，第264页。

战,尤其是随着经济发展水平的提高与发展阶段的演变,现实发展对国家治理能力与治理体系也提出了更高要求。对此,党的十八届三中全会提出了国家治理体系和治理能力现代化目标。与其他四个现代化目标相比,国家治理体系和治理能力现代化目标的提出意味着国家治理体系和治理能力的改革更加注重系统性、整体性、协同性,需要在更加重视社会主义市场经济发展的同时,加速协同推进民主政治、依法治国、先进文化、和谐社会、生态文明等领域的工作,这也是"五位一体"新发展格局形成的重要原因。

三 中国发展新格局形成的理论逻辑

"五位一体"新发展格局形成于中国式现代化发展道路,也代表中国式现代化发展道路的最新理论与实践成果。习近平总书记在庆祝中国共产党成立100周年大会上的重要讲话中也指出:"我们坚持和发展中国特色社会主义,推动物质文明、政治文明、精神文明、社会文明、生态文明协调发展,创造了中国式现代化新道路,创造了人类文明新形态。"可见,包含经济发展新格局、政治文明新格局、社会发展新格局、生态文明新格局、文化发展新格局的"五位一体"新发展格局是中国式现代化发展道路的直接体现。

一方面,构建"五位一体"新发展格局是继续实现现代化发展目标的必然要求。从过去70多年的发展历史看,我国不同阶段的发展战略都将如何实现现代化作为重点。比如在改革开放前的30年,我国实现现代化的工作重点在于完整工业体系的建立;而改革开放以来的30年,我国实现现代化的工作重点在于经济增速、居民收入水平的提高;党的十八大以来,我国实现现代化的工作更加重视经济发展质量的提高、生态环境质量的提高以及收入分配公平程度的提高。[①] 因此,加快"五位一体"新发展格局的提出既继承了过去几十年现代化建设的重要经验,也指明了未来我国现代化进程的建设方向。

[①] 陈佳贵、黄群慧:《工业发展、国情变化与经济现代化战略——中国成为工业大国的国情分析》,《中国社会科学》2005年第4期。

另一方面，构建"五位一体"新发展格局是深入推动中国式现代化新道路的需要。中国式现代化是党在 70 多年经济实践中所探索出的现代化道路，这条道路固然借鉴吸取了国外现代化道路的诸多经验，但更多的是立足于自身发展实践，因地制宜，开拓创新，针对发展过程中出现的诸多问题而不断出台新的发展改革举措并由此形成了具有中国特色的现代化道路。在这种背景下，我们提出构建"五位一体"新发展格局，不仅是对过去我国推动现代化建设的经验的总结，也是结合当前发展难题提出的新的系统举措，能够继续深入推动中国式现代化新道路达到更高水平，从而为中华民族的伟大复兴奠定更加坚实的基础。

第二节　历史逻辑

从历史角度看，"五位一体"新发展格局形成于我国过去几十年的追赶发展模式，这一追赶发展模式极大地释放了经济发展潜力，促进了我国经济发展，但同时导致社会、生态、文化等领域出现了一系列问题，而解决这些问题要求经济发展格局进行转型，这是"五位一体"新发展格局形成的历史逻辑。

一　中国发展格局演变的历史轨迹：后发国家的追赶动力

在现实世界中，由于工业革命率先爆发在西方国家，这些国家也由此率先成为发达国家。在很长一个时期内，如何成功追赶上这些发达国家是绝大多数后发国家的普遍梦想。[①] 中国同样是一个典型的后来者。然而，自 1978 年起，中国经济迅速起飞，极大地缩短了与发达国家和世界人均国内生产总值平均水平的差距，显示出现代化建设过程中具有中国特色的追

---

① 林毅夫、张鹏飞：《后发优势、技术引进和落后国家的经济增长》，《经济学》（季刊）2005 年第 4 期。

赶发展模式,这是我国能够成功追赶发达国家的根本动力。① 从我国的赶超发展过程来看,以下几个方面的经验是我国追赶发展模式能够成功的根本原因。

首先,坚持党的领导。坚持党的领导,是实现经济追赶的根本保证。由于发展起点低、发展基础差,想要在短时期内赶上发达国家就必须集中力量办大事。而要将全社会的所有力量都聚集到经济发展,就必须始终坚持党的领导。无论是大规模的基础设施建设,还是有效应对国内外各种经济变量与问题的不确定性冲击,都需要发挥党的中流砥柱的坚强领导作用。

其次,坚持以经济建设为中心。追赶发展模式的首要任务是缩小经济指标,尤其是经济总量与发达国家的差距。1949 年以来,我国经济规模迅速提高,国内生产总值从 1952 年的 679.1 亿元跃升至 2020 年的 101.6 万亿元,实际增长约 189 倍。其中,1979—2020 年国内生产总值年均增长 9.2%,远高于同期世界经济 2.7% 左右的水平。特别是党的十八大以来,我国综合国力持续提升,经济总量跨越了 100 万亿元大关。而取得这一系列成就的重要原因就是我们长期坚持以经济建设为中心的发展战略。在"五位一体"新发展格局中,经济发展新格局的成效直接影响到其他四个领域建设的成效。

再次,高度重视发挥政府的作用。在坚持党的领导下,政府对我国经济的追赶发展发挥了巨大作用。② 一方面,由于独特的体制优势,政府能够以更低成本、更高效率来创造更大规模的市场。如自 20 世纪 80 年代修通第一条高速公路以来,中国仅用 30 多年时间就修建了比美国 80 多年所修的高速公路里程还要长的高速公路,极大促进了中国区域经济的高度联通与一体化发展。此外,在其他包括铁路、机场、国家电网、光纤网络、5G 基站等基础设施建设中,中国政府也发挥了巨大的"搭台"作用,为企业的快速成长奠定了坚实基础,有效地促进了经济腾飞与快速追赶。另一方面,在避免市场经济内生缺陷上,由于党的领导,政府不仅能够主动遏制资本的无序扩张和恶意垄断等行为,从而消除由市场经济的盲目性、

---

① 胡鞍钢、康培:《中国特色的赶超模式》,《人民论坛》2006 年第 23 期。
② 郑永年:《国际发展格局中的中国模式》,《中国社会科学》2009 年第 5 期。

滞后性以及自发性所引致的一系列可能爆发的经济危机。比如前几年对互联网金融过度扩张的遏制，对少量互联网头部企业"二选一"的恶意竞争行为、危害国家信息数据安全的行为都进行了有效监管，并明确提出要发挥资本作为生产要素的积极作用而控制其消极作用。与此同时，还通过党的自我监督来约束政府按照"人民立场"和"人民利益至上"的原则来运行，从而有效抵御资本对政府的侵蚀，避免政府成为资本的附庸。①

最后，持续不断地深化改革。想要在短期内追赶发达国家，就必须实现比发达国家更快的发展速度，这就意味着后发国家必须能够更加有效地破解更多的发展问题。在过去几十年中，计划经济体制转向市场经济体制、建立出口导向型贸易体制、建设大规模的基础设施、增强科技研发技术力量、国有企业改革、破解农村贫困问题、建立生态环境保护体系都遭遇了大量难题，而根据以往的经验看，当各个领域均暴露诸多问题时，只有持续不断地推动全面深化改革才能有效地提高经济发展质量。

二 追赶发展模式的主要问题

在取得巨大成就的同时，追赶发展模式也无可避免地遇到了制约发展质量持续提高的一些问题。

首先，追赶发展模式的长期实施会导致发展不均衡。在经济建设上，追赶发展模式发挥了积极有效作用，中国经济发展水平持续提高，中国经济对世界经济增长的贡献率长期位于全球前列。但与此同时，追赶发展模式的长期实施导致社会治理、生态保护、文化建设等领域的发展被忽视，不同领域的发展处于较为严重的发展失衡状态。以文化建设为例，我国的文化建设明显滞后于经济发展。此外，我国的文化产品供给也不能满足人民群众日益增长的美好生活需要。截至 2021 年，全国共有备案博物馆 5788 个、美术馆 559 个、公共图书馆 3203 个、文化馆 3327 个，人均文化公共服务设施数量远低于发达国家水平，每年进口文化产品已经超过 110

---

① 蔡之兵：《规范和引导资本健康发展的理论逻辑、现实逻辑与政策逻辑》，《改革》2022 年第 6 期。

亿美元。可见，由于经济发展是追赶战略的主要目标，其他领域往往在短期内难以得到足够多的重视，从而导致发展模式的失衡。

其次，追赶发展模式的长期实施会导致发展不充分。缩小经济指标与发达国家的差距是追赶发展模式的重要导向。然而，经济指标发展差距的缩小，其本质仍然是一种数量导向，在这种导向的长期作用下，我国产业结构与创新驱动能力没有达到最优水平。如在产业结构上，我国的产业结构长期位于"微笑"曲线的低端，在全球价值链分工中位于劣势地位，产业利润率也远远低于其他国家。如在2021年披露的世界500强企业中，中国上榜制造业企业2020年的平均利润率只有2.34%，不仅远低于美国的6.43%、韩国的5.61%，以及日本的4.18%，也要低于500强全部制造业企业的平均水平3.76%。①在创新驱动上，经济发展动力仍然过多地依赖来源于海外的产业与技术转移，自身原创性的创新成果不多，知识产权保护制度发展滞后，整个国家的发展潜力也没有得到充分发挥。因此，追赶发展模式虽然极大地促进了经济发展速度，但在推动整体经济体系高质量发展上还面临较大不足。

最后，追赶发展模式的长期实施会导致发展不持续。追赶发展模式希望通过短期的超高速发展来尽快缩小与发达国家的差距，这个过程会导致一系列问题。比如在收入分配上，由于经济发展过度依赖政府投资与出口，劳动力的要素收入分配份额往往低于资本与技术要素，长此以往，收入分配差距就会逐渐拉大。又如在社会治理上，受限于城市治理能力，城镇化进程面临较大阻力，大量的农村劳动力难以真正融入城市生活从而享受现代城市文明。这一系列问题实际上都是追赶发展模式的代价，从高质量发展的要求看，未来我们必须从追赶发展模式转向新的增长模式，这就是"五位一体"新发展格局提出的时代逻辑。

三 历史逻辑：追赶路径转向引领路径

实践证明，追赶路径在提高我国经济发展规模与速度上发挥了重要作用，也取得了明显成效。然而，随着发展环境与阶段的变化，我国面临的

---

① 红塔证券：《理解中国宏观经济系列9》，https://www.sohu.com/a/560573351_345989。

发展约束与目标也随之出现了重要变化。在这种背景下，我国的发展路径必然要从追赶路径转向引领路径。

一方面，追赶路径转向引领路径需要更加重视"办好自己的事"。从我国发展环境与阶段看，当前国内外都出现了一系列冲击我国发展模式的问题。国际上，全球贸易保护主义抬头，个别西方国家采取以邻为壑的发展思路，动辄采取技术封锁与贸易战的措施打压其他国家发展。面对这些变化，中国"办好自己的事"就要坚定不移地高举人类命运共同体大旗，坚定不移地推动扩大开放。国内，随着经济发展成本的提高，目前中国已经面临劳动密集型产业加快转移和高度制造业遭遇核心技术瓶颈等难题，面对这些挑战，中国"办好自己的事"就要坚定不移地实施创新驱动发展战略，不断提高攻克关键核心技术的能力。因此，在推动追赶路径转向引领路径的过程中，面对错综复杂的形势和严峻的风险挑战，我们必须集中精力办好自己的事，实现发展模式与发展路径的顺利演变。

另一方面，追赶路径转向引领路径需要更加重视五大领域的平衡。除了仍然需要坚定不移地推动经济高质量发展，政治、社会、文化、生态等领域的高质量发展也需要进行统筹谋划与系统推进，这就必然要求加快构建"五位一体"新发展格局。其中，在政治文明新格局上，要坚持党对中国特色社会主义事业的全面领导，推进中国特色社会主义政治制度自我完善和发展。在社会发展新格局上，要完善共建共治共享的社会治理制度，不断缩小居民收入差距，提高社会治理水平，更好地满足人民群众的发展需要。在生态文明新格局上，要坚持"绿水青山就是金山银山"理念，加快构建绿色生态经济循环体系，加快建设美丽中国。在文化发展新格局上，要立足中华民族优秀传统文化，坚持马克思主义在意识形态领域的指导地位，不断提高文化自信。

第三节　实践逻辑

建成富强、民主、文明、和谐、美丽的社会主义现代化强国是中国特色社会主义伟大实践的根本目标。现代化强国作为一个包含经济、社会、文化、政治、生态等不同层面的系统化工程，需要处理经济发展和非经济发展的关系,协同推进经济和政治、社会、文化、生态一体化发展。在过去的实践过程中,采取局部试点来推动中国社会主义现代化进程是主要思路,然而,新发展阶段对整体发展模式提出了全新的要求,构建"五位一体"新发展格局则体现了中国局部试点改革与顶层设计改革相结合的实践逻辑。

一 局部领域试点改革的内涵与成就

回顾历史,可以看出,在波澜壮阔的中国革命、建设、改革历程中,通过在局部领域率先进行试点改革来引导国家社会发展是宝贵的经验。在追赶发展过程中,通过局部领域的试点改革来探索更多有利于国家发展的战略举措是追赶战略成功发挥作用的重要保障。

在中国过去几十年的追赶过程中,由于面临比较复杂的内外部发展环境,局部领域的试点改革一直是推动我国经济社会发展的重要动力。从具体领域看,除了典型的农业生产责任制改革与以经济特区为核心的对外开放战略,在其他很多领域,试点改革都曾经发挥了巨大作用。如在政府治理方面,如何让人民群众得到更为便捷、更为满意的公共服务是政府治理改革的重点。在全国不同地区的改革实验中,党中央将浙江省的"最多跑一次"试点改革作为一种普遍经验向全国推广,要求各地政府学习借鉴这种经验与模式,不断优化办事创业环境和营商环境,切实增强政府公信力和执行力,推动政府治理体系和治理能力现代化,建设人民满意的服务型政府。[①]

从过去几十年的时间看,局部领域的试点改革之所以能够在追赶发展模式中大放异彩,主要原因在于局部领域的试点改革符合我国发展阶段的实际情况。

二 通过局部领域的试点改革可以降低发展的风险

第一,试点改革往往发生于不确定的发展环境之中,面临的各种不

---

① 郁建兴、高翔:《浙江省"最多跑一次"改革的基本经验与未来》,《浙江社会科学》2018年第4期。

确定性情形较为复杂，如果贸然在全局推动全面改革，极易引发系统性风险，通过在局部领域的试点改革有助于控制风险，能够降低整个社会的试错成本。第二，通过局部领域的试点改革可以迅速摸清事实情况，为决策层进行有效决策提供参考。现实中，对具体事实的深入了解程度是决定重要决策质量的关键因素。而通过局部领域的试点改革，可以在实践中获得更多的发展信息，也有助于决策层掌握更多和更真实的信息，这样可以极大提高最终决策的精准性。第三，通过局部领域的试点改革有助于其他地区更好地吸取经验从而在后续发展中取得事半功倍的效果。我国地域辽阔，各地情况千差万别，发展能力也各有不同，通过局部领域的试点改革有助于迅速积累更多的发展经验并为其他地区提供参考。

三 新时代提出的新要求

局部领域的试点改革在追赶发展模式下发挥了巨大作用，也为我国经济的高速发展作出了巨大贡献。然而随着发展阶段的变化，这一改革成功的前提条件也在发生变化，未来仅仅依靠局部领域的试点改革恐怕难以继续推动整个经济社会的高质量发展。

第一，我国的后发优势在削弱。不能否认，局部领域的试点改革之所以能够发挥巨大作用，是因为我国过去几十年所拥有的巨大后发优势。与发达国家相比，我国在改革开放初期处于较低发展水平阶段，无论是产业结构、技术水平，还是人力资本，都与发达国家存在较大差距。在这种背景下，局部领域的试点改革作为国家发展整体转型的重要组成部分，深度得益于这种巨大的后发优势。[1] 无论是农村经济体制改革、经济特区的设立，还是新型产业的培育，实际上都与我国的后发优势具有密切关系。然而，随着发展阶段的变化和发展水平的提升，我国大多数领域的后发优势正在逐渐削弱，想要继续依靠后发优势来实现经济社会的加速发展已经面临巨大阻力。

---

[1] 刘培林、刘孟德：《发展的机制：以比较优势战略释放后发优势——与樊纲教授商榷》，《管理世界》2020 年第 5 期。

第二,我国的外部发展环境发生了变化。在发展水平较低的阶段,外部力量对我国发展的加速发挥了巨大作用。尤其是自我国2001年加入世界贸易组织以来,我国深度融入全球经济、贸易与产业秩序,依靠丰富的生产要素与强大的组织能力,我国很快抓住了全球产业转移的机遇并迅速实现了崛起。比如我国创新能力最强的经济特区——深圳的崛起就得益于发达国家的产业转移。然而,随着全球经济增长开始停滞,不同国家之间的竞争势头开始加剧,尤其是以美国为首的部分西方发达国家开始对我国采取打压策略,我国的外部发展环境开始发生变化。党的二十大也指出我国发展进入战略机遇和风险挑战并存、不确定难预料因素增多的时期,各种"黑天鹅""灰犀牛"事件随时可能发生。[①] 在这种背景下,继续从外部获取巨大发展动力的空间也大大缩小。

第三,我国的发展阶段发生了变化。党的十九大提出中国特色社会主义进入新时代,社会主要矛盾已经演变为人民日益增长的美好生活需要与不平衡不充分发展之间的矛盾。[②] 在追赶阶段,谋求经济指标与发达国家的快速缩小是主要目标,其间其他领域出现的一系列问题就容易被忽视。然而,当整个社会和居民群体对发展质量的要求越来越高,国家发展战略就不能在单独关注某一个领域的发展而忽视其他领域的发展。这也就意味着在新发展阶段,想要仅仅依靠局部领域的试点改革来推动局部领域的发展已经不能完全满足整体系统高质量发展要求,而必需配套相关的系统顶层设计。

因此,后发优势的削弱、外部环境与内部发展阶段的变化都表明局部领域的试点改革已经不能完全满足新时代的发展需要,在未来构建"五位一体"新发展格局的过程中,必须坚持将局部领域的试点改革与顶层设计改革相结合。

[①] 习近平:《高举中国特色社会主义伟大旗帜 为全面建设社会主义现代化国家而团结奋斗——在中国共产党第二十次全国代表大会上的报告》(2022年10月16日),人民出版社2022年版,第26页。

[②] 习近平:《决胜全面建成小康社会 夺取新时代中国特色社会主义伟大胜利——在中国共产党第十九次全国代表大会上的报告》(2017年10月18日),人民出版社2017年版,第11页。

四　实践逻辑：局部领域试点改革与顶层设计改革

过去几十年我国发展战略的重要推动力是局部领域的试点改革，而受限于经济发展水平，经济领域的试点改革是过去发展战略的重点内容，这是过去几十年我国发展格局形成的实践逻辑。然而，面临发展阶段与环境的变化，我们需要加快构建"五位一体"的新发展格局，而由于"五位一体"新发展格局的系统性与整体性，实现这一目标就不能仅依靠局部领域的试点改革，而应该坚持局部领域试点改革与顶层设计改革相结合。[①]

一方面，"五位一体"新发展格局本身是一项系统工程，五大发展新格局之间存在密切联系和相互影响，某一领域的发展已经不再完全取决于自身的发展质量，而会受到其他领域发展的影响。比如经济发展新格局会受到政治文明新格局、社会发展新格局、生态文明新格局、文化发展新格局的直接影响，倘若缺乏其他领域的协同推进，经济发展新格局很难顺利形成。因此，旨在实现整体发展高质量转型的"五位一体"新发展格局要求我们做好顶层设计，既要对五大发展新格局各自规律与政策体系进行科学设计，也要对五大发展新格局的内在关系与协调推进进行重点考虑，从个体与整体层面不断推动"五位一体"新发展格局达到更高水平。

另一方面，构建"五位一体"新发展格局仍然面临诸多复杂难题，在现实构建过程中也不能完全忽略局部领域的试点改革，这是因为我国目前已经进入改革的深水期与攻坚期，构建"五位一体"新发展格局所需要破解的都是全局性与系统性的难题，这些难题在蕴含巨大发展机遇的同时具有较大风险，稍有不慎，就会对我国社会主义现代化强国建设全局带来巨大冲击。因此，构建"五位一体"新发展格局仍要重视局部领域的试点改革，通过精准选择合适的试点对象，进行周密科学的试点改革，为"五位一体"新发展格局的顺利构建提供动力。

[①] 薛澜：《顶层设计与泥泞前行：中国国家治理现代化之路》，《公共管理学报》2014年第4期。

第四章

"五位一体"新发展格局的构建思路

构建"五位一体"新发展格局，是基于中国特色社会主义现代化国家的"五位一体"总体布局的战略目标，保持与新发展阶段、新发展理念的内在逻辑统一，以及统筹"两个大局"、构建人类命运体的现实逻辑的目标一致而提出的更高维度的新发展格局，涵盖了经济发展新格局、政治文明新格局、文化发展新格局、社会发展新格局和生态文明新格局。未来加速构建"五位一体"新发展格局，需要坚持"五位一体"总体布局、"四个全面"战略布局、新发展理念和安全观，人类命运共同体思想和人与自然生命共同体思想。

第一节 整体理念

构建"五位一体"新发展格局是一项系统的复杂工程，在现实发展过程中，应该坚持政治观、全局观、系统观、全球观、未来观。

一 政治观

坚持政治观，要坚定不移走中国特色社会主义政治发展道路，不断推进马克思主义中国化进程，贯彻习近平新时代中国特色社会主义思想，丰富完善21世纪马克思主义中国化理论成果；坚持党的绝对领导这一重大政治原则，中国共产党领导是中国特色社会主义最本质的特征，"党政军民学，东南西北中，党是领导一切的"①，中国特色社会主义制度的最大优势是中国共产党领导，不断发挥社会主义政治制度优势对"五位一体"新发展格局构建的根本支撑作用；坚持习近平"开创文明"的新政治观，"跳出冷战思维零和博弈"，以人类文明为主轴和着眼点，推动人类命运共同体建设，重构共建共享、合作共赢的国际关系准则。

二 全局观

全局观要求坚持全面的、普遍联系的唯物辩证法，从客观事物的内在联系去全面地而非片面地看问题。"不谋全局者，不足以谋一域。"构建"五位一体"新发展格局，推进中国特色社会主义事业不断前进，要加强顶层设计，把握各个方面、各个层次、各个环节、各个要素，以经济领域新发展格局构建为引领，协调推进政治、文化、社会、生态文明领域新发展格局建设。谋全局要在战略上统筹推进、战术上抓住事物的主要矛盾，要求正确处理局部与整体的关系、次要矛盾与主要矛盾的关系，不能因局部利益损害整体利益、因个人利益损害集体和国家利益。全局观还要求有大历史观、大空间观，观历史大势、顺应时代潮流是谋全局的前提，空间上统筹国内、国际两个大局则体现了"五位一体"新发展格局的世界意义。

三 系统观

系统观念是马克思主义认识论和方法论的重要范畴，是马克思主义政党基础性的思想和工作方法，将成为未来我国构建"五位一体"新发展格局和社会主义现代化建设的长期指导原则。坚持系统观，必须加强战略性布局、注重整体推进，统筹推进经济建设、政治建设、文化建设、社会建设、生态文明建设"五位一体"总体布局和新发展格局，妥善处理重点和非重点、局部和全局、当下和未来关系，实施一系列人才、创新、区域协

---

① 习近平：《决胜全面建成小康社会 夺取新时代中国特色社会主义伟大胜利——在中国共产党第十九次全国代表大会上的报告》（2017年10月18日），人民出版社2017年版，第20页。

调、可持续发展等重大战略布局；要在经济上实现发展质量、结构、规模、速度、效益、安全相统一；要统筹发展和安全的关系，树立底线思维，弘扬敢于斗争的精神，做好经济上、政治上、文化上、社会上、外交上、军事上开展斗争的准备，化解影响中华民族伟大复兴的重大风险；要统筹国内国际两个大局，联系国内和国际、贯通历史和现实、结合理论和实际应对国内外发展环境的深刻复杂变化，妥善处理"五位一体"新发展格局的局部与局部之间、局部与整体之间、整体与整体之间、整体与环境之间的辩证关系。

四 全球观

树立全球观，深刻认识"当今世界正经历百年未有之大变局"之形势，积极应对国际经济、科技、文化、安全、政治等格局深刻调整带来的风险冲击；要在构建"以国内大循环为主体、国内国际双循环相互促进"的经济领域新发展格局基础上，积极拥抱世界，推动构建高质量、高水平对外开放的"五位一体"新发展格局；要积极参与全球治理体系改革，尊重各国自主选择社会制度和发展道路的权利，尊重文明多样性，推动构建人类命运共同体；要不断打造话语体系、创新传播体系、讲好中国故事，积极主动地表达中国观点、表明中国立场、彰显中国价值，形成中国声音的"本土化"表达，让国外人士对中国故事"愿意听、听得懂、感兴趣"。

五 未来观

坚持未来观，统筹当前与长远的关系，着眼于发展的未来性、可持续性，实现代际公平，不能"吃祖宗饭、断子孙路"。未来观要求围绕"五位一体"新发展格局构建，充分发挥新型举国体制优势，把我国建设成为社会主义现代化强国。要推动经济社会发展全面绿色转型，正确处理人与自然关系、经济发展与生态环境保护关系，实现可持续发展以及人与自然和谐共生现代化；要抓住新一轮技术革命和产业革命机遇，全面依托数字技术革命对新发展格局的支撑作用，引领经济社会发展全方位变革，并积极应对科技伦理、科技安全的挑战；要不忘初心，牢记全心全意为人民服务的宗旨，实现共同富裕以及经济社会发展成果的全面共享；要加强全球治理，以平等协商、开放创新、同舟共济、坚守正义的理念，构建共享共赢、发展繁荣、健康安全、互尊互鉴的人类命运共同体。

第二节　总体要求

"五位一体"新发展格局是与经济建设、政治建设、文化建设、社会建设、生态文明建设的"五位一体"总体布局高度匹配的新发展格局。这五大新发展格局相互影响、相互促进，并在整体新发展格局的构建过程中，发挥不同的重要作用。具体而言，经济发展新格局处于中心地位，政治文明新格局提供制度与安全保障，文化发展新格局是精神与灵魂支撑，社会发展新格局彰显人民美好生活向往，生态文明新格局实现人与自然和谐共生。从各自领域的要求看，构建"五位一体"新发展格局应遵循如下要求。

一　高质量供给需求

构建"五位一体"新发展格局首先应构建高质量的供给需求体系，这是构建新发展格局的关键举措。随着中国特色社会主义进入新时代，人民群众的需求发生了显著变化，对经济、政治、文化、社会、生态等各个领域的产品和服务质量要求越来越高，若供给体系不能顺利转型升级并满足人民群众日益增长的美好生活需要，则难以实现供给和需求在更高水平上的动态适配，也就无法建成新发展格局。

二　高强度动力支撑

对任何一套发展格局而言，原始创新能力所蕴含的高强度动力支持都是核心要素。面对当前复杂多变的国际环境以及愈演愈烈的科技战，应更加强调自主创新的核心作用，强化技术创新和制度创新，"双轮"驱动

"全面"高质量发展。在技术方向上，既要突破"卡脖子"技术，也要谋划布局"捅破天"技术；在创新保障上，要深化科技体制改革，构建有利于增强原始创新能力的科技创新制度，发挥制度创新对技术创新的推动作用；在创新氛围上，要以数智化转型为契机，推动数智化技术深度融入经济、政治、文化、社会、生态新格局。

三　高水平安全保障

在构建新发展格局的过程中，要统筹安全和发展，牢牢坚守安全发展的底线，为新发展格局的构建提供高水平安全保障。党的十八大以来，以习近平同志为核心的党中央提出了"总体国家安全观"的重要理念，并对多个领域的安全要求进行了具体谋划。在加快构建新发展格局的过程中，应在经济领域、政治领域、文化领域、社会领域、生态领域牢固树立"底线"意识和忧患意识，把维护人民安全作为构建新发展格局的基础和保障。

四　高水平对外开放

实践已经证明对外开放是助推我国经济可持续高速发展的重要动力。习近平总书记也多次指出，"中国开放的大门不会关闭，只会越开越大"[①]。因此，在构建新发展格局的过程中，要将高水平对外开放作为重要支撑，处理好"引进来"和"走出去"的关系，有序在经济领域、政治领域、文化领域、社会领域、生态领域推动实现全面开放，实现内外供需、规则、标准、文化、文明"你中有我，我中有你"的高效衔接。

五　高品质人民生活

全心全意为人民服务是我们党的根本宗旨，也是社会主义制度的根本要求。人民群众的生活水平是否得到提高，是判断我国发展质量的核心标

---

① 习近平：《共建创新包容的开放型世界经济》，《人民日报》2018年11月6日第3版。

准。在加快构建新发展格局的过程中，同样应该坚持以人民为中心，强调一切为了人民，针对制约人民群众幸福感提升的各种因素，坚持从经济领域、政治领域、文化领域、社会领域、生态领域同步发力，不断破解相关难题，持续提高人民群众的获得感、幸福感、安全感。

六 高站位胸怀天下

构建新发展格局既要立足国内实际情况，也要坚持世界眼光，着眼世界前沿。要将中国的发展战略置于世界百年未有之大变局的宏大系统，准确认识中国的发展对世界的贡献以及世界的发展对中国的重要价值，坚持以人类命运共同体理念推动构建新发展格局。

第三节 根本动力

面对构建"五位一体"新发展格局的诸多难点与挑战，未来应从动力结构、创新的地位与数字化等方面来加快构建新发展格局。

一 构建发展新格局的动力结构

构建"五位一体"新发展格局要在坚持党的全面领导的前提下，发挥好政府与市场机制的双重作用。

一方面，要发挥政府在战略总体布局、发展格局规划与具体进程推进等方面的作用。构建"五位一体"新发展格局是针对未来发展变局与民族复兴变局而作出的系统调整，在调整过程中，仍要继续发挥政府的作用。在经济发展新格局上，政府要制定经济高质量发展转型的规划并不断推动发展进程的高质量转型；在政治文明新格局上，政府要主动推动全面深化改革并不断提高中国特色社会主义政治制度的吸引力；在文化发展新格局上，政府要着力引导并培育更多能够体现民族特色与世界水准的文化产品，从而不断提升文化自信；在社会发展新格局上，政府要着力解决社会主要矛盾并不断提高居民的幸福感、获得感与安全感；在生态文明新格局上，政府要积极探索实现绿水青山就是金山银山的发展路径并不断提高人与自然和谐共生的水平。

另一方面，要发挥市场机制在推动发展格局演进与发展模式质量评价等方面的作用。作为一次系统转型，构建"五位一体"新发展格局需要重视市场机制的作用。在经济发展新格局上，要充分发挥市场配置资源的决定性作用，让市场机制筛选能够真正适应新时代高质量发展要求的市场主体；在政治文明新格局上，要充分尊重广大市场主体的生产、生活意愿与利益诉求，不断提高政治制度的内生性；在文化发展新格局上，要充分考虑市场竞争的导向作用，将绝大多数消费者的满意度作为方向标，不断培育更多具有世界级竞争力的文化产品；在社会发展新格局上，要高度重视市场机制的作用，不断引入市场力量参与社会治理，确保社会治理能够体现绝大多数人的利益需求；在生态文明新格局上，要积极探索生态产品价值实现机制，这是实现"绿水青山就是金山银山"的根本前提。

二 坚持创新的全局核心地位

习近平总书记指出国际经济竞争甚至综合国力竞争，说到底是创新的竞争。谁能在创新上下先手棋，谁就能掌握主动。同样的逻辑，加快构建"五位一体"新发展格局也需要坚持创新发展的核心地位。

一方面，要重视创新驱动发展战略的顶层设计。构建"五位一体"新发展格局面临五大领域内部各自不同的发展问题，破解这些问题依赖于创新发展战略。因此，要统筹制定创新驱动发展的顶层设计规划，基于五大领域的发展现状，把发展需要和现实能力、长远目标和近期工作统筹起来考虑，提出符合五大发展新格局发展方向、目标与工作重点的创新驱动战略。另一方面，要着力增强自主创新能力。在构建"五位一体"新发展格局过程中，需要通过不断增强自主创新能力来推动五大发展新格局的顺利推进。要坚定不移走中国特色自主创新道路，坚持自主创新、重点跨越、支撑发展、引领未来的发展，最大限度解放和激发科技作为第一生产力所蕴藏的巨大潜能从而加快推动"五位一体"新发展格局的建设进程。

三 坚持把数字化作为重中之重

数字化已经成为重组要素资源配置方式、经济产业结构、国家治理模式的关键力量。在构建"五位一体"新发展格局过程中,应将数字化作为重中之重。

第一,数字化是经济发展新格局的必然方向。当前数字化已经成为产业结构高质量转型的重要方向与主要工具。传统产业能否顺利实现数字化直接决定经济发展的质量和竞争优势。可以认为,无论是传统产业的数字化,还是新兴产业的数字化,都将是一个国家经济产业转型升级的主要方向,促进数字技术和实体经济深度融合,将是提高我国发展质量的关键举措。第二,数字化是提高政治治理水平、社会治理水平与文化产品传播能力的重要工具。在政治治理、社会治理与文化产业等领域,数字化已经深刻改变了传统的政治环境、社会环境与文化产业。如在政治领域,数字化完全改变了传统的政府治理结构和思路,数字平台对政府治理效率与方式都提出了前所未有的高要求。文化产业领域同样如此,数字化时代的文化产品传播速度与传播方式甚至评价标准都发生了巨大变化,适应数字化带来的这种变化从而创造更多优秀文化产品要求在这些领域都重视数字化应用。第三,数字化是确保生态文明新格局顺利建成的前提。生态环境保护与修复是生态文明新格局实现的重要前提。由于地域辽阔、生态环境复杂,单纯依靠人力来对生态环境进行监管难以实现保护目的,未来需要在生态环境保护与修复过程中大规模引入数字化技术手段,提高生态环境的监测与监管能力,确保生态文明新格局能够顺利建成。

第四节 阶段安排

根据建设社会主义现代化强国的总体安排,构建"五位一体"新发展格局将分为三个主要阶段。

一 "十四五"时期是塑形与成型阶段

"十四五"时期是我国第一个百年奋斗目标完成后的第一个五年规划时期，也是我国贯彻落实高质量发展的关键时期，这一时期是"五位一体"新发展格局塑形与成型阶段。

一方面，"十四五"时期是构建"五位一体"新发展格局的起步期。构建"五位一体"新发展格局是一项全新任务，在现实推进过程中势必会面临诸多挑战与困难，科学制定不同领域的发展规划并有序推进相关工作是"十四五"时期的主要任务。考虑到"五位一体"新发展格局包含了经济与非经济领域的多重任务，在整体发展战略与发展规划中，妥善处理经济领域与非经济领域的关系是确保"五位一体"新发展格局顺利成型的关键，两者各自的发展目标、相对权重与具体思路直接决定了"五位一体"新发展格局的战略布局。因此，在"十四五"时期明确"五位一体"新发展格局的战略布局、主要结构与推进思路是重要任务。

另一方面，"十四五"时期是构建"五位一体"新发展格局的奠基期。构建"五位一体"新发展格局是一项长期任务，"十四五"时期作为构建"五位一体"新发展格局的第一个重要时期，不仅要解决构建"五位一体"新发展格局的起步问题，还需要着眼长远与根本目标，为"五位一体"新发展格局最终目标的实现奠定坚实基础。从具体内容看，经济发展新格局需要在这一时期着重实现发展动力健康切换、政治文明新格局要继续完善发挥中国特色社会主义制度整体优势、社会发展新格局要重点推动社会治理结构优化、生态文明新格局则需要探索实现人与自然和谐共生的现实路径、文化发展新格局则需要加快增强民族文化自信。

二 "十五五"时期是定型与完型阶段

在"十四五"时期完成塑形与成型的基础上，构建"五位一体"新发展格局就进入了第二个重要发展阶段，即"十五五"时期的定型与完型阶段。考虑这一时期承上启下的关键作用，构建"五位一体"新发展格局在这一时期应力争实现三大目标。

第一，经济发展新格局要在量和质上实现全新突破。绝大部分学者都认为我国的经济总量将在"十五五"时期成为世界第一，这对我国的民族复兴目标具有重要意义，"五位一体"新发展格局要为这一目标的顺利实现提供路径保障。与此同时，这十年也是我国实现高质量发展转型的关键时期，经济发展新格局能否实现高质量发展目标也是整体高质量发展目标实现的重中之重。因此，基于经济发展目标的重要性，经济发展新格局在这一时期的建设中也将处于核心地位。第二，政治文明新格局、文化发展新格局、社会发展新格局和生态文明新格局要探索出成熟科学的发展路径。从发展时序看，政治文明新格局、文化发展新格局、社会发展新格局和生态文明新格局在"十四五"时期的任务都是着力探索合适的发展路径，那么在"十五五"时期，这四大发展格局的具体科学发展路径都应该已经进入成熟的发展轨道并已经开始取得明显成效。第三，"五位一体"新发展格局要全面定型并持续发挥作用。随着五大发展新格局各自有效发展路径的逐渐成熟，"五位一体"新发展格局的系统优势将开始显现，"五位一体"新发展格局将在这一时期成为我国发展战略的主要载体与框架，为第二个奋斗目标奠定良好制度基础。

三 "十六五"时期是成功与成熟阶段

与"十四五"时期和"十五五"时期相比，"十六五"时期是我国第二个百年奋斗目标的冲刺期，也是"五位一体"新发展格局的成功与成熟阶段。在前两个发展阶段中，"五位一体"新发展格局的结构已经基本成熟，其作用也已经完全被实践所证实。在这种背景下，"十六五"时期将是"五位一体"新发展格局攻坚根本难题与实现现代化强国目标的关键阶段。

一方面，"十六五"时期是实现我国第二个百年奋斗目标的冲刺阶段，考虑到第二个百年奋斗目标的艰巨性，这一时期将直接面临许多根本性难题，比如经济领域的新技术革命问题、社会领域的共同富裕问题、文化领域的民族自信问题等，这些问题在前两个时期可能都不会被要求彻底解决，但在"十六五"时期，类似于共同富裕的发展目标都需要实现。因此，"五位一体"新发展格局在这一时期将重点突破这些根本性难题。另一方面,"十六五"时期也是"五位一体"新发展格局的成熟阶段,在前两个时期的持续探索下,"五位一体"新发展格局已经完全成为一个持续动态运行的系统,也会为我国全方位实现社会主义现代化强国目标提供根本支撑。

第二篇

经济发展新格局

第 五 章

经济发展新格局的提出与重大意义

党的二十大报告擘画了经济发展新格局的蓝图,强调"必须完整、准确、全面贯彻新发展理念,坚持社会主义市场经济改革方向,坚持高水平对外开放,加快构建以国内大循环为主体、国内国际双循环相互促进的新发展格局",提出未来五年"构建新发展格局和建设现代化经济体系取得重大进展",到2035年"建成现代化经济体系,形成新发展格局,基本实现新型工业化、信息化、城镇化、农业现代化"[1]。理解新发展格局的提出背景与重大意义,必须理解新发展格局的理论逻辑、历史逻辑和现实逻辑,将新发展阶段、新发展理念与新发展格局结合起来分析,充分认识到把握新发展阶段是贯彻新发展理念、构建新发展格局的现实依据,贯彻新发展理念为把握新发展阶段、构建新发展格局提供了行动指南,构建新发展格局则是应对新发展阶段机遇和挑战、贯彻新发展理念的战略选择。[2]

第一节 提出背景

党的十八大以来,中国特色社会主义进入新时代,中国式现代化进

---

[1] 习近平:《高举中国特色社会主义伟大旗帜 为全面建设社会主义现代化国家而团结奋斗——在中国共产党第二十次全国代表大会上的报告》(2022年10月16日),人民出版社2022年版。

[2] 习近平:《论把握新发展阶段、贯彻新发展理念、构建新发展格局》,《求是》2021年第9期。

入了新发展阶段,中国经济进入新常态,这是新发展格局提出的宏观背景。

一 中国式现代化进入新发展阶段

为什么说中国式现代化进入了新发展阶段呢?这是一个认识论的问题,需要从马克思主义经典作家的科学论述中寻找答案。马克思、恩格斯认为,资本主义社会和共产主义社会之间有个过渡时期,共产主义社会第一阶段是资本主义社会向共产主义过渡的一种形态。列宁进一步把共产主义社会第一阶段称作社会主义社会,并分为初级形式、发达的、完全的社会主义。毛泽东深刻分析中国国情,认为中国进入社会主义社会之前需要经历新民主主义革命这个历史阶段。在新中国成立之初,毛泽东进一步提出从新民主主义社会进入社会主义社会需要经历一个过渡阶段,并提出了党在过渡时期的总路线。毛泽东还进一步提出,社会主义社会分为两个阶段,不发达的和比较发达的。邓小平深刻总结世界社会主义特别是我国社会主义建设正反两方面经验,认为社会主义是共产主义初级阶段,中国处在社会主义初级阶段。党的十八大以来,习近平准确把握世情国情,作出中国进入新发展阶段的科学判断。新发展阶段依然是社会主义初级阶段的一个阶段,但与以往的阶段有所区别。

从历史依据来看,新发展阶段是党领导人民实现从站起来、富起来到强起来跨越的新阶段。近代以来,中国先后错失了两次工业革命的重大发展机遇,无数革命先驱孜孜以求寻找中国现代化的发展之路,但都未能成功。直到1921年中国共产党成立,领导人民浴血奋斗,成立了中华人民共和国,中国发展从此开启了新纪元。新中国成立之初,是一个一穷二白的国家,当时世界上有三种发展道路可以借鉴。一是英美式的,先发展轻工业积累大量资本,然后发展重工业;二是德日式的,政府投资重工业,民间投资轻工业,二者并重;三是苏联式的,优先发展重工业,短时期内建立独立完整的工业体系。鉴于当时的国内条件和国际环境,党中央决定实施重工业优先发展战略,中国进入了重工业优先发展的阶段。毛泽东将这个战略概括为"重点是用一切方法挤出钱来建设重工业和国防工业"①，称赞重工业优先发展是为人民长远利益的"大仁政"。到改革开放前，中国已经建立起独立的比较完整的工业体系和国民经济体系。党的十一届三中全会后，和平与发展成为世界的两大主流，我国开启了改革开放和社会主义现代化建设新时期，进入了经济高速发展阶段。党坚持以经济建设为中心，坚持"发展是硬道理"，带领中国经历了30多年的经济高速增长阶段，GDP年均增长近10%，书写了世所罕见的经济发展奇迹。党的十八大以来，中国特色社会主义进入新时代，迎来了中华民族伟大复兴的光明前景，中国正在此前发展的基础上续写全面建设社会主义现代化国家新的篇章。

就现实依据来讲，中国已经拥有开启新征程、实现新的更高目标的雄厚物质基础。经过新中国成立以来特别是改革开放40多年以来的不懈奋斗，到"十三五"规划收官之时，中国成为世界第二大经济体、第一大工业国、第一大货物贸易国、第一大外汇储备国，国内生产总值超过100万亿元，人均国内生产总值超过1万美元，城镇化率超过60%，中等收入群体超过4亿人，全面建成小康社会，消除了绝对贫困问题，为实现第二个百年奋斗目标奠定了重要基础。②

二　中国经济进入新常态

从经济领域来看，经济新常态是新发展阶段的一个特征。这是因为改革开放以后中国经济增长速度虽然很快、总量虽然较大，但是存在发展方式粗放等问题，加上国际金融危机影响，发展不平衡不充分问题突出。因此，新时代以来，中国经济已由高速增长阶段转向新常态，最直观的表现是经济总量呈"L"形增长，出现"三期叠加"（增长速度换挡期、结构调整阵痛期、前期刺激政策消化期）的局面，传统发展模式不可持续。

具体而言，经济新常态在许多方面表现出新变化、新挑战、新特点和新优势。从消费需求来看，过去中国是模仿型排浪式消费，现在消费拉开

---

① 《中共中央文件选集（一九四九年十月——九六六年五月）》第7册，人民出版社2013年版，第297页。

② 习近平：《论把握新发展阶段、贯彻新发展理念、构建新发展格局》，《求是》2021年第9期。

档次，安全性、个性化、多样化消费渐成主流。从投资需求来看，过去投资空间巨大，现在传统产业和房地产投资相对饱和，新基建、新技术、新业态、新商业模式投资机会大量涌现。从出口需求来看，发达国家需求是中国产品出口的重要动力，中国靠低成本比较优势扩大出口，但疫情之前全球去杠杆、总需求不振，而且中国比较优势发生变化，因此出口下降，并在新冠疫情的影响下增加了不确定性。从生产能力来看，过去长期处于短缺状态，现在传统产业供给能力大幅超出需求，钢铁、水泥、玻璃等产业的产能已近峰值，房地产出现结构性、区域性过剩，各类开发区、工业园区、新城新区的规划建设总面积超出实际需要，因此产业结构必须优化升级，生产效率和资源配置效率必须提升。从生产要素来看，过去有源源不断的新生劳动力，技术差距大，现在劳动年龄人口达峰，能引进的技术大部分都引进了，需要不断提高人力资本质量，加快技术创新。从市场竞争来看，"量"和低成本的竞争逐渐变为"质"和差异化的竞争。从环境资源来看，过去资源和生态环境空间大，现在资源环境承载能力已达上限。从经济风险来看，过去债务规模小、宏观杠杆率不高，现在债务和金融风险逐步显露。从宏观调控来看，过去总需求增长潜在空间大，实行凯恩斯主义的办法就能有效刺激经济发展，比如建高铁、建高速公路，迅速形成了生产力，同时满足了大家对出行的需求，而现在刺激政策的边际效果明显递减，产能过剩，刺激政策形成的生产力难以消纳。

第二节　形成逻辑

从形成逻辑来看，新发展格局的提出，既是新发展阶段转变经济发展方式的客观要求，也是高质量发展的重要载体。

一　新发展阶段需要转变原有发展方式

由于中国进入了新发展阶段，经济进入新常态，加上世界进入百年未有之大变局，"灰犀牛"和"黑天鹅"事件频发，中国必须转变原有的发展方式,必须解决经济结构调整和不平衡、不充分发展的问题,而且不能再以高速增长为目标,避免错过国内调整结构和改革的最佳时机。因此,"十四五"规划首次不设 GDP 具体目标,仅将指标值设定为年均增长"保持在合理区间、各年度视情提出",这是符合新发展阶段和经济新常态的举措,有利于将经济重心转到调结构和提质量工作上来。①

这里还需要明确新发展阶段的经济发展红利。红利是指一个国家或地区在特定发展阶段所具有的发展优势,以及利用这种发展优势所带来的好处。在改革开放以后,中国经济有明显的人口红利、资源红利和改革红利。在新发展阶段,这些红利还继续存在吗?从人口红利来看,改革开放以来,中国因为有廉价的劳动力,所以经济成本比较低,很多商品能够出口到国外。新发展阶段劳动力成本不断上升,比中国劳动力更廉价的是一些东南亚的发展中国家,如越南、柬埔寨、印度尼西亚,它们发展起来了,承接了产业转移。但中国正在转向技工时代,既比东南亚国家的廉价劳动力有技术,又比发达国家的技工工资低,这就是"新人口红利"。从资源红利来看,新发展阶段中国资源红利已经减少,土地资源没有多少了,矿山资源虽然有,但比较少,淡水资源几乎没有了。但是新发展阶段主要的资源不是自然资源,而是智力资源、人才资源、科技资源,这也是当前中国的重要战略,可以称为"新资源红利"。从改革红利来看,改革开放至今,容易改革的部分都改革了,产生了巨大的红利,当前改革进入深水区,虽然是"难啃的硬骨头",但是只要坚持继续深化改革,不断调整不适应生产力发展的生产关系,一旦改革成功,就可以激发更大的"新改革红利"②。在新发展阶段,中国将跨越中等收入阶段进入高收入阶段,只要充分发挥新的红利,就能顺利跨越"中等收入陷阱",稳步进入高收入水平国家之列。

二 新发展阶段必须坚持高质量发展

中国式现代化进入新发展阶段明确了我国发展的历史方位,那么我们

---

① 厉以宁:《论"两个一百年"的奋斗目标和"中国梦"的实现》,《理论学习与探索》2019 年第 6 期。

② 厉以宁:《经济与改革:厉以宁文选 2011—2014》,中国大百科全书出版社 2019 年版。

如何推进中国式现代化新征程呢？这是一个方法论的问题，可以归纳为"高质量发展"。改革开放以来，党提出"发展是硬道理"的科学论断。党的十九大提出"我国经济已由高速增长阶段转向高质量发展阶段"。[1] 党的十九届五中全会将高质量发展作为"十四五"乃至更长时期经济社会各方面发展的主题。在中国式现代化的新发展阶段，"高质量发展"是我国现代化建设的指导原则和总体思路，可以称为"新时代的硬道理"。

何为高质量发展？从概念看，高质量发展就是从"有没有"转向"好不好"。"好不好"体现在是否贯彻新发展理念，主要体现在：产业体系更加完整、产品和服务质量进一步提高，能够满足人民群众个性化、多样化、不断升级的需求，社会总体的投入产出效率不断提高，分配制度更加体现效率、促进公平，宏观经济循环实现生产、流通、分配、消费各环节循环通畅，国民经济重大比例关系和空间布局合理，经济发展比较平稳等。从范围看，高质量发展是整个经济社会系统的高质量发展，"不能有短板"。我国坚持以经济建设为中心，在经历了几十年高速增长后，人民日益增长的美好生活需要已不仅包括物质生活方面的更高要求，民主、法治、公平、正义、安全、环境等方面的要求也日益增长，满足人民日益增长的美好生活需求，必须在经济、社会、文化、生态等各领域都体现出高质量发展的要求。从时间看，高质量发展不是一时一事的要求，而是必须长期坚持的要求。在"十四五"乃至更长时期，都务必保持战略定力，坚持高质量发展这一主题，一个五年接着一个五年，在全面建设社会主义现代化国家的征程上砥砺奋进。从空间看，高质量发展不是只对经济发达地区的要求，而是所有地区都必须贯彻的要求。经济发达地区经历了经济高速发展阶段，需要打破"发展惯性"，通过全面深化改革加快转变经济发展方式，实现高质量发展。经济相对落后的地区要创新思想、因地制宜、扬长补短，结合当地资源禀赋条件，走出适合本地区实际的高质量发展之路。[2]

党的十八大以来，在高质量发展指引下，我国经济发展取得了巨大成就，我国综合国力显著增强，经济发展质量大幅提升。在脱贫攻坚方面，

---

[1] 习近平：《决胜全面建成小康社会　夺取新时代中国特色社会主义伟大胜利——在中国共产党第十九次全国代表大会上的报告》（2017年10月18日），人民出版社2017年版，第30页。

[2] 尹俊：《必须牢牢把握高质量发展主题》，《光明日报》2022年1月7日第6版。

全国832个贫困县全部摘帽。虽然受到新冠疫情的严重影响，但我国坚持疫情防控和经济发展"两手抓、两手都要硬"，取得了重要成绩。在保障和改善民生方面，我国建成了世界上最大规模的社会保障体系，10亿2千万人拥有基本养老保险，13亿6千万人拥有基本医疗保险。[①]

三　构建新发展格局是高质量发展的重要载体

高质量发展是中国式现代化新征程的总体方法论，加快构建新发展格局，是高质量发展的重要载体。党的十九届五中全会提出要加快构建以国内大循环为主体、国内国际双循环相互促进的新发展格局。这里的新发展格局即是新时代的经济发展新格局，在本书中，这两个概念内涵一致。新发展格局的落脚点是"格局"，定语是"双循环"。所谓"格局"，就是指构建经济长期健康发展的骨架，优化我国经济的基本格局。构建新发展格局，就是要优化经济发展的供需格局、内需格局、消费格局、分配格局、技术格局、生产格局、空间格局、内外格局，重塑经济持续健康发展的内生性引擎。所谓"双循环"，既指畅通国内生产、分配、流通、消费及其相互之间的循环，也指通过开放促进国内国际双循环相互促进，而不是封闭的国内单循环。

事实上，长期以来，中国经济一直具有"双循环"的特征，大部分行业的生产都离不开进口，大部分行业都有出口。回顾历史，虽然中国经济具有"双循环"的特征，但各个历史阶段，我国的战略重点还是各有侧重的，具体可以分为四个阶段。第一个阶段是改革开放前，这一时期进出口贸易占比小、以内循环为主导；第二阶段是改革开放之后到2008年国际金融危机爆发，我国进出口贸易以及外商直接投资水平迅速提升，多项指标跃居世界前列，开放型经济体制基本确立，国际分工日益深化，形成了市场和资源"两头在外"的国际贸易格局；第三个阶段是2008年国际金融危机之后到党的十八大之前，我国把扩大内需作为保持经济平稳较快发展的基本立足点，这一时期国内循环作用上升；第四个阶段是党的十八大

---

① 《中共中央关于党的百年奋斗重大成就和历史经验的决议（2021年11月11日中国共产党第十九届中央委员会第六次全体会议通过）》，《人民日报》2021年11月17日第1版。

以后，这一时期国内循环占主导地位，逐步构建了国内国际双循环的新发展格局。党的十八大以后，我国坚持实施扩大内需战略，"两头在外"的发展态势有所缓解，对外贸易依存度从 2006 年峰值的 67% 下降到 2019 年的近 32%，经常项目顺差占 GDP 的比重由最高时的 10% 以上降至 2020 年的 1% 左右。截至 2020 年，内需对经济增长的贡献率有七个年份超过 100%。

当然，世界正经历百年未有之大变局，这是加快构建新发展格局的国际环境要求。资本的逐利性导致美国经济自 21 世纪以来脱实向虚严重，并在 2008 年爆发了国际金融危机。为了摆脱国内的矛盾，美国将中国视为头号竞争对手，开展中美贸易战。尤其是新冠疫情暴发以来，世界最主要的特点就是"乱"，而且这个趋势会延续一段时间。国际环境的不确定性冲击了中国产业链的安全，传统的"两头在外"模式不可持续，必须加快构建"两个大局""两个循环"。

第三节 重大意义

新发展格局的提出具有重大的理论意义和实践意义，其既是中国式现代化新征程的创新之举，也为其他发展中国家的现代化道路提供了重要的启示和借鉴意义。

一 理论意义

新发展格局的理论意义主要体现在两个方面。

一是对"中心—边缘"体系的创新。马克思、恩格斯认为，"各个相互影响的活动范围在这个发展进程中越是扩大，各民族的原始封闭状态由于日益完善的生产方式、交往以及因交往而自然形成的不同民族之间的分工消灭得越是彻底，历史也就越是成为世界历史"[①]。普遍交往是世界历史的基本特征。世界历史体现着各个民族、各个国家之间的相互影响、相互

[①] 《马克思恩格斯选集》第 1 卷，人民出版社 2012 年版，第 168 页。

渗透和相互制约，最重要的是强调整个世界的相互关联性。任何民族、任何国家都摆脱不了世界市场的运行机制，更不能拒斥普遍交往，因为"已成为桎梏的旧交往形式被适应于比较发达的生产力，因而也适应于进步的个人自主活动方式的新交往形式所代替；新的交往形式又会成为桎梏"[①]。传统的区域性交往及区域间的间隔无一不被打破，民族、国家间的交往成了普遍交往，并促进了具有"全面的生产""全面的依存关系"的世界历史的形成。因此，开放是一个国家经济长期发展的必由之路。但对于社会主义国家而言，在不同时期应该如何处理好对外开放与自身独立的关系，也经历了漫长的探索。

从世界现代化历史来看，非原生的资本主义国家，许多是先成为殖民地，再成为资本主义国家，这些后发展的国家在现代化过程中不得不依附资本主义世界体系，也被称为"中心—边缘"体系，后发展的国家处于被剥削的地位。社会主义国家的现代化是否一定需要经历资本主义的阶段（也被称为"卡夫丁峡谷"），并依附资本主义世界体系取得发展呢？马克思认为并非如此。苏联通过创造性的实践证明了马克思的设想，主要就是将世界体系分为资本主义阵营和社会主义阵营，实现了自身不依附资本主义世界体系取得工业化的成果，突破了后工业化国家依附性发展的路径，在欠发达的经济基础上进行了工业化和现代化，并保持了自身独立性。

中国在苏联模式的基础上再次进行了创造性发展。在改革开放前，确保自身独立性，不依附资本主义世界体系，初步建立了比较完善的工业体系。改革开放后，中国在独立的、比较完善的工业体系基础上，利用了资本主义世界体系，尤其是2001年加入世贸组织后，抓住经济全球化带来的机遇，不断扩大对外开放，实现了经济高速发展。中国的创新之处在于，打破了意识形态偏见，强调既要保持自身独立性，也可以利用资本主义世界体系实现现代化发展；既保持了独立自主的现代化发展模式，也保持了科学处理与资本主义世界体系关系的开放性，因此也给其他国家树立了新的榜样。

进入新时代，面对百年未有之大变局，党中央提出的新发展格局，一方面可以通过畅通国内大循环推动国内经济发展，带动全球经济复苏；另

[①] 《马克思恩格斯选集》第1卷，人民出版社2012年版。

一方面通过持续深化商品和要素流动型开放，稳步拓展规则、规制、管理、标准等制度型开放，进一步提升对外开放的质量和水平，促进高质量发展。新发展格局充分超越了"中心—边缘"体系的既定范式，体现了发展内外联动性、对外开放和独立发展的辩证统一。

二是对"经济循环理论"的创新。马克思在《政治经济学批判》中对经济循环理论进行了系统研究，将经济循环分为产业资本循环下的"微循环"、两大部类生产循环下的"中循环"，以及包括生产、消费、分配和交换四个环节的社会再生产循环下的"总循环"等，构成了经济循环的政治经济学基础。马克思在《资本论》中围绕资本生产及其空间需求，生产过程、流通过程和资本生产总过程中的生产空间、流通空间和土地空间理论，为国内国际经济循环提供了重要理论指导。①

实现内部可循环是大国经济的重要特征，通过巨大的内循环支撑和带动外循环。虽然大国经济的优势是内部可循环，但也要特别防止自我循环，从历史上来看，大国经济往往会因为更多依赖自己的内部需求而形成相对封闭的经济内卷化倾向，低估对外开放的长期利益。②

我国提出构建以国内大循环为主体、国内国际双循环相互促进的新发展格局，是我国经济内外循环的自身要求，也是对经济循环涉及的内部与外部、历史与现实、当下与未来、政治与经济、发展与安全等各方面矛盾与问题的综合回应，因此也对马克思主义政治经济学经济循环理论进行了发展与创新。

二 实践意义

新发展格局的实践意义主要体现在两个方面。

一是从国内来看，改革开放以后相当时间内，我国积极参与国际经济大循环，推动了经济高速增长。经过长期努力，我国由经济高速增长阶段进入高质量发展阶段。因此，党的十八大以来，基于国内外形势发展变化，党中央提出推进供给侧结构性改革、开展"三去一降一补"等重要措

---

① 王维平、陈雅：《"双循环"新发展格局释读——基于马克思主义政治经济学总体性视域》，《中国特色社会主义研究》2021年第1期。

② 张军：《大国经济发展需更开放市场》，《中国工业经济》2020年第12期。

施。同时，党中央还进一步提出贯彻新发展理念、构建新发展格局的战略，这既是供给侧结构性改革的递进深化，也是我国以往发展战略的整合提升，是适应我国经济发展阶段变化、把握发展主动权的先手棋。[①]

二是从国际来看，进入21世纪以来，新一轮科技革命和产业变革发展加速，国际金融危机后，全球经济持续低迷，并带来后续的贸易保护主义抬头和经济全球化遭遇逆流，世界进入百年未有之大变局。构建新发展格局是应对世界百年未有之大变局的中国方案。合作应对挑战是国际社会唯一选择。新冠疫情充分说明，人类命运休戚与共，各国利益紧密相连，世界是不可分割的命运共同体。无论是赢得全球抗疫最终胜利，还是推动世界经济复苏，国际社会必须团结协作，密切政策沟通和协调、开展全球治理合作、共同寻求新的发展战略，这也是新发展格局的重要目标。因此，构建新发展格局，还将有助于坚持建设开放型世界经济，共同应对危机考验，努力实现世界经济强劲、可持续、平衡、包容增长。

---

① 刘鹤：《加快构建以国内大循环为主体、国内国际双循环相互促进的新发展格局》，《人民日报》2020年11月25日第6版。

第六章

经济发展新格局的总体要求

加快构建新发展格局是"十四五"时期经济社会发展的重要主题,也是全面建设社会主义现代化强国的战略路径。构建新发展格局,要坚持系统观念,既要"操其要于上",加强战略谋划和顶层设计,也要"分其详于下",把握工作着力点。

第一节 以新发展理念为总体行动指南

新发展理念回答了关于发展的目的、动力、方式、路径等一系列理论和实践问题,阐明了发展的政治立场、价值导向、发展模式、发展道路等重大政治问题,因此必须以新发展理念作为构建新发展格局的总体行动指南。

一 以创新指导构建新发展格局

在索洛模型中,经济增长可以由要素(资本、劳动力)增长和全要素生产率的增长来解释。全要素生产率增长的主要来源是创新,既包括狭义的创新,比如技术创新,也包括广义的创新,比如制度创新、文化创新、组织创新等多个方面。

狭义的创新往往会带来广义的创新,人类发展和社会进步的标志性事件往往最先来源于科技创新,科技创新引发工业革命,并对社会变革和文化创新产生积极影响,进而推动了社会进步。回顾历次工业革命的历史,都源于创新。18世纪60年代到19世纪40年代的第一次工业革命，以蒸汽机的发明和应用为主要标志的产业革命，完成了工场手工业向机器大工业的过渡。19世纪中期开始的第二次工业革命，以重化工业及交通运输和通信业快速发展为标志。20世纪中期开始的第三次工业革命，以电子计算机、空间技术等发明运用为标志。随着世界已经进入以智能工厂、智能生产、智能物流、工业4.0、人工智能、大数据、云计算、区块链为主要标志的第四次工业革命，以及以绿色革命、能源革命、太空经济、元宇宙为主要标志的第五次工业革命，所有引领工业革命或者把握住工业革命机会的国家，都得益于创新带来的大发展。因此2008年诺贝尔经济学奖得主克鲁格曼认为，全要素生产率不是一切，但在长期中近乎一切。[①]

在中国经济高速发展阶段，经济增长主要依靠加大要素的投入，但高质量发展阶段必须依靠创新作为经济增长的动力。在加入世贸组织之前的2000年，中国的全要素生产率大概是美国的三成，到2015年，中国的全要素生产率有了进步，但只达到美国的45%，还有相当大的提升空间。因此，构建新发展格局，必须将创新作为牵动经济社会发展全局的"牛鼻子"，立足自主创新，坚持开放创新、协同创新，加强基础研发，让创新在全社会蔚然成风，并推动创新成果不断转化为现实生产力。

二 以协调指导构建新发展格局

从世界发展史来看，第二次世界大战后许多发展中国家虽然进入了中等收入阶段，但是落入了"中等收入陷阱"，难以进入高收入发展阶段。这些国家的共同特征在于贫富分化、发展不平衡的问题严重等。因此，必须树立协调发展理念。

协调是指在发展中要注重系统观念，注重发展的整体效能。协调发展主要包括产业协调发展、"新四化"协调发展、区域和城乡协调发展、物质文明和精神文明协调发展等方面。协调发展理念的特点在于，协调既是发展目标，也是手段，还是标准尺度。只有坚持协调发展，才能跨越"中

[①] Krugman, P. R., *The Age of Diminished Expectations: U. S. Economic Policy in the 1990s*, Cambridge: MIT press, 1997.

等收入陷阱"。2020年，我们全面打赢了脱贫攻坚战，在协调发展方面取得了举世瞩目的成就。但我国区域城乡的人口分布与经济活动还存在一定程度的失衡，基础设施建设水平参差不齐，基本公共服务还不均衡，只有在发展中更为关注整体性、协调性，不断解决不平衡发展的问题，才能真正实现高质量发展。

在产业协调发展方面，既要注重三大产业的平衡协调发展，也要注重适应产业结构调整的需要，包括关注新兴产业的发展、清洁循环低碳产业的发展，降低高污染、高耗能以及其他高消耗资源的产业比例等。"新四化"协调发展是指要注重新型工业化、新型信息化、新型城镇化和农业现代化协调共进。区域与城乡发展的不平衡既可能来自各个地区自然条件和历史文化因素的影响，也可能来自经济体制带来的问题，因此需要发挥社会主义制度优势、打破体制藩篱，通过深化改革、政策倾斜、结对帮扶、补齐短板、挖掘潜力等方式，解决区域和城乡发展不平衡不协调的问题。物质文明和精神文明的协调发展需要"两手抓，两手都要硬"，只有二者相互协调才能带来社会和谐红利，这也是最大的制度红利。

三　以绿色指导构建新发展格局

绿色发展是发展观的一场深刻革命，是永续发展的必要条件和人民对美好生活追求的重要体现，也是潮流所向、大势所趋。

从人类社会发展方式的演变来看，起初都是只重视从自然界索取资源，而不重视环境保护。工业化以前，长时期内，人类索取资源的数量有限，生存环境总的来说是良好的。工业化以后，逐步出现生态破坏问题。比如燃料问题，浅层煤矿都已采掘完了，为了炼铁和居民生活的需要，便大肆砍伐森林，同时运用工业技术挖掘深层的煤矿，后来又有了石油的大规模开采、天然气的使用和核能的开发。工业化过程中，工厂日益增多，工厂排放的废气、废水、废渣也越来越多。进入20世纪以后，尤其是到20世纪中期，接连出现了河流中鱼类死亡、田间野鸟死亡、工厂附近居民患病，以及开发沼泽地引起的生态破坏等事件，社会上越来越多的人认识到，如果年复一年地使环境恶化，使生态遭到破坏，不用说后代子孙无法在这块土地上生存下去，甚至连这一代人的生存都存在问题。于是从 20 世纪 70 年代起，环境保护成为各国共同关心的问题，绿色发展也被各国政府提上了议事日程。绿色发展，并非不需要经济增长，而是要处理好持续经济增长同良好生存环境之间的关系。在各国工业化的探索过程中，曾经出现"先污染再治理"的模式和"边污染边治理"的模式，虽然这两种模式都优于以前长时期内存在的"对污染和治理都不闻不问"的做法，但都遭到社会有识之士的反对，因为环境治理是非常艰难的，必须把环境保护置于发展的前提，也就是实现"经济低碳化"的发展路径。① 具体而言，一是要在工艺设计、新产品设计方面有较大的突破，减少污染物的排放，减少对环境的负面影响；二是要抓紧新能源和新材料的研究开发；三是要大力发展环保产业；四是要运用市场机制加快推进经济的低碳化；五是要加快形成生态文明的社会氛围。② 换言之，要坚决摒弃损害甚至破坏生态环境的发展模式，摒弃以牺牲环境换取一时发展的短视做法，要坚持"绿水青山就是金山银山"，通过建立绿色低碳循环经济体系等方式，把生态优势转化为发展优势，在经济发展中促进绿色转型、在绿色转型中实现更大发展。

绿色发展还需要加强全球的合作。中国是国际气候公约的重要支持国家，参与并积极践行《联合国气候变化框架公约》《京都议定书》《巴黎协定》的要求。2020 年 9 月，在第七十五届联合国大会一般性辩论上，中国首次提出要在 2030 年实现碳达峰、2060 年实现碳中和的目标，充分体现了一个负责任的发展中大国的担当。因为按照目前的规划，从碳达峰到碳中和，中国准备用 30 年的时间来实现；而对一般发达国家来说，从碳达峰到碳中和需要花 50—70 年的时间。中国所用的时间比其他国家更短，任务也就更重。

实现这一目标，中国可谓任重道远，这包括到 2030 年单位 GDP 二氧化碳的排放要比 2005 年下降 65% 以上，单位 GDP 的能源消耗与二氧化碳的排放也要分别下降 13.5% 和 18%。尽管如此，绿色转型是一个过程，不能一蹴而就，要坚持全国统筹、节约优先、"双轮"驱动、内外畅通、防

---

① 厉以宁：《经济与改革：厉以宁文选 2008—2010》，中国大百科全书出版社 2019 年版。
② 厉以宁、傅帅雄、尹俊：《经济低碳化》，江苏人民出版社 2014 年版。

范风险的原则,明确减碳不能搞"一刀切"或者"碳冲锋",减碳不能影响经济发展和国家能源安全。

四 以开放指导构建新发展格局

开放发展是构建新发展格局的必要条件,也为构建新发展格局提供了更多的资源和重要动力。党的十八大以来,以习近平同志为核心的党中央正确把握国际形势深刻变化,高瞻远瞩地提出推动构建人类命运共同体,是开放发展理念的重大创新和集中体现。

构建人类命运共同体是体现全人类共同价值的中国方案。回首世界最近一百多年的历史,虽然各国历史、文化、制度、发展水平不尽相同,但和平与发展是各国人民的共同愿望。从历史维度看,一是国际力量对比发生重大变化,全球经济版图重画,东西方软实力也在消长,一大批新兴市场国家和发展中国家群体性崛起,发达国家主导的国际政治经济秩序已经越来越不适应国际关系新的现实。二是世界的不稳定性、不确定性显著上升,全球性挑战层出不穷,各类非传统安全威胁相互交织,发展鸿沟日益突出,生态和气候环境问题迫在眉睫,新冠疫情威胁全人类的健康、对各国经济社会发展造成深远影响,治理赤字、信任赤字、发展赤字、和平赤字不断加剧。为了应对这些变化和挑战,中国深刻把握人类社会历史经验和发展规律,汲取中华优秀传统文化的思想智慧,秉持和平、发展、公平、正义、民主、自由的全人类共同价值,将"三个世界"理论进一步创新发展,创造性地提出构建人类命运共同体重大倡议,回应全球和平与发展的一系列重大理论问题,展现了胸怀天下、面向未来的宽阔胸襟,为人类社会实现共同发展、长治久安、持续繁荣绘制了蓝图。

构建人类命运共同体也集中阐明了新时代中国开放发展的总目标、基本主张、原则立场。随着中国综合国力不断壮大,国际上有些人开始炮制所谓的"中国威胁论",认为中国发展起来后会搞霸权主义、欺负别人。中国提出构建人类命运共同体就是向世界宣告,"国强必霸"不是历史定律,中国倡导人类命运共同体理念,反对冷战思维和零和博弈,维护国际公平正义,反对把自己的意志强加于人,反对干涉别国内政,反对以强凌弱。无论国际形势如何变化,无论自身如何发展,中国永不称霸。

中国是构建人类命运共同体的首倡者,也是践行人类命运共同体理念的示范者。自提出人类命运共同体理念以来,中国积极倡建中巴、中老、中柬、中越、中缅等双边命运共同体,中国—东盟、中非、中阿等区域命运共同体,倡建网络空间命运共同体、核安全命运共同体、人类卫生健康共同体、人与自然生命共同体、海洋命运共同体、全球发展命运共同体等领域共同体,使人类命运共同体理念在多区域、多领域开枝散叶,深入人心。在新冠疫情暴发后,中国同国际社会守望相助、共克时艰,凝聚国际社会抗疫合作共识,向世界提供了新中国成立以来援助时间最集中、涉及范围最广的紧急人道主义援助,包括向百余国家提供抗疫物资援助,向国际组织提供援款,积极向其他国家开展抗疫技术指导、共享抗疫经验,承诺将新冠疫苗作为全球公共产品,已向世界提供超过20亿剂疫苗,居世界各国之首,以实际行动积极推动国际抗疫合作,为世界应对疫情作出了巨大贡献。

共建"一带一路"是构建人类命运共同体的重要实践平台。自中国2013年提出"一带一路"倡议以来,中国坚持共商共建共享原则,把基础设施"硬联通"作为重要方向,政策沟通不断深化,资金融通不断扩大,设施联通不断加强,贸易畅通不断提升,民心相通不断发展,实现了同共建国家互利共赢。同时,中国还不断致力于推动各国之间实现更高合作水平、更高投入效益、更高供给质量、更高发展韧性,探讨高质量共同发展的新路径。[①]

五 以共享指导构建新发展格局

马克思主义政治经济学的基本理论观点认为生产决定分配,分配反作用于生产。因此,从实践路径来看,共享发展是一个长期过程,首先是把"蛋糕"做大,然后把"蛋糕"分好。因此,在现代化新征程上实现共享发展和共同富裕,不是要改变经过改革开放伟大实践建立起来的社会主义

---

① 尹俊:《以世界眼光关注人类前途命运》,《中国纪检监察报》2022年4月28日第5版。

基本经济制度，不是要改变改革开放以来形成的、经实践检验证明有效的方针政策，如以经济建设为中心，一部分人一部分地区先富起来，先富带动后富等，而是要坚持将发展作为长期的根本任务。但同时要加快对分配制度的改革，加快推进财税、金融、垄断行业、国资国企、土地制度、户籍制度等改革，消除因所有制歧视、行政性垄断和不公平竞争带来的要素报酬与其贡献偏离，缩小因获得要素机会不同造成的收入差距，缩小因政策或市场准入不同造成的行业间收入差距，缩小因编制内外、体制内外、户籍不同带来的劳动报酬差距等。

在社会主义市场经济体制下实现共享发展，需要科学把握资本的特性和规律。资本不是资本主义的专属物，而是实行社会主义市场经济的必然产物，建设社会主义市场经济，必须有资本。资本的本性是逐利，无论是国有资本，还是民间资本、社会资本，都是要逐利的，这是资本的规律。但需要支持资本发挥积极作用，抑制其消极影响，为资本设置"红绿灯"，支持和引导资本规范健康发展，防止资本野蛮生长，但绝不是限制民营企业等非公有制经济发展。

实现共享发展还需要关注弱势群体的发展和保障问题。中国当前已经建成了包括养老（超10亿人）、社会救助、医疗（超13.5亿人）等在内的世界上最大的社会保障体系。在社会保障方面需要鼓励制度创新。比如广东建立了"时间银行"制度，鼓励50—60岁的人先去照顾80岁以上的老人，照料的时间可以存储起来，等他到80岁的时候，就可以用这个时间兑换下一批50—60岁的人来照顾他，这是共享发展的一种创新制度探索。

促进就业是实现共享发展的重要路径。促进就业，既要注意防止总量性失业，也要注意防止结构性失业，即劳动力供给和企业需求不匹配的失业，一方面企业招不到合适的人，另一方面人们找不到工作。缓解总量性失业，需要保持合理的经济增长，但美国经济学家奥肯认为经济增长和就业增长是不对称的，即不是同时发生的，这也被称为"奥肯定律"，因此还需要大力发展民营企业、鼓励企业迁移到失业率较高的地区等其他因素的配合增强经济体系的岗位供给能力。缓解结构性失业，一是要加强职业技术培训；二是要鼓励知识技术密集型企业、资本密集型企业、劳动密集型企业同时发展；三是要鼓励企业向合适地区转移，在产业转移过程中实现区域协调发展、产业升级和解决就业问题；四是要鼓励城乡居民自行创业，发挥他们的积极性和专长；五是要鼓励灵活性就业。

六　以安全指导构建新发展格局

联合国《发展权利宣言》确认发展权利是一项不可剥夺的人权。作为一个拥有14亿多人口的发展中国家，发展是解决中国所有问题的关键，也是中国共产党执政兴国的第一要务。我国仍处于并将长期处于社会主义初级阶段，因此，我们提出构建新发展格局，核心是为了促进发展。但是在发展的过程中，需要统筹发展与安全。①党的十九届五中全会首次把统筹发展与安全列入"十四五"时期我国发展的指导思想。党的二十大报告强调"以新安全格局保障新发展格局"②。安全是一个系统的概念，当前的安全挑战主要包括：意识形态斗争、改革进入深水区，挑战着政治安全；经济增速换挡、转型升级、防范化解重大风险，粮食、能源、战略矿产资源、产业链、基础设施、金融、物流等方面安全和安全生产，考验着经济安全；气候变化、世纪疫情，考量着生态安全；地缘纷争、大国博弈，威胁着国土安全；信息爆炸、网络泄密，挑战着网络安全……

新发展格局不能简单等同于"双循环"和"畅通"，它与我国所面临的错综复杂的发展环境息息相关，是从量变到质变的产物，应当在发展中更加着重考虑安全因素，努力实现发展和安全之间的动态平衡，其核心要义在于统筹发展和安全。要从不稳定性和不安全性去把握我国经济发展的新变化，提高自身忧患意识，确保市场主体安全和财政安全，走坚持发展和安全并重之路。因此，需要在构建新发展格局的过程中树立总体国家安全观，建立覆盖多领域的一体化国家安全体系，应对当下错综复杂的各类发展与安全挑战，这是构建新发展格局的应有之义。

---

① 习近平：《把握新发展阶段，贯彻新发展理念，构建新发展格局》，《求是》2021年第9期。

② 习近平：《高举中国特色社会主义伟大旗帜　为全面建设社会主义现代化国家而团结奋斗——在中国共产党第二十次全国代表大会上的报告》（2022年10月16日），人民出版社2022年版，第52—53页。

第二节　经济发展新格局的重点任务

总体来看，构建新发展格局要把握一个基点、畅通四大环节、实现六大循环以及国内国际双循环，这构成了新发展格局的四梁八柱和重点任务。

一　把握一个基点

（一）以扩大内需为战略基点

习近平总书记指出："构建新发展格局，要坚持扩大内需这个战略基点，使生产、分配、流通、消费更多依托国内市场，形成国民经济良性循环。"[①] 从世界发展史看，大国经济的特征都是内需为主导、内部可循环。中国作为全球第二大经济体和制造业第一大国，作为一个人口众多和超大市场规模的社会主义国家，有4亿多中等收入群体在内的14亿多人口所形成的超大规模内需市场，这是构建新发展格局的重要支撑，也是大国经济优势所在。2008年国际金融危机以后，我国经济向国内大循环为主体进行转变，经常项目顺差同国内生产总值的比率大幅下降，国内需求对经济增长的贡献率有多个年份超过百分之百。

我国市场规模位居世界前列，今后潜力更大。尤其是我国基于国内大市场形成的强大生产能力，能够促进全球要素资源整合创新，最大限度发挥规模效应和集聚效应。因此，构建新发展格局，要努力培育全球最大市场，这是我们最大的竞争力。

（二）加快培育完整内需体系

第一，激发消费动力活力。党的十八大以来，我国消费市场规模不断扩大，已经成为全球最大的消费市场，而且消费转型升级也不断推进。但

[①] 习近平：《关于〈中共中央关于制定国民经济和社会发展第十四个五年规划和二〇三五年远景目标的建议〉的说明》，《人民日报》2020年11月4日第1版。

总体上，消费能力与消费品质还有待改善。尤其是在新冠疫情的冲击下，消费疲软问题比较突出，未来需要多措并举，以消费为重点，不断扩大内需市场。一是要培育新消费市场，促进消费转型升级。不断扩大传统消费市场规模的同时，扩大数字消费、绿色消费、文旅消费等新型服务消费的市场规模，促进消费高品质转型升级。培育中高端消费新增长点，开拓城乡消费市场，持续释放消费潜力。二是促进居民综合收入增加，提高消费能力。健全最低工资标准调整机制，优化工资合理增长的保障机制，提高劳动收入份额，不断缩小收入差距水平。加大对农村的财政支持力度，在全面建成小康社会之后，做好乡村振兴有效衔接工作，建立农民长效增收机制。完善社会保障制度，提高教育、医疗、养老、育幼等公共服务支出效率，促进基本公共服务均等化，消除居民消费后顾之忧。三是健全消费促进机制，健全消费支撑政策体系。持续深化改革，破除消费隐性壁垒，促进不同地区的消费规则、标准和政策的统一。加大消费基础设施和服务保障能力建设，构建城乡融合消费网络，扩大电子商务进农村覆盖面，改善县域消费环境，推动农村消费梯次升级。鼓励有条件的地区给予一定的消费补贴或者信贷贴息支持，加大对农村商贸流通和居民消费的金融支持力度。加强消费执法监管，保障消费者合法权益。

第二，积极扩大有效投资。改革开放以来，投资对中国经济高速增长起到了根本性的支撑作用，但也不可避免地造成了重复投资和一些领域的投资短板等问题。未来需要持续重视投资的重要作用，不断扩大有效投资水平。一是持续优化投资结构，保持投资合理增长，适度超前开展基础设施投资，增强基础设施的引领作用。新增投资领域要聚焦国家重大发展战略需求，以"两新一重"为重点，向区域协调发展、共同富裕、碳达峰碳中和、生态安全、科技创新等领域倾斜，避免重复建设以及出现新的产能过剩问题，不断提高投资在促发展、惠民生、强后劲、促协调、可持续等方面的质量和效益。另外，还要坚持"房住不炒"的原则，将重点放到持续增加保障性租赁住房的投资方面来。二是深化投融资体制改革，优化投资环境，形成良好投资预期。坚持以市场为导向、以企业为主体，不断健全风险可控、收益可预期的多元化融资体系。持续加大财政投资支持力度，尤其是在民生、环境、科技创新等外部性较强的领域，要发挥国有企业的投资主导作用；深化简政放权、放管结合、优化服务改革，提高政府服务能力，打造市场化、法治化、国际化的营商环境，充分尊重企业的市场主体地位，对不同所有权属性的企业一视同仁、平等对待，提高社会资本的投资吸引力；健全多层次资本体系，提高直接融资比重，提高市场融资的比重，增强区域性股权交易市场、新三板、创业板、科创板以及沪深主板架构的多层次资本体系的互补性、协调性，更好地服务于科技创新、绿色发展、共同富裕、重大基础设施建设等领域的国家发展战略需求。

二 畅通四大环节

构建新发展格局是构建全国统一大市场基础上的国内大循环，不是各地的自我小循环。因此，这就需要畅通全国统一大市场的生产、分配、消费、流通四个重要环节，构建大生产、大分配、大流通、大消费和大市场。

（一）打通生产堵点

生产环节的核心是畅通创新链、产业链和供应链，前提是确保关键核心技术自主的供给。需要注意的是，当前在外部环境深刻变化，特别是中美贸易摩擦的背景下，我国的产业链存在短板和风险，迫切要求补链强链，增强抵御风险能力。[1] 打通生产堵点的环节，要着重实现创新链、供应链、产业链以及价值链"四链循环"，保障产业链、供应链安全稳定，打造网主企业和节点企业（DIM），推动产业链升级、产业网络升级、产业生态升级。

（二）打通分配堵点

打通分配堵点的环节，核心是构建初次分配、二次分配以及三次分配在内的基础制度安排，通过"扩中"和"提低"，即扩大中等收入群体规模，进而形成橄榄型社会，不断缩小收入差距，实现共同富裕。一是健全

---

[1] 王一鸣：《百年大变局、高质量发展与构建新发展格局》，《管理世界》2020 年第 12 期。

初次分配机制，提高劳动收入份额比重。充分发挥市场的资源配置决定作用，探索打造全时经济、零工经济等新模式，创新个人时间分配价值等，提高劳动收入份额占国民收入的比重。[①] 二是健全现代财税体系，加大税收、社会保障、转移支付等调节力度和公平性，提高对西部及乡村地区的财政补贴以及转移支付力度，适度加大社保支出再分配调节力度，改善再分配公平性。三是发挥三次分配的增量作用。发挥社会公益和社会救助对初次、再次分配的补充作用，提高道德力量在实现共同富裕进程中的调节作用。

（三）打通流通堵点

畅通经济循环不仅仅是畅通物流，搞低层次物流循环，而是整体流通环节的畅通，重在加强流通体系建设和畅通金融与实体经济循环。打通流通堵点的环节要做到减少交易环节、降低交易费用、提高流通效率，打造涵盖交通、通信、融通与物流的大流通体系，加强现代流通体系建设，完善硬件和软件、渠道和平台，推动陆域、海域、空域和网络领域统筹布局和一体发展，实现创新链和产业链的有效衔接，进而夯实国内国际双循环的重要基础。

（四）打通消费堵点

消费环节的重点是扩大居民消费和推动消费升级。我国拥有 14 亿多的人口总量，消费市场潜力巨大。近年来，尤其是新冠疫情后，我国消费市场受到较大的影响。因此，打通消费堵点的环节着重从供给和需求两端探讨促进消费升级以及提高居民收入的任务，提升传统消费、新型消费、公共消费、服务业消费、假日消费等消费类型，不断改善消费的环境。深化供给侧结构性改革是打通消费堵点的重要措施，通过供给侧结构性改革，增强供给体系对国内需求的适配性，可以形成需求牵引供给、供给创造需求的更高水平动态平衡，进而打通制约消费的关键堵点。

---

① 李海舰、李燕：《对经济新形态的认识：微观经济的视角》，《中国工业经济》2020 年第 12 期。

三 实现六大循环

构建双循环新发展格局,核心是要畅通国内大循环,降低对外依赖度,以国内大循环为基础参与国际大循环;并利用国际循环促进国内大循环,做到国内国际双循环相互促进,最终实现经济高质量发展。[①] 立足"循环"这一个"核心",可将国内经济新格局分解为六个方面的循环:生产要素流动循环、供给需求动态适配、实体经济虚拟经济循环、一二三产业循环、区域经济循环和城乡经济循环。

(一)生产要素流动循环

畅通生产要素流动循环必须做到以下三点:第一,深化城市户籍制度、农村土地"三权分置"等制度改革,防止市场垄断和行政分割,破除土地、劳动力等要素自由流动的壁垒和障碍,降低要素使用和流通成本。第二,加快建设统一开放、竞争有序的高标准市场体系,建立公平开放透明的市场规则和法治化营商环境,打破行政性垄断和政府干预,使价格机制真正引导资源配置,提高要素配置效率。第三,大力发展知识、技术、数据等新型要素,健全大数据、人工智能、基因技术等新领域新业态知识产权保护制度,加快培育技术和数据要素市场,研究、制定和完善数据要素市场的法律法规和政策措施,强化数据要素赋能作用。

(二)供给需求动态适配

供给需求动态适配是国内高质量循环的内在要求和宏观表现。当前和今后一个时期,我国经济运行面临的主要矛盾仍然在供给侧,供给结构不能适应需求结构变化,产品和服务的品种、质量难以满足多层次、多样化市场需求。必须提高供给体系对国内需求的满足能力,以创新驱动、高质量供给引领和创造新需求。同时还要高度重视需求侧管理,坚持扩大内需这个战略基点。

在具体要求方面,从供给侧看,要深化供给侧结构性改革,提升供给

[①] 陈兵:《数据要素赋能"双循环"新发展格局》,《国家治理》2020年第3期。

体系对国内需求的适配性。一方面要坚持实施创新驱动战略，全面加强知识产权保护工作，强化国家科技战略力量，加强科技创新和技术攻关，提高基础研究和原始创新能力，提高关键环节、关键领域、关键产品保障能力。另一方面要持续推动产业结构升级，不断发展新模式、新业态、新技术、新产品，改善供给结构，提高供给质量。从需求侧而言，重点是国内投资需求和消费需求。投资需求要协同推进"硬"基础设施和"软"基础设施，既要创新基础设施投资，推动"老基建"与"新基建"相互补充，构建现代化基础设施体系，也要加大人力资本投资、人文投资、生态投资以及公共服务投资等投资需求，推动教育和未来产业、科技与全新经济的精准对接。消费需求不仅要深化收入分配体制改革，稳步提高居民收入，也要助力扩大消费需求，创造多层次需求体系。

（三）实体经济虚拟经济循环

实体经济虚拟经济良性循环是国内高质量循环的重要支撑。习近平总书记在主持中共中央政治局第十三次集体学习时强调，金融活，经济活；金融稳，经济稳。经济兴，金融兴；经济强，金融强。经济是肌体，金融是血脉，两者共生共荣。[1] 加强实体经济虚拟经济循环，需要从以下三个方面着手：第一，加快人工智能、5G、区块链等关键核心技术创新，推动金融科技发展模式创新和产业融合。加快金融基础设施建设，发挥"ABCD+"金融底层技术乘数效应，加速金融机构全流程数字化水平，降低信息不对称程度，提供更加安全、精准的融资产品和服务，精准对接创新、绿色、消费等不同层次融资需求。第二，改善金融供给结构，建立多层次、广覆盖、有差异的金融体系。大力提高直接融资比重，改革优化政策性金融，构建与产业、技术结构和企业的特性相匹配的最优金融结构。第三，完善金融服务实体的体制机制建设。善用结构性货币政策工具，发挥好再贷款再贴现和直达实体经济货币政策工具的牵引带动作用，加大对科技创新、小微企业和绿色发展的金融支持。优化风险评估机制，调整考核机制，健全激励机制，引导金融机构提升服务实体经济的能力。

---

[1] 习近平：《深化金融供给侧结构性改革　增强金融服务实体经济能力》，《人民日报》2019年2月24日第1版。

(四) 一二三产业循环

"新技术群"引致产业革命，重塑产业、产品、市场、员工、企业等内涵，变革传统生产方式和生产关系。促进一二三产业循环，要从以下三个方面着手：第一，基于"新技术群"，打造"全产业链""全生态圈"。利用新一代信息技术，依靠数据驱动、软件支撑、平台链接和系统集成，细化产业分工，创新经济业态，引导三次产业向上、中、下游延长产业链，促使产业纵向深化、横向整合、融合发展。第二，加强三次产业融合发展的要素支撑。完善"云—网—端"等新型基础设施建设，加强创新型、应用型、复合型人才培养，打造专业性、综合性公共服务业平台和共性技术平台，制定新时期数字农业、服务型制造业等新型行业标准体系。第三，完善产业融合制度环境。设计农业、工业和服务业融合发展的政策体系，消除三次产业在财政、税收、金融、科技、要素价格等方面的政策差异，以政策融合带动产业融合。放宽市场准入，破除农业企业、制造业企业进入服务业的各种壁垒，营造公平高效竞争的市场营商环境。

(五) 区域经济循环

区域经济循环包括东西经济循环和南北经济循环。东西经济循环是国内要素和产业梯度转移的空间载体。促进东西部经济循环，主要措施包括：第一，根据发展阶段和要素禀赋结构差异，推动经济要素和产业梯度转移。东部经济发达、人口密集、人工成本高、土地资源少，西部经济相对落后，劳动力和土地资源丰富，西部地区依靠要素禀赋的比较优势，通过承接东部产业，在区域之间形成辐射和联动发展。第二，落实主体功能区规划，试点推进东西部生态补偿机制。根据全国整体发展规划及各地具体情况，我国大部分限制开发区域和禁止开发区域都位于西部地区，必须严格落实主体功能区规划，推进东西部省际财政转移支付工作，大力实施"东部—西部"对口援建，试点实施东部对西部的生态补偿机制。第三，探索跨区域政府绩效考核机制。引导东西部省份以股份合作的模式进行"飞地园区"共建，探索实施跨区域经济核算，允许GDP、工业产值、税收等统计数据在合作地区之间分解，将"飞地经济"发展状况纳入两地政府绩效考核范围，加大双方人才交流力度和考核机制，提升东部地区高级管理人才参与西部省份"飞地园区"建设的积极性。

党的十八大以来，南北在经济、社会、生态和民生领域差距逐渐扩大，成为制约区域协调发展的一大障碍。[①] 畅通南北经济循环，重点措施包括：第一，大力培育北方新经济、新动能，加速北方经济转型。加大北方人力资本建设和吸引力度，加大基础研究和产学研一体化投入，优化配置北方教育、科技、金融等创新要素。利用新一代信息技术加速传统产业转型，推动产业向高端化、智能化、绿色化转型，提升北方产业价值链位置，增强经济韧性。第二，推进海陆联动，将南北产业链条嵌入洲际经济循环。基于中欧班列和海上丝绸之路，基于海运和铁路运输两种不同成本—时效的运输方式组合，将南北产业链条融入亚欧非经济循环，形成一个覆盖亚欧非的经济大循环，以整体联动发展带动南北经济内部循环。第三，加大政府转移支付力度，推进公共服务均等化。推进养老保险实现全国统筹，加大养老保险金结余富余省份对养老保险金负担较重地区的支持，解决区域发展不平衡的问题。加大政府转移支付力度，提高不同区域人民的生活质量。

（六）城乡经济循环

中国城乡关系在经历了城乡二元分割、以城市为重点的城乡关系调整、城乡统筹发展之后，进入城乡融合发展新阶段。[②] 新时期促进城乡经济循环的主要措施包括：第一，打通城乡要素流动体制机制障碍，推动城乡要素平等交换、双向流动。深化城市户籍制度改革，放宽落户限制，完善差别化落户政策，健全农业转移人口市民化机制。改革农村土地承包权、宅基地使用权、集体收益分配权，畅通"三权"自愿有偿市场化退出渠道，实现乡村资源要素价值。第二，推动农村一二三产融合发展，加快农业农村现代化。加强农村新型基础设施建设，利用5G、互联网、人工智

[①] 许宪春、雷泽坤、窦园园、柳士昌：《中国南北平衡发展差距研究——基于"中国平衡发展指数"的综合分析》，《中国工业经济》2021年第2期。

[②] 李海舰、杜爽：《中国现代化国家建设中的"十化"问题》，《经济与管理》2021年第1期。

能等"新技术群",发展数字农业、智慧农业、生态农业,提高农业附加值和产业竞争力,增加农民可支配收入。挖掘农民消费需求,扩大国内消费市场,降低城乡消费不平等。第三,全面实施乡村振兴战略,推动城乡公共服务均等化。完善财政转移支付体系,加强农村教育医疗、环境卫生、市政公用等公共服务设施,改善乡村风貌、提高农民生活水平,完善乡村治理,构建适应乡村发展的现代化治理体系。

四 实现国内国际双循环

习近平总书记指出,既不能片面强调"以国内大循环为主",主张在对外开放上进行大幅度收缩,也不能片面强调"国内国际双循环",不顾国际格局和形势变化,固守"两头在外、大进大出"的旧思路。[①] 构建新发展格局是开放的国内国际双循环,不是封闭的国内单循环。国内国外的循环是能够相得益彰、相互促进的,在新发展格局执行,我国对世界经济的影响会逐渐增大,为世界各国带去更多的发展机遇,国际循环也能够提升和带动我国国内循环的质量。[②]

换言之,我们要准确把握国内大循环和国内国际双循环的关系。从国内大循环与国内国际双循环的关系看,国内循环是基础,国际市场是国内市场的延伸,二者是统一体。发挥我国超大规模市场优势,将为世界各国提供更加广阔的市场机会,依托国内大循环吸引全球商品和资源要素,打造我国新的国际合作和竞争优势。但一个国家不可能什么都自己做,不可能放弃国际分工与合作。因此,必须要坚持开放合作的双循环,通过强化开放合作,更加紧密地同世界经济联系互动,提升国内大循环的效率和水平。正因如此,推动双循环,本质上就是国内促进国际循环,国际促进国内循环。[③]

[①] 中共中央宣传部、国家发展和改革委员会:《习近平经济思想学习纲要》,人民出版社、学习出版社2022年版,第59页。
[②] 韩文秀:《加快构建新发展格局》,《人民日报》2021年12月10日第9版。
[③] 刘鹤:《加快构建以国内大循环为主体、国内国际双循环相互促进的新发展格局》,《人民日报》2020年11月25日第6版。

（一）国内促进国际循环

构建新发展格局，必须具备强大的国内经济循环体系和稳固的基本盘。国内循环越顺畅，越能形成对全球资源要素的引力场，越有利于构建以国内大循环为主体、国内国际双循环相互促进的新发展格局，越有利于形成参与国际竞争和合作新优势。

中国是个大国经济体，内部市场的规模庞大，中国的开放市场对于维护全球经济和贸易的增长，对于改善与贸易伙伴的不平衡具有重要意义。[1] 在新发展格局下，中国市场将为世界各国创造更多需求。当前，中国人口众多，有巨大需求。尽管受到疫情冲击，中国货物贸易进口规模已基本恢复到疫情之前的水平。同时，中国进一步降低了关税和制度性成本，培育了一批进口贸易促进创新示范区，扩大了对各国高质量产品和服务进口，为各国提供了更广阔的市场机会，为世界经济稳定发展提供了更强劲动力。[2]

此外，在新发展格局下，中国开放的大门将进一步敞开，同世界各国共享发展机遇。与此同时，中国还积极地参与国际分工，更加有效地融入全球产业链、供应链、价值链，更加主动地扩大对外交流合作，推动高质量共建"一带一路"，为推动世界共同发展、构建人类命运共同体贡献力量。[3] 这些政策和具体实践对国际循环有重要的促进作用。

（二）国际促进国内循环

构建新发展格局，既要持续深化商品、服务、资金、人才等要素流动型开放，又要稳步拓展规则、规制、管理、标准等制度型开放，进而可以实现以国际循环提升国内大循环效率和水平，改善中国生产要素质量和配置水平。换言之，要通过参与国际市场竞争，增强中国出口产品和服务竞争力，推动我国产业转型升级，增强中国在全球产业链供应链创新链中的

---

[1] 张军：《大国经济发展需更开放市场》，《中国工业经济》2020 年第 12 期。

[2] 习近平：《在亚太经合组织工商领导人对话会上的主旨演讲》，《人民日报》2020 年 11 月 20 日第 1 版。

[3] 习近平：《在亚太经合组织工商领导人对话会上的主旨演讲》，《人民日报》2020 年 11 月 20 日第 1 版。

影响力。当前，中国企业的利益已延伸到全球各个角落，深度融入国际循环，就可以深度了解国际事务，深入研究利益攸关国、贸易伙伴国、投资对象国的情况，同时促进自身实力的提升。

在实践中，要着眼国际循环的大趋势，立足国内大循环，发挥比较优势，充分利用国内国际两个市场两种资源，促进国内经济高质量发展，优胜劣汰。同时，要完善国内生产、分配、消费、流通循环体系，实现"以对外开放促进国内循环"。

第 七 章

经济发展新格局的构建路径

在具体实施过程中，构建新发展格局要以改革创新为根本动力，努力促进经济循环流转和产业关联畅通，深化改革、扩大开放、推动科技创新和产业结构升级，扫除阻碍国内大循环和国内国际双循环畅通的制度、观念和利益羁绊。

第一节 实现科技自立自强

实现科技自立自强必须高度重视科技自主创新，通过加快完善科技体制改革等措施用好"组合拳"，运用好多种制度措施激励自主创新。

一 高度重视科技自主创新

构建新发展格局最本质的特征是实现高水平的自立自强。[①] 这句话的含义是，新发展格局的本质特征是中国现代化进程发展到新发展阶段后的高水平的自强自立，构建新发展格局是与现代化新阶段相适应的经济现代化路径，是中国基于自身资源禀赋和发展路径而探索的、以自立自强为本质特征的、突破"依附性"、具有"替代性"的一种经济现代化模式，是一种充分利用大国经济优势、围绕自主创新驱动经济循环畅通无阻的经济

---

① 习近平：《把握新发展阶段，贯彻新发展理念，构建新发展格局》，《求是》2021年第9期。

现代化战略。① 当前，我国经济发展环境发生了变化，特别是生产要素相对优势发生了变化。劳动力成本在逐步上升，资源环境承载能力达到瓶颈，旧的生产函数组合方式已经难以持续，科学技术的重要性全面上升。在这种情况下，我们要清醒地意识到，立足点要放在自主创新上。再加上以美国为首的西方国家为维持科技霸权地位，采取打压、封锁等手段阻遏中国科技发展，科技安全成为国家安全的重要组成部分。当前，必须坚持问题导向，面向国民经济和社会发展重大问题，及早解决在一些关键技术和设备上受制于人的问题，实现高水平科技自立自强。

当然，强调自主创新，绝不是要关起门来搞创新。在经济全球化深入发展的大背景下，创新资源在世界范围内加快流动，各国经济科技联系更加紧密，任何一个国家都不可能仅仅依靠自己的力量解决所有创新难题。要深化国际交流合作，充分利用全球创新资源，在更高起点上推进自主创新，并同国际科技界携手努力，为应对全球共同挑战作出应有的贡献。

二 打好"组合拳"，实现高水平科技自立自强

实现高水平科技自立自强，要做到：（1）全面加强对科技创新的部署，强化顶层设计。面向"世界科技前沿、经济主战场、国家重大需求、人民生命健康"四个维度，强化国家战略科技力量，深入实施科教兴国战略、人才强国战略、创新驱动发展战略，完善国家创新体系。（2）充分发挥新型举国体制优势。在国家层面汇聚各方力量，集中优势资源，有力有序推进创新攻关的"揭榜挂帅"体制机制，研究"卡脖子技术""捅破天技术"，超前布局前瞻性基础研究和前沿引领技术研究开发任务，布局关键核心技术重点突破；加强创新链和产业链对接，明确路线图、时间表、责任制，适合部门和地方政府牵头的要牵好头，适合企业牵头的政府要全力支持。（3）发挥企业在科技创新中的主体作用。支持领军企业组建创新联合体，带动中小企业创新活动，加强创新链和产业链对接，提高企业科

---

① 黄群慧：《新发展格局的理论逻辑、战略内涵与政策体系——基于经济现代化的视角》，《经济研究》2021年第4期。

技创新服务实体经济的能力和水平；中央企业等国有企业要勇挑重担、敢打头阵，勇当原创技术的"策源地"、现代产业链的"链长"。（4）深入科技体制改革，完善国家科技治理体系。加强知识产权保护，提高知识产权质量。巩固和加强基础研究，注重原始创新。科技创新最终取决于人才和教育，要充分激发人才创新活力，全方位培养、引进、用好人才，造就更多国际一流的科技领军人才和创新团队，培养具有国际竞争力的青年科技人才后备军。要建设高质量教育体系，推动全社会加大人力资本投入，加强基础研究人才培养，加强创新型、应用型、技能型人才培养，造就一批具有国际水平的战略科技人才、科技领军人才、创新团队。（5）发展高水平国际科技合作。采取开放包容式合作思维、互惠共享型合作战略，更加主动地融入全球创新网络，在世界各地成立研发中心，推进国际科技交流合作，设立面向全球的科学研究基金，通过高水平开放合作提升自身的科技创新能力。此外，还要为科学家和留学生回国从事研究开发、学习、工作和生活提供良好环境和服务保障，让他们人尽其才、才尽其用、为国效力。

第二节 提升产业链供应链稳定性竞争力

提升产业链供应链稳定性竞争力必须加快构建自主可控、安全高效的产业链供应链，补充短板、拉齐长板，进一步提高企业根植性，提升产业链供应链韧性和安全水平。

一 着力构建自主可控、安全高效的产业链供应链

产业链供应链稳定安全是构建新发展格局的基础，也是稳固国内大循环主体地位、增强在国际大循环中带动能力的迫切需要。习近平总书记强调，产业链供应链在关键时刻不能掉链子，这是大国经济必须具备的重要特征。[①] 中国制造业规模居全球首位，完备的产业体系、强大的

---

① 习近平：《国家中长期经济社会发展战略若干重大问题》，《人民日报》2020年11月1日第1版。

动员组织和产业转换能力，为经济社会发展提供了重要物质保障。同时，我国产业链供应链存在风险隐患，产业基础投入严重不足，产业链整体上处于中低端，大而不强、宽而不深。因此，要着力提升产业链供应链稳定性和产业综合竞争力，在关系国计民生和国家经济命脉的重点产业领域形成完整而有韧性的产业链供应链，着力打造自主可控、安全可靠的产业链供应链。

二 拉长板与补短板

一方面，要拉长长板，巩固提升优势产业的国际领先地位，锻造一些"撒手锏"技术，持续增强各领域的全产业链优势，提升产业质量，拉紧国际产业链对我国的依存关系，形成对外方人为断供的强有力反制和威慑能力。另一方面，要补齐短板，实施好关键核心技术攻关工程，尽快解决一批"卡脖子"问题，在关系国家安全的领域和节点构建自主可控、安全可靠的国内生产供应体系，力争重要产品和供应渠道都至少有一个替代来源，形成必要的产业备份系统，在关键时刻可以做到自我循环，确保在极端情况下经济正常运转。解决好国产化产品不愿用、不敢用问题，构建国产首台（套）产品大规模市场应用的生态系统，努力解决基础研究"最先一公里"和成果转化、市场应用"最后一公里"有机衔接问题，打通产学研创新链价值链。在国际经贸谈判中推动形成维护全球产业链供应链安全、消除非经济因素干扰的国际共识和准则，力争通过国际合作阻止打击全球产业链供应链的恶劣行为，维护产业链供应链的全球公共产品属性，坚决反对把产业链供应链政治化、武器化。[①]

三 提高企业根植性

制造业是我国经济命脉所系，是立国之本、强国之基。推动制造业高质量发展，要采取有力措施提高企业根植性，促进产业在国内有序转移，

---

① 中共中央宣传部、国家发展和改革委员会：《习近平经济思想学习纲要》，人民出版社、学习出版社2022年版，第148页。

即使向外转移也要想方设法把产业链关键环节留在国内。

当前，提高企业根植性不仅是应对复杂多变的国际环境和国内资源禀赋条件变化的要求，也是形成具有更强创新力、更高附加值、更安全可靠的产业链供应链的需要，对于构建新发展格局、推进高质量发展具有重要意义。总的来看，企业根植性依托于产业所处国家的要素禀赋条件与产业生态，也受到经济社会环境的影响，这包括人才制度、创新能力、产业生态、国内需求和市场等多方面因素的作用。未来，需要从如下几个方面发力，提高企业根植性。第一，高度重视制造业的发展。第二，改善制造业发展环境。第三，培养高素质制造业人才。第四，加大制造业的研发投入。第五，保持制造业产业链相对完整。第六，加强制造业产业链能力建设。[①]

第三节　全面深化改革、完善社会主义市场经济体制

全面深化改革、完善社会主义市场经济体制不仅是我国经济进入高质量发展阶段的客观需要，也是彰显社会主义基本经济制度显著优势的重要标志，为此需要加快建立全国统一大市场、加快建设完善高标准市场体系。

一　建立全国统一大市场

建设全国统一大市场是构建新发展格局的基础支撑和内在要求。2022年4月10日，中共中央、国务院发布了《关于加快建设全国统一大市场的意见》，从全局和战略高度为今后一个时期建设全国统一大市场提供了行动纲领。

该意见指出，加快建设全国统一大市场的主要目标是：持续推动国内市场高效畅通和规模拓展；加快营造稳定公平透明可预期的营商环境；进

---

① 李晓华：《立足现实基础：增强制造业根植性》，《经济日报》2021年4月28日第10版。

一步降低市场交易成本；促进科技创新和产业升级；培育参与国际竞争合作新优势。工作原则是：立足内需，畅通循环；立破并举，完善制度；有效市场，有为政府；系统协同，稳妥推进。该意见坚持问题导向、立破并举，从六个方面明确了加快建设全国统一大市场的重点任务。从立的角度，明确要抓好"五统一"。一是强化市场基础制度规则统一，二是推进市场设施高标准联通，三是打造统一的要素和资源市场，四是推进商品和服务市场高水平统一，五是推进市场监管公平统一。从破的角度，明确要进一步规范不当市场竞争和市场干预行为。该意见还强调，要加强党的领导，完善激励约束机制，优先推进区域协作，形成工作合力。

当前建立全国统一大市场，要加快建立全国统一的市场制度规则，打破地方保护和市场分割，打通制约经济循环的关键堵点，促进商品要素资源在更大范围内畅通流动，加快建设高效规范、公平竞争、充分开放的全国统一大市场，全面推动我国市场由大到强转变，为建设高标准市场体系、构建高水平社会主义市场经济体制提供坚强支撑。

二　建设高标准金融体系和物流体系

建立高标准市场体系，还需要推动金融更好地服务实体经济，健全现代流通体系。金融是实体经济的血脉。要坚持以服务实体经济为方向，对金融体系进行结构性调整，大力提高直接融资比重，改革优化政策性金融，完善金融支持创新的政策，发挥资本市场对于推动科技、资本和实体经济高水平循环的枢纽作用，提升金融科技水平。流通是畅通经济循环的重要基础。要构建现代物流体系，完善综合运输大通道、综合交通枢纽和物流网络。要实施高标准市场体系建设行动，健全要素市场运行机制，加强社会信用体系和结算体系建设，降低制度性交易成本。

第四节　数字技术为新发展格局赋能

当今世界，互联网、大数据、云计算、人工智能、区块链等技术加速创新，世界经济加速向以网络信息技术产业为重要内容的经济活动转变，为构建新发展格局赋予了重要动力。

一　用好数字经济，助力构建新发展格局

党的十八大以来，发展数字经济上升为国家战略。习近平总书记指出，发展数字经济是把握新一轮科技革命和产业变革新机遇的战略选择，是新一轮国际竞争重点领域。[①] 可以通过不断做强做优做大我国数字经济，建设网络强国、数字中国、智慧社会，加强数字社会、数字政府建设，提升公共服务、社会治理等数字化智能化水平，进而助力打通生产、消费、分配与流通环节，助力双循环新发展格局的形成与发展。具体而言，要大力激发数字经济的线上消费，在促进新型基础设施投资，同时围绕产业数字化转型面临的关键技术能力不强、资金短缺、人才不足等问题作出有效的制度安排，为加快构建新发展格局提供重要支撑。[②]

二　推动产业数字化升级

用好数字技术为新发展格局赋能，要在用好新一轮技术革命带来的"新技术群"和新经济模式的基础上，推动产业和企业数字化升级，激发市场主体活力，促进平台经济、共享经济健康发展，加快推动数字经济和实体经济融合发展。具体而言，一是把握数字化、网络化、智能化方向，以信息化、智能化为杠杆培育新动能。二是以信息流带动技术流、资金流、人才流、物资流，促进资源配置优化，促进全要素生产率提升，为推动创新发展、转变经济发展方式、调整经济结构发挥积极作用。三是通过数字技术催生新产业新业态新模式，推进数字产业化。四是深入实施工业互联网创新发展战略，发挥数据的基础资源作用和创新引擎作用。五是利用互联网新技术新应用对传统产业进行全方位、全角度、全链条的改造，发挥数字技术对经济发展的放大、叠加、倍增作用；加速推进制造业向数字化、网络化、智能化转型，以智能制造为主攻方向推动产业技术变革和

[①] 中共中央宣传部、国家发展和改革委员会：《习近平经济思想学习纲要》，人民出版社、学习出版社2022年版，第119页。

[②] 许宪春：《发展数字经济　助力构建新发展格局》，《人民日报》2021年4月20日第7版。

优化升级，推动制造业产业模式和企业形态根本性转变；加快农业和服务业数字化、网络化、智能化，帮助广大农民增加收入，促进基本公共服务均等化。[①]

[①] 中共中央宣传部、国家发展和改革委员会：《习近平经济思想学习纲要》，人民出版社、学习出版社 2022 年版，第 121 页。

第三篇

政治文明新格局

第 八 章

政治文明新格局的科学内涵

坚持党的领导、人民当家作主、依法治国有机统一是社会主义政治文明建设的核心要求。党的十八大以来，习近平总书记高度重视社会主义政治文明建设，积极落实"四个全面"布局，赋予了社会主义政治文明新的核心内涵，推动社会主义政治文明建设迈向了新境界、呈现新格局。党的二十大报告进一步明确要求，坚持和加强党的全面领导，坚决维护党中央权威和集中统一领导，发展全过程人民民主，保障人民当家作主，坚持全面依法治国，推进法治中国建设。[①] 这为新时代开辟政治文明新格局构建新境界指明了方向。

第一节 社会主义政治文明内涵特征

社会主义政治文明较其他社会形态政治文明具有历史超越性，坚持党的领导、人民当家作主和依法治国的有机统一，是社会主义政治文明的三大本质特征。

一 社会主义政治文明内涵

政治文明是指人类在改造社会过程中的政治成果总和，表现为一种根

[①] 习近平：《高举中国特色社会主义伟大旗帜　为全面建设社会主义现代化国家而团结奋斗——在中国共产党第二十次全国代表大会上的报告》（2022年10月16日），人民出版社2022年版，第26—40页。

本性、全局性的生产关系，政治文明发展水平与发展形态是与一定社会形态下的生产力发展密切相关的。马克思最早在1844年《关于现代国家的著作的计划草稿》一文中，提出了政治文明的概念。[1] 政治文明发展阶段与社会形态密切相关，取决于不同社会形态下的生产力与生产关系动态适配关系，呈现出从低级到高级的发展过程。[2] 社会主义政治文明较其他社会形态政治文明具有历史超越性特征。一般而言，资本主义政治文明反对奴隶社会、封建社会下的政治专制制度，倡导生产资料私有制生产关系主导下的资产阶级民主政治和政治文明，具有一定的历史进步性，而社会主义政治文明立足于"公有制为主体、多种所有制经济共同发展"的基本经济制度，不仅能更好地适应社会化大生产的要求、促进解放和发展生产力，还通过不断构建以人民为中心、追求人民当家作主的政治制度，全方位保障人民利益的实现。

发展社会主义政治文明、构建政治文明新格局，是中国特色社会主义现代化建设的重要政治保障。中国特色社会主义政治文明是在经历了旧民主主义革命、新民主主义革命和社会主义革命的进程中不断形成、发展与拓展的，新中国成立以来，社会主义政治文明建设不断健全，逐步确立和完善了适应于社会主义生产力发展要求的政治制度、民主制度及法律制度等。建党百年，党和国家在政治文明建设实践中不断探索、积累了不少宝贵经验，但作为一个创新概念，"社会主义政治文明"是由江泽民同志提出的。党的十八大以来，以习近平同志为核心的党中央，全面加强政治制度、民主制度、法律制度建设，推动社会主义政治文明建设迈向了新境界、呈现新格局。政治制度的民主性、有效性是社会主义政治文明建设的重要目标和衡量标准。在庆祝中国共产党成立100周年大会上，习近平总书记从人类文明发展的视角，阐释了政治文明的历史地位及与其他文明的有机联系。

二 社会主义政治文明特征

坚持党的领导、人民当家作主和依法治国的有机统一，是社会主义政

---

[1] 《马克思恩格斯全集》第42卷，人民出版社1979年版，第238页。
[2] 王惠岩：《建设社会主义政治文明》，《政治学研究》2002年第3期。

治文明的三大本质特征。一是坚持党的领导，这体现了社会主义政治文明的本质属性。社会主义政治文明与资本主义或者其他社会形态政治文明的本质区别在于"社会主义"的底层逻辑和发展方向，即坚持党的领导是逻辑起点，没有中国共产党，就没有新中国，没有党的坚强领导，也就谈不上社会主义政治文明建设。二是人民当家作主，这是社会主义政治文明的人民主体性。从革命、建设、改革到新时代，中国共产党始终坚持人民的主体地位，致力于调动人民有序参与政治积极性，发展和保障人民当家作主权利。三是依法治国，依法治国是社会主义政治文明的先进性标志，有助于为实现人民当家作主提供法治保障。依法治国也要以党的领导为前提，坚持在党的领导下不断完善法律制定与工作机制，积极回应人民群众的期待，推动社会主义民主政治建设、实现人民当家作主，是依法治国的根本目标。

人民代表大会制度是社会主义政治文明的核心制度载体。它是近代以来无数仁人志士不断探索适合中国国情的国家政治制度的集中体现和正确选择，是对君主立宪制、议会共和制、三权分立制以及国外其他形形色色政治制度的历史突破，是党领导全国人民借鉴人类政治文明成果所建立的最合适中国的国家政治制度。我国是一个多民族、单一制的国家，人民代表大会制度的优越性体现在人民代表的广泛性，各地区、各民族、各方面都要有适当数量的代表，这一制度能代表最广大人民群众的意愿、反映人民心声，对于保障人民当家作主、发展社会主义民主政治起着根本支撑作用。始终坚持党的领导，是人民代表大会制度运行的底层逻辑，党对全国人民代表大会具有领导作用，表现为政治、思想、组织等多方面的领导，相反，全国人民代表大会对党的监督则具有法律强制性。坚持人民主体性、坚持民主集中制原则，推动实现人民当家作主，是人民代表大会制度一以贯之的逻辑遵循。坚持依法治国、筑牢法治根基，是人民代表大会制度与时俱进、不断完善的重要保证。全国人民代表大会作为我国最高权力机构，可通过行使立法权，建立和完善相关法律制度，推动国家治理进入法律化、规范化、制度化轨道。

第二节 政治文明新格局的理论框架

进入新时代,中国正经历着中华民族伟大复兴战略全局以及世界百年未有之大变局的"两个大局"叠加时期,与以往政治文明建设的内涵有所不同,中国特色社会主义政治文明新格局表现为社会主义政治文明新内涵、新逻辑、新挑战与新动力四个方面的框架结构。

一 社会主义政治文明新内涵

党的十八大以来,以习近平同志为核心的党中央,在推进党的领导、人民当家作主、依法治国有机统一方面形成了诸多新表述、新理论、新思想,赋予了社会主义政治文明新内涵,构成了"政治文明新格局"的核心表达。

一是从"坚持党的领导"到"坚持和加强党的全面领导"。坚持党的领导是社会主义的本质特征,任何时期都不会改变。党的十九届六中全会审议通过《中共中央关于党的百年奋斗重大成就和历史经验的决议》,系统总结习近平新时代中国特色社会主义思想核心内涵,并将党的领导置于"十个明确"的首位。"党的全面领导"是一种全新的领导思维、领导制度、领导体制、领导方式,"党的领导"落脚于党的"执政地位",而"党的全面领导"则进一步突出中国共产党作为执政党对国家、社会的方方面面的领导,正所谓"党政军民学,东西南北中,党是领导一切的"[1]。

二是从实现"人民当家作主"到"发展全过程人民民主"。发展"全过程人民民主"重大理念的提出,为推进社会主义民主政治建设提供了根本遵循。全过程人民民主是区别于西方形形色色资产阶级民主的根本特征,是构建"政治文明新格局"的核心要求。习近平总书记指出,"全过程人民民主是全链条、全方位、全覆盖的民主、是最广泛、最真实、最管

---

[1] 习近平:《决胜全面建成小康社会 夺取新时代中国特色社会主义伟大胜利——在中国共产党第十九次全国代表大会上的报告》(2017年10月18日),人民出版社2017年版,第20页。

用的社会主义民主",在民主主体、覆盖领域、参与过程三个维度集中创造了人民群众高效参与国家与社会事务管理的新机制新形态,将人民群众意志贯穿政治生活的各领域、各方面、各环节。

三是不断推动"依法治国"向"全面依法治国"转变,形成了习近平法治思想。"全面依法治国"是"依法治国"的全面性、系统性提升,体现了我国从推动单一法律制度完善向系统、全面构建中国特色社会主义法治体系的转变。党的十八大以来,习近平总书记高度重视全面依法治国工作,在历次中央全会、党的十九大上都强调了全面推进依法治国,还在多次中央政治局会议、中央政治局常委会议,多次中央政治局集体学习会,每年全国两会,多次中央有关委员会会议、工作会议及工作考察场合就全面推进依法治国进行了指示,形成了习近平法治思想。习近平法治思想是一个内涵丰富、论述深刻、逻辑严密、系统观完备的体系,坚持将马克思唯物主义辩证法和系统观念贯穿依法治国全过程,体现了中国特色社会主义法治建设系统性、全面性,涉及国家治理与社会生活的方方面面,不同要素、环节、机制相互关联、有机统一,成为新时代推进全面依法治国的思想指引和行动纲领。

二 政治文明制度运行新逻辑

进入新时代,社会主义政治文明的核心内涵集中体现为坚持和加强党的全面领导、发展全过程人民民主、全面依法治国的有机统一。一方面,政治文明制度运行以中国特色社会主义制度体系为基本载体。党的十九届四中全会审议通过的《中共中央关于坚持和完善中国特色社会主义制度、推进国家治理体系和治理能力现代化若干重大问题的决定》(以下简称《决定》),首次从根本制度、基本制度和重要制度等三个维度,深刻阐释了中国特色社会主义制度"四梁八柱"以及具体制度安排。[1] 这一制度体系包含了十三个方面的"坚持和完善"内容,前三条深刻体现了政治文明的核心内涵,分别是"坚持和完善党的领导制度体系""坚持和完善人民

---

[1] 张文显:《国家制度建设和国家治理现代化的五个核心命题》,《法制与社会发展》2020年第1期。

当家作主制度体系"以及"坚持和完善中国特色社会主义法治体系"等，体现了坚持党的领导、人民当家作主与依法治国的有机统一和社会主义政治文明的制度运行的"核心逻辑"。另一方面，政治文明新格局体现了政治文明统领下的中国特色社会主义制度体系建构。一是政治文明建设贯穿各个制度环节。中国特色社会主义制度的根本制度、基本制度、重要制度，都涉及政治文明建设的相关核心内容。根本制度包括坚持党的全面领导的"根本领导制度"、坚持马克思主义在意识形态的"根本文化制度"以及坚持人民代表大会制度的"根本政治制度"，三者具有根本统领作用；基本政治制度、重要政治制度则是对根本制度的拓展及具体制度安排，涉及民主选举、政府行政、党的建设、国家统一、军事外交等领域的具体体制机制安排等。二是政治文明建设引领各个制度环节。在根本制度、基本制度、重要制度中，政治制度对其他领域具有决定性作用。根本制度是对基本制度和重要制度之上的高阶位制度，坚持党的全面领导这一"根本领导制度"体现了中国特色社会主义的本质内容，对其他领域也具有全局统揽作用。基本制度中，"基本政治制度"和"基本经济制度"具有辩证统一关系，经济基础决定上层建筑、上层建筑反作用于经济基础，基本政治制度为规范政治权力运作、维护国家经济社会发展、保障人民权益提供了制度支撑，并在整个过程中受到基本经济制度制约影响。三是作为根本制度和基本制度的执行环节，重要制度中的政治体制对经济体制、文化体制、社会体制、生态文明体制、法治体系、党的建设等领域起到重要引领作用。

三　世界新形势带来的新挑战

进入新时代，中国正经历着中华民族伟大复兴战略全局以及世界百年未有之大变局的"两个大局"叠加时期，国际形势更加复杂多变，逆全球化浪潮、世纪疫情、地缘政治恶化、气候变暖、单边主义与霸权主义横行等问题对世界和平与发展构成严重威胁，中西方在经济贸易、意识形态、社会制度、发展道路等方面的竞争趋于白热化，世界格局呈现典型的"西强东弱""东升西降"态势。

构建政治文明新格局要高度重视与把握中西方政治竞争的焦点问题。

一是中西方制度之争，其本质在于社会主义与资本主义制度之争，关键是回答好"为什么社会主义制度优于资本主义制度？"的问题。二是意识形态之争，其本质在于社会主义价值体系和资本主义价值体系之争，关键是回答好"如何坚持马克思主义指导地位并不断推进马克思主义中国化？"的问题。三是民主道路之争，其本质是"以人民为中心"的民主与"以资本为中心"的民主之争，关键是回答好"为什么中国式全过程人民民主优于西方民主？"的问题。四是全面战略竞争，体现为中西方政治、经济、文化、社会以及生态等"五位一体"全方位竞争，关键是回答好"如何构建'五位一体'新发展格局促进实现中华民族伟大复兴？"的问题。

四　新一轮科技革命下新动力

新一轮科技革命与产业变革方兴未艾，现代信息技术应用将为构建政治文明新格局、推动国家治理体系与治理能力现代化提供强大动力支撑。首先，新一代信息技术、大数据、人工智能、区块链等技术应用，有助于赋能数字政府、数字社会建设，消除信息不对称和数字治理鸿沟，极大地提升信息传输效率与透明度，增强政府治理能力与社会治理水平，推动国家治理模式向数字化、智能化转型。其次，现代信息技术应用有助于赋能全过程人民民主的实现，通过搭建数据信息共享平台，保障全体人民全过程参与、全方位监督国家治理事务和自身民主权利实现。再次，新技术应用有助于赋能全面依法治国的深入推进，催生智慧法治新时代的到来，推动传统法律体系延伸到数字世界，在信息技术赋能下，法治运行的关键信息能够更好地被人民感知和整合，并能够及时智能响应立法、执法、司法、普法各方面的需求，提高了法治效率和法治质量。最后，全球技术竞争白热化压力将激发我国突破技术封锁的动力。从历史的维度看，每一次技术革命都会强化国际前沿技术竞争，威胁全球产业链供应链稳定，甚至引发新一轮地缘政治洗牌，这一趋势将倒逼我国加强前沿技术布局与研发，摆脱对国外技术依赖，促进实现科技自立自强。

第九章

政治文明新格局的制度运行逻辑

构建政治文明新格局，关键在于"格局"二字，要超越一般的政治逻辑分析，从人类社会历史发展规律演进的视角，审视社会主义必将取代资本主义的历史规律，并立足新时代，从政治文明的视角审视中国特色社会主义制度体系的宏伟架构，准确理解中国特色社会主义制度体系的制度结构和制度优势。这是构建政治文明新格局的前提和理论准备。

第一节 社会主义与资本主义之比较

中国特色社会主义与资本主义相比，在生产力与生产关系适配、以人民为中心、与市场经济有机统一关系、驾驭规范资本健康发展等方面存在显著优势，这构成了社会主义制度优越性的底层逻辑。

一 生产力与生产关系动态适配性

生产力与生产关系之间的矛盾是不同社会形态的根本矛盾，原始社会、奴隶社会、封建社会、资本主义社会、社会主义社会等各类社会形态都由生产力与生产关系矛盾特殊性决定的。社会主义能更好地适应生产力发展要求，取代资本主义是必然趋势。① 马克思和恩格斯指出，生产力发

---

① 刘明明：《百年未有之大变局下中国道路引领 21 世纪社会主义的新发展》，《河南社会科学》2021 年第 2 期。

展具有社会化的"本性",表现为生产资料社会化、生产活动和生产过程社会化、生产产品社会化,生产力的社会化本性必然要求一定的生产关系与之相适应,资产阶级要是不把这些有限的生产资料从个人的生产资料变为社会化的,即只能由大批人共同使用的生产资料,就不能把它们变成强大的生产力①。但是,以私有制为基础的资本主义拒绝承认生产力的这种"本性",资本主义生产关系的基本矛盾在资本主义制度框架内无法解决,社会主义公有制是根本解决途径。唯一的出路是,必须促使资本主义生产关系"让位于那种以现代生产资料的本性为基础的产品占有方式"②即社会主义关系,才能"按照今天的生产力终于被认识了的本性来对待这种生产力"③,因此,从生产力与生产关系的适配性来看,社会主义必将取代资本主义,并有能力给予社会化生产力的"社会性以充分发展的自由"④。

中国特色社会主义发展阶段是关键过渡时期。社会主义替代资本主义是历史规律,但也是一个长期的过程。在具体的实践中,在不同生产力发展阶段,社会主义生产关系必然表现出不同的适应形态,集中表现为社会主义在不同发展阶段、不同国家的差异化特征,其核心体现在社会主义关系对经济从小生产到社会主义大生产的客观要求。当今世界,新一轮信息技术革命与产业变革方兴未艾,在新技术、新模式、新理念的影响下,社会主义生产力水平也将得到极大提升,中国特色社会主义能够更好地实现生产关系与生产力的匹配,更好地解放和发展生产力,而非对其造成束缚,具有制度优越性。随着中国特色社会主义事业的深入推进,社会主义生产关系将在不断优化调整中更好适应、引领社会生产力进步,中国特色社会主义制度优势也将得到充分彰显,对资本主义的竞争和替代优势也会更加凸显。

二 以人民为中心与以资本为中心

社会主义与资本主义的本质区别是"为什么人"的问题。资本主义把

---

① 《马克思恩格斯选集》第3卷,人民出版社1972年版,第309页。
② 《马克思恩格斯选集》第3卷,人民出版社1972年版,第329页。
③ 《马克思恩格斯选集》第3卷,人民出版社1972年版,第329页。
④ 《马克思恩格斯选集》第3卷,人民出版社1972年版,第453页。

人当作工具,目的是榨取最大剩余价值,社会主义的发展是以物为工具,发展的目标是实现人的全面进步。

社会主义"以人民为中心"。充分肯定人民群众的历史主体地位,追求实现人的自由发展和全面进步,是马克思主义理论根基,也是价值归宿。以人民为中心、为人民谋福祉、为中华民族谋复兴是中国共产党的初衷,也是一以贯之的逻辑。[1] 尤其是党的十八大以来,习近平总书记反复强调了"以人民为中心"的观点,形成了以人民为中心的发展思想。习近平总书记指出,"人民是创造历史的动力,我们共产党人任何时候都不要忘记这个历史唯物主义的最基本道理"[2],揭示了以人民为中心根植于历史唯物主义辩证法,也是对马克思主义的人民主体性的重要继承。坚持以人民为中心的发展思想,将为社会主义现代化建设、实现中华民族伟大复兴提供全局指引。

共同富裕是社会主义与资本主义的本质区别,也是"以人民为中心"和"以资本为中心"的根本目标分异。一方面,"以资本为中心"体现了资本主义最大限度榨取剩余价值的目的,但这无益于社会化大生产、物质财富积累与社会分配。西方国家也因此出现了一系列社会问题,资本唯利是图伤害公共利益、嫌贫爱富扩大收入差距、钱权渗透导致政治腐败、福利主义导致懒汉躺平等,而且对于解决相关问题束手无策。根据皮凯蒂《21世纪资本论》(Capital in the Twenty-First Century)所描述,在资本主义国家,若没有适当的约束和干预,则将永远存在社会资本回报率(r)超过国民收入增长率(g)的数量关系($r>g$),这意味着,资本主义国家财富拥有者将利用资本不断侵蚀劳动人民所创造的价值,导致资本要素收入占比不断提高、劳动收入份额持续下降,社会贫富差距会越拉越大。[3] 现实中,多数人可能会认为西方国家已经实现经济现代化,这却是以私有制为基础,很难摆脱资本主义的固有局限性,其妄图采用"福利主义"消除贫富差距也仅是一种缓冲式、补救式措施,而且资本主义国家福利相当程度来自对其他发展中国家的剥夺,是以制造其他国家的贫困为代价的,具

---

[1] 冯金华:《以人民为中心和以资本为中心:两种发展道路的比较——基于劳动价值论的若干思考》,《学术研究》2020年第12期。

[2] 中共中央宣传部:《习近平总书记系列重要讲话读本》,学习出版社2016年版,第128页。

[3] [法]皮凯蒂:《21世纪资本论》,巴曙松等译,中信出版社2014年版。

有全球负外溢效应。另一方面,"以人民为中心"的本质是实现全体人民在物质与精神层面的共同富裕。在生产力发展到一定程度以及社会主义进入到高级阶段之后,社会将实现"各尽所能、按需分配"的共同富裕状态。[1] 根据经典马克思主义理论的阐释,"以人民为中心"的发展思想已经成为社会生产力进步的重要驱动力量、与共同富裕目标高度统一。从理论上来看,基于劳动价值论的视角,资本主义剩余价值的增长率总是大于而劳动力价值的增长率总是小于名义国内生产总值的增长率,社会主义劳动力价值和剩余价值的增长率通常总是等于名义国内生产总值的增长率,两者分别构成了"两极分化"与"共同富裕"的理论基础。[2] 中国特色社会主义进入新时代,习近平总书记也多次强调共同富裕目标实现问题,要求不断"朝着实现全体人民共同富裕的目标稳步迈进",提出了在高质量发展中促进共同富裕的总体思路和实施路径。[3] 与资本主义国家不同,中国的共同富裕目标的实现不以损害其他国家福祉为代价,不搞福利主义、剥夺全世界那一套,是对资本主义制度价值的全面超越。[4]

三 社会主义与市场经济有机统一

社会主义之所以能够促进社会生产力大发展和共同富裕目标实现,其根本在于促进实现"社会主义"与"市场经济"的有机融合,充分发挥"社会主义"和"市场经济"的双重优势。[5] 一方面,在底层逻辑层面,社会主义可以通过利用"市场"资源配置的手段,充分发挥价格机制信号作用,优化社会资本配置效率,但存在市场"自发性""盲目性""投机

---

[1] 张来明、李建伟:《促进共同富裕的内涵、战略目标与政策措施》,《改革》2021年第9期。

[2] 冯金华:《以人民为中心和以资本为中心:两种发展道路的比较——基于劳动价值论的若干思考》,《学术研究》2020年第12期。

[3] 中央党史和文献研究院编:《十八大以来重要文献选编》下册,中央文献出版社2018年版,第400页。

[4] 王益:《共同富裕:社会主义对资本主义的超越》,《中国社会科学报》2022年1月13日第8版。

[5] 顾海良:《社会主义市场经济体制是如何上升为基本制度的》,《红旗文稿》2020年第2期。

性"等问题，以及垄断、污染、信息不对称、公共产品等带来的"市场失灵"问题。另一方面，在上层逻辑层面，社会主义可通过公有制经济或者一系列经济、政治、法律、文化制度设计，抑制过度资本化，从而在借助市场力量、价值规律促进解放和发展社会生产力的同时，还能有效遏制资本主义"以资本为中心"带来的财富和收入不平等及一系列衍生经济社会问题等。中国特色社会主义基本经济制度的确立，既有助于发挥市场经济作用，不断解放和发展生产力，做大"蛋糕"，也通过坚持公有制地位、按劳分配主体地位，促进全体人民共享社会财富以及实现共同富裕目标。

四　社会主义与资本规范健康发展

根据马克思主义辩证唯物主义观点，"资本"是一个兼具创造性和破坏性的统一体，具有"资本二重性"。就积极性而言，资本有利于生产力发展，也因此帮助资本主义社会创造了前所未有的社会财富。但每一个硬币都有两面，就消极方面而言，资本的天然逐利属性是社会剥削的重要驱动根源，也因此加剧了贫富差距、行业垄断以及造成经济危机。资本虽然在不同的生产关系、社会发展阶段表现出不同特征，但可以肯定的是，随着社会主义向更高级阶段演进，其对资本的驾驭能力也会越来越强。遗憾的是，经典马克思主义认为资本存在于资本主义社会，对资本与不同社会主义制度结合的研究并不足，遑论探讨社会主义制度与资本的关系。

为资本设置"红绿灯"的理论探索与实践创新是对这一问题的重要回应。与资本主义下"资本"的无序竞争不同，中国坚持"以人民为中心"，对"资本"扬长避短、兼容并包，通过设置资本"红绿灯"的方式，更好地推动"资本"服务人民、为我所用。[①] 改革开放以来，尤其是加入世贸组织后，资本在中国经济发展中扮演了不可或缺的角色。近些年来，随着新一轮新技术革命与产业变革的到来，各种"互联网＋"新兴业态蓬勃兴

---

① 董志勇、毕悦：《为资本设置"红绿灯"：理论基础、实践价值与路径选择》，《经济学动态》2022年第3期。

起，但资本无序扩张问题也日益严重，给金融监管和金融稳定造成了困难，部分市场主体以产融为名行资本扩张之实，造成严重的"脱实向虚"问题，这些问题在金融科技、房地产、互联网平台经济等领域尤为严重。党中央高度重视资本的无序扩张问题，但总体上还是坚持"支持和引导资本规范健康"发展的原则，对解决相关问题作出了重要部署。习近平总书记指出，对待资本要坚持辩证法，既要充分肯定其作为一种重要生产要素促进社会主义市场经济发展的积极作用，使之持续服务于社会主义现代化建设，也警示了其可能带来的风险和危害。

2022年，习近平总书记在《求是》发文《正确认识和把握我国发展重大理论和实践问题》，深入阐释了社会主义制度下的资本规范问题，认为要正确认识和把握资本的特性和行为规律，充分体现出包容、规范、引导和科学利用的态度，为资本设置"红绿灯"。资本"红绿灯"理论是探讨社会主义制度规范资本利用的重要理论创新，充满了唯物主义辩证法：一方面，要支持和引导资本规范健康发展，充分发挥资本为社会主义现代化建设的服务能力，引导资本服务技术创新与科技自立自强、服务经济高质量发展、服务生态文明建设、服务共同富裕目标等。另一方面，设置资本"红灯"是指坚持"竞争中性"原则，要坚持党的领导，健全体制机制、依法加强对资本的有效监管，制止资本对市场的破坏作用，维护公平竞争的市场秩序。此外，还要建立风险预警与防范机制，高度警惕资本对权力运行逻辑的破坏，警惕资本进入公共领域、从追求利润最大化目标向社会各个领域"权力渗透"，并通过经济权力扩张扰乱社会治理、扰乱公共秩序。

第二节　中国特色社会主义制度框架

党的十九届四中全会审议通过的《决定》，首次系统深刻论述了坚持和完善中国特色社会主义制度在各方面必须坚持的根本制度、基本制度、重要制度，明确了推动国家治理体系与治理能力现代化的重要路径。[1] 从

---

[1] 张来明：《以国家治理体系和治理能力现代化保证和推进中国社会主义现代化》，《管理世界》2022年第5期。

具体内容看,《决定》共包含了 13 项重要制度安排、55 项(或类)具体制度安排以及总结了 13 项制度优势,将为我国持续增强"四个自信"以及稳步推进社会主义现代化建设提供制度保障。

一　根本制度、基本制度、重要制度的内涵和范畴

一是坚持根本制度,就是要坚持党的全面领导的"根本领导制度"、坚持马克思主义在意识形态的"根本文化制度"、坚持人民代表大会制度的"根本政治制度",根本制度具有顶层决定性、全域覆盖性、全局指导性作用。在 13 项制度安排中,《决定》把"坚持和完善党的领导制度体系"置于 13 项制度之首,体现了党的领导这一个根本领导制度作用。另外,《决定》对于"根本制度"的直接表述有两个地方,分别是"坚持和完善人民代表大会制度这一根本政治制度"和"坚持马克思主义在意识形态领域指导地位的根本制度"[1]。因此,根本制度至少包含了党的领导制度、人民代表大会制度、马克思主义指导制度。

二是基本制度,同样覆盖各个领域,是对国家政治与经济社会发挥重大影响的制度,在中国特色社会主义体系中起到基础作用,包括基本政治制度和基本经济制度两类。"基本政治制度"包括中国共产党领导的多党合作和政治协商制度、民族区域自治制度、基层群众自治制度等,"基本经济制度"包括以公有制为主体、多种所有制共同发展,按劳分配为主体、多种分配方式并存,社会主义市场经济体制等。[2] 此外,在社会治理、生态文明建设、祖国统一、党和国家监督体系等领域,重要制度也各有明确内涵所指。

三是重要制度,是从根本制度和基本制度派生而来的具体体制机制安排,在《决定》提出的 13 个"坚持和完善"所涉及的 55 项(或类)具体制度中,除去已明确为根本制度、基本制度的,其余的应该说都是重要制度,包含了"五位一体"建设中的具体体制机制安排、国家治理和社会生

---

[1] 《〈中共中央关于坚持和完善中国特色社会主义制度、推进国家治理体系和治理能力现代化若干重大问题的决定〉辅导读本》,人民出版社 2019 年版,第 11—24 页。

[2] 顾海良:《中国特色社会主义基本经济制度的政治经济学分析》,《政治经济学研究》2020 年第 1 期。

活的方方面面，在中国特色社会主义体系中起保障作用。

二 根本制度、基本制度、重要制度的有机关系

一是"五位一体"结构布局上，在13个"坚持和完善"的制度布局上，第1—4条属于政治领域范畴，第5条属于经济领域范畴，第6条属于文化领域范畴，第7—8条属于社会领域范畴，第9条属于生态领域范畴，第10—13条是政治领域的拓展，包括军事制度、外交制度、"一国两制"制度、党和国家监督制度等。以上13个"坚持和完善"涵盖"五位一体"建设各个方面，为构建"五位一体"新发展格局提供了重要制度支撑。① 二是从功能表达上，根本制度、基本制度和重要制度属于不同层次、不同位阶的制度安排，不同制度均对"五位一体"建设总体布局有所覆盖，但在内容上，根本制度具有统领性，基本制度和重要制度安排是对其进一步的阐释和拓展。

第三节 中国特色社会主义制度优势

《决定》系统总结了中国特色社会主义制度与国家治理体系的13个制度优势。由于涉及的内容较多，本研究将其概括为政治制度优势、经济制度优势、文化制度优势、社会制度优势以及创新制度优势五大方面。

一 政治制度优势

一是政治文明制度优势。坚持党的领导、人民当家作主、依法治国有机统一，这是中国推进政治文明建设的基本方针，也是政治文明新格局构建的核心内容。中国共产党的领导是中国特色社会主义政治制度的合法性

---

① 《〈中共中央关于坚持和完善中国特色社会主义制度、推进国家治理体系和治理能力现代化若干重大问题的决定〉辅导读本》，人民出版社2019年版，第1—42页。

及优越性的根本动力。① 在13个制度优势中，坚持党的集中统一领导、人民当家作主以及全面依法治国等优势也被放置前三位。

二是新型举国体制优势。新型举国体制优势的核心在于集中力量办大事。② 新型举国体制有助于促进重大科技攻关，实现了两弹一星、天眼、蛟龙深潜、北斗、航空航天、嫦娥探月、奥运会举办、全面脱贫攻坚胜利、新冠疫情防治等重大成就。新型举国体制的理论核心是，充分发挥政府、市场与其他社会主体的协同作用，调动社会资源，集中力量攻坚克难、实现重大任务、重大目标实现突破性进展，科技创新领域是新型举国体制的重要实践领域，需要政府和市场的协同作用。③"政府"作用在于进行战略性、全局性、长远性谋划，能够有效克服市场的短视、追求局部利益的"市场失灵"问题，还能弘扬科学精神、尊重经济规律，不断激活市场主体活力，提高资源配置效率。国有企业是新型举国体制如何落地的重要平台。国有企业的所有制属性决定了其既是"政府"发挥作用的关键支点，也是重要的"市场"主体，应当充当新型举国体制的落地平台。④ 从法学视角来看，新型举国体制的运行具有重要的宪法基础，其运作根基是社会主义制度，组织保障是中国共产党领导，根本遵循是民主集中制原则，这些内容皆见诸我国宪法文本。⑤

三是民族区域自治制度优势。民族区域自治制度是中国特色社会主义政治制度体系的重要组成部分，体现了党领导各民族繁荣进步的制度优势。中国是一个多民族的国家，采用什么样的制度处理民族关系、维系民族团结是一个重要政治课题。新中国成立以来，我国民族区域自治制度不断完善，在加强民族团结交融、促进民族地区发展、增强中华民族凝聚

---

① 樊欣：《论中国特色社会主义政治制度的合法性优越性》，《科学社会主义》2019年第5期。

② 林盼：《新型举国体制如何落地：打造以国企为主导的创新平台》，《华东理工大学学报》（社会科学版）2021年第4期。

③ 路风、何鹏宇：《举国体制与重大突破——以特殊机构执行和完成重大任务的历史经验及启示》，《管理世界》2021年第7期。

④ 陈劲、阳镇、朱子钦：《新型举国体制的理论逻辑、落地模式与应用场景》，《改革》2021年第5期。

⑤ 刘锦、汪进元：《论新型举国体制的宪法基础与实施路径》，《社会主义研究》2021年第6期。

力、不断筑牢中华民族共同意识等方面起到了关键作用。未来不断巩固和发展民族区域自治制度优势，对于实现国家团结统一和推进中华民族伟大复兴有重要意义。

四是党对军队绝对领导制度优势。党对军队的绝对领导体现了党领导军队的唯一性、彻底性、无条件性，人民军队必须完全置于中国共产党的领导之下、最高领导权和指挥权属于党中央，党对人民军队的领导是纵向到底、横向到边的彻底领导，党对人民军队的领导是始终如一、不随外界环境变化而变化的无条件领导。习近平总书记深刻指出，党对军队绝对领导的根本原则和制度"是人民军队完全区别于一切旧军队的政治特质和根本优势"，与旧军队制度完全不同，党对军队的绝对领导制度，克服了建军治军的重要难题，是我们党把马克思主义军事理论与中国军事实践相结合创造的新型军事制度。党对军队的绝对领导制度理顺了军队与国家、政治、政权的关系，明确了军队的科学定位。这一军事制度，能够确保军队的绝对忠诚、不折不扣地成为政治任务的执行者，避免关键时刻倒戈敌方，铸就了人民军队强大的组织力、凝聚力、向心力和战斗力。这一军事制度是对历史上旧军权私有的制度的超越，实现了党的军队、人民的军队、社会主义国家的军队领导权的高度统一，始终将枪杆子牢牢掌握在党的手中。这一军事制度具有鲜明的人民性，与中国共产党的初心使命高度一致，人民军队的根基在人民、血脉在人民、力量在人民，是战无不胜的重要法宝。

五是"一国两制"制度优势。"一国两制"是中国特色社会主义的伟大创举。"一国两制"以宪法和基本法为基础、保持港澳原有的资本主义制度和生活方式不变、法律基本不变，将"一国"原则和"两制"差异、中央全面管制权和特别行政区高度自治权充分结合，具有高度灵活性、创造性，体现了制度生命力和创造力。党的十八大以来，以习近平同志为核心的党中央系统谋划与推进港澳治理制度建设，形成了诸多制度创新成果，比如确立了中央就涉及中央与特别行政区关系的重大事项发出指令的制度和机制、完成了国歌法立法、设立国家安全委员会机制、不断健全特别行政区维护国家安全的法律制度和执行机制、健全特别行政区行政长官对中央负责制度、优化港澳融入国家发展大局机制等，进一步完善"一国两制"制度体系，不断释放制度活力。

六是外交制度优势。坚持独立自主与对外开放有机统一，既能够实现"以我为主、自立自强"，也有助于促进"兼容并包、博采众长"。自新中国成立伊始我国依赖独立自主发展道路摆脱了"一穷二白"的贫困落后局面，到改革开放之后坚持"引进来"与"走出去"为中国经济社会发展不断注入活力，再到党的十八大以来深入推动"一带一路"倡议、致力于构建开放型经济新体制、积极参与全球治理、推动构建人类命运共同体，中国奉行的独立自主与对外开放制度愈发彰显其优势。进入新时代，在习近平外交思想的指引下，中国将始终奉行独立自主的和平外交政策。政治上，中国坚决维护联合国在全球治理中的核心地位，倡导多边主义与国际关系民主化，反对一切形式的单边主义、霸权主义和强权政治，不走"国强必霸"的老路，通过完善全方位外交布局，不断扩大朋友圈，推动构建和平稳定、均衡发展的大国关系框架以及更加公平合理的国际治理体系；经济上，奉行开放合作、互利共赢的发展理念，坚定不移维护多边贸易体制，推动经济全球化向更加开放、包容、普惠和共赢的方向发展。坚持独立自主和对外开放相统一，符合和平、发展、合作、共赢的时代潮流，也站在历史正义的一方，具有持久生命力。

二　经济制度优势

中国特色社会主义基本经济制度在解放与发展生产力，消灭剥削、消除两极分化，最终达到共同富裕方面具有重要制度优势。一是这一制度体现了中国特色社会主义市场经济体制的内核，破除了社会主义与市场经济对立的错误认识，实现了从计划经济向社会主义市场经济的重要转变，更好地结合了有效市场经济和有度的宏观调控，有助于发挥新型举国体制优势促进重大科技创新、促进构建全国统一大市场、推动城乡区域协调发展。二是这一制度能够更好地统筹政府与市场的关系，不断提高国有经济的控制力、竞争力、创新力和抗风险能力，并通过政府营造更好的市场环境保障社会公共产品有效供给，减少市场失灵问题；也能够发挥市场在资源配置中的决定性作用，激发非公有制经济的动力活力，促进技术创新与社会生产力进步。三是这一制度能够优化收入分配格局，促进共同富裕目标实现。共同富裕是社会主义的本质目标，通过构建按劳分配为主体、多种分配方式并存的分配制度，既能够提高市场主导下要素初次分配效率，也能够发挥政府主导下的再次分配和社会道德力量调节的三次分配作用，最终通过构建初次、再次、三次分配基础制度体系促进共同富裕目标实现，实现公平与效率的有机统一。四是这一制度能够促进国有企业及非国有企业协同作用的发挥。作为公有制及非公有制经济的微观主体，国有企业和非国有企业在促进经济发展、社会就业、维护国家经济安全等方面都扮演关键角色，这一制度不仅能持续推进国有企业分类改革、完善国企法人治理结构、提高国企经营效率、更好地发挥国有企业经济社会功能，还能通过营造良好的市场环境，保障非国有市场主体的公平市场主体地位、做到一视同仁，有助于激发非国有企业市场经济活力，为实现效率与公平目标奠定微观基础。

三 文化制度优势

文化是一个国家和民族发展的精神力量之源，是彰显中国特色社会主义道路"四个自信"的精神根基。一是持续发挥马克思主义的根本文化指导制度优势，在新时代集中体现为以习近平新时代中国特色社会主义思想为根本指引。二是弘扬中华优秀传统文化的文化根基优势，是社会主义核心价值观筑牢传承的精神文化底蕴，是中国特色社会主义"四个自信"的力量之源。三是发展社会主义先进文化，以马克思主义中国化理论为指引，凝聚革命文化、建设文化、改革创新文化最大共识，以中华优秀传统文化为底蕴，合力共筑新时代中国特色社会主义文化制度的优势地位。

四 社会制度优势

中国特色社会主义社会制度优势集中体现为对待"人"这一社会主体态度，"依靠谁"和"为了谁"是需要回答的时代之问。坚持"为了人民、依靠人民"是中国共产党在百年奋斗征程中不断前进的法宝，具有历史传承性。一方面，"为了人民"是中国特色社会主义发展的宗旨，这一点与西方资本主义国家"以资本为中心"的社会制度显著区分开来。以人民为中心、全心全意为人民服务、为人民谋福祉是中国共产党的初心使命,在百年奋斗征程中从未褪色、历久弥新,经过革命、建设、改革和新时代的艰苦奋斗,中华民族实现了从站起来、富起来再到强起来的历史性飞跃。① 在新的历史时期,立足新发展阶段,中国共产党也将一如既往秉持以人民为中心的发展理念,坚守为人民谋福祉的初心,积极应对国内外复杂形势变化,朝向共同富裕目标不懈前进。另一方面,依靠人才、为党所用,是中国特色社会主义事业进步的关键。习近平总书记指出,"办好中国的事情,关键在党,关键在人,关键在人才"②,在中国特色社会主义推进的不同阶段,中国共产党始终秉持"聚天下英才而用之"的人才理念,为中国革命事业、党的建设、社会主义发展、经济进步、改革创新、文化繁荣、军队建设等领域吸纳了一批具有坚定理想信念、专业素质卓越、德才兼备的人才,为党和国家事业繁荣发展提供强大的人才支撑,形成了独特的人才优势。

五 创新制度优势

《决定》所指出的13个制度优势,本身也是不断自我完善、自我发展的体现。一是中国特色社会主义理论与制度创新。创新是我们党的优良传统,是开辟具有中国特色的革命、建设和改革开放道路的强大保障。我们党始终坚持马克思主义指导,推动马克思主义与中国国情相结合,在中国特色社会主义的伟大实践中,不断解放思想、实事求是、深化理论与实践创新,解决了"什么是社会主义、怎样建设社会主义""建设什么样的党、怎样建设党""实现什么样的发展、怎样发展""新时代坚持和发展什么样的中国特色社会主义、怎样坚持和发展中国特色社会主义"等一系列重大理论与实践问题,形成了中国特色社会主义理论体系与制度体系。二是党的十八大以来全面深化改革深入推进,体制机制创新取得历史性突破。中国特色社会主义制度并非一成不变、完美无缺的,也存在诸多待改进之处,需要通过不断改革进行完善。尤其是党的十八大以来,我们党通过全

---

① 曲青山:《从三个维度看中国共产党的初心和使命》,《中共党史研究》2019年第3期。
② 习近平:《加大改革落实工作力度 让人才创新创造活力充分迸发》,《人民日报》2016年5月7日第1版。

面深化改革，破除不合时宜的思想观念，完善"五位一体"体制机制建设，推动理论、实践、制度、文化和党建领域的全方位创新。总而言之，中国特色社会主义制度具有的创新制度优势，是在历史实践中形成的，也必将在实现"两个一百年"奋斗目标的历史征程中不断被强化。

第十章

构建政治文明新格局的重大举措

构建政治文明新格局的核心任务是坚持贯彻习近平新时代中国特色社会主义思想的全局指导，加强习近平法治思想、习近平外交思想实践应用，坚持党的全面领导、推进全过程人民民主、推进全面依法治国，推动制度优势转化为国家治理效能。

第一节 坚持党的全面领导

坚持和加强党的全面领导是前进道路要遵循的第一原则。党的二十大报告指出，"坚持和加强党的全面领导。坚决维护党中央权威和集中统一领导，把党的领导落实到党和国家事业各领域各方面各环节，使党始终成为风雨来袭时全体人民最可靠的主心骨，确保我国社会主义现代化建设正确方向，确保拥有团结奋斗的强大政治凝聚力、发展自信心，集聚起万众一心、共克时艰的磅礴力量"[1]。中国共产党领导是中国特色社会主义最本质的特征，是中国特色社会主义制度的最大优势。坚持党的全面领导是构建政治文明新格局的根本抓手，要始终坚持党对全面工作的领导地位，做到"两个维护"、拥护"两个确立"，全面推进新时代的党建工作。

---

[1] 习近平：《高举中国特色社会主义伟大旗帜 为全面建设社会主义现代化国家而团结奋斗——在中国共产党第二十次全国代表大会上的报告》（2022年10月16日），人民出版社2022年版，第26页。

一　坚持和加强党中央集中统一领导

坚持党的全面领导制度是"根本领导制度"，对其他基本制度和重要制度具有全局统揽作用，是建设"政治文明新格局"的第一要务。一百多年来，无论是在革命战争年代，社会主义建设时期，还是改革开放之后，尤其是党的十八大以来，中华民族取得的辉煌成就都离不开中国共产党的坚强领导。坚持和加强党中央集中统一领导是中华民族和中国人民从站起来、富起来到强起来的根本保障，走出了一条与西方国家不同的现代化道路。[①] 在实现中华民族伟大复兴的历史征程中，坚持和加强党中央集中统一领导是构建政治文明新格局的根本抓手，也是过去、现在、未来中国特色社会主义事业取得长足进步的"定海神针"。不断健全总揽全局、协调各方的党的领导制度体系，完善党中央重大决策部署落实机制，确保全党在政治立场、政治方向、政治原则、政治道路上同党中央保持高度一致，确保党的团结统一。

二　坚持党对全面工作领导地位

党政军民学，东西南北中，党是领导一切的。从党的领导内容看，党对"全面"工作的领导体现了领导对象的全面性、系统性、整体性，覆盖了国家治理体系这一精密治理系统中的方方面面、每一个环节。一是全组织领导，从人大、政府、政协、监委、法院、检察院、军队系统到各企事业单位、工会、共青团、妇联等群团组织，都要坚持中国共产党领导；二是全领域领导，党的领导要与"五位一体"新发展格局构建同频共振，覆盖政治、经济、文化、社会与生态环境领域的各个方面，除了作为政治文明新格局构建核心环节，立足新发展阶段，在社会主义现代化建设的征程中，党的全面领导要以提升国家治理效能为切入点，不断提高"五位一体"各个领域治理效能。

[①] 熊秋良：《认识中国共产党领导中国式现代化道路的三个维度》，《求索》2022年第1期。

三 做到"两个维护"、拥护"两个确立"

坚持党的集中统一领导,在特定的历史阶段就是要拥护以习近平同志为核心的党中央,增强"四个意识"、坚定"四个自信"、做到"两个维护"、拥护"两个确立",全面解决党的领导弱化、虚化、淡化、边缘化等问题。一是坚决做到"两个维护",要搞清楚两个关键问题,"维护"的是习近平总书记党中央的核心、全党的核心地位,对象是习近平总书记而不是其他任何人;"维护"的是党中央权威和集中统一领导,对象是党中央而不是其他任何组织。带头做到"两个维护"是加强中央和国家机关党的建设的首要任务。二是坚决拥护"两个确立"。"两个确立"是政治文明新格局构建的底色和亮色,具有丰富的政治内涵、重要实践基础和历史决定意义。马克思主义经典作家以及无数社会实践都表明,没有核心和领袖的组织注定一盘散沙、无所作为,马克思主义政党要履行好自己的使命,必须要有一个坚强的核心。尤其是党的十八大以来,习近平同志以"我将无我,不负人民"的赤子情怀,提出一系列原创性的治国理政新理念、新思想、新战略,得到了全党和全国各族人民的拥护爱戴。也可以说,"两个确立"是时代呼唤、是历史选择,更是民心所向。

四 全面推进新时代的党建工作

党的十九大报告提出了新时代党的建设总要求,指出"现伟大梦想,必须建设伟大工程。这个伟大工程就是我们党正在深入推进的党的建设新的伟大工程"。[①] 在加强党建的进程中,加强党的政治建设是第一要务,这是党建工作的"灵魂"。重点在于通过一系列思想、组织、作风与制度建设不断提高党的长期执政能力和先进性,这是党建工作的关键任务。[②] 党的二十大报告指出:"坚定不移全面从严治党,深入推进新时代党的建设

[①] 习近平:《决胜全面建成小康社会 夺取新时代中国特色社会主义伟大胜利——在中国共产党第十九次全国代表大会上的报告》(2017年10月18日),人民出版社2017年版,第16页。

[②] 王鸿铭:《论党的政治建设与国家治理能力的提升》,《社会主义研究》2021年第6期。

新的伟大工程。"① 在整个过程中都要保持忧患意识、加强自我革命、健全反腐制度,这是党和国家社会主义事业顺利推进的政治生态保障。

一是把党的政治建设摆在首位。党的政治建设是党建的根本,决定了党建的方向和成效。要以政治建设为纲、纲举目张,协同推进其他领域党建工作,推动党的思想、组织、作风、纪律、制度、能力与反腐机制建设等。关键任务在于坚定政治信仰、强化政治领导、提高政治能力以及净化政治生态,不断彰显国家机关、群团组织、国有企事业单位的政治导向和政治功能,提高党员干部的政治能力,并通过严肃政治纪律和政治规矩,推动政治清明。

二是加强党的长期执政能力建设。衡量一个政党执政能力的核心标准是人民群众的支持力、拥护力,因此提高执政能力就是要提高全心全意为人民服务的过硬本领。从革命时期、社会主义建设时期到改革开放阶段,中国共产党经历了一系列的国内外挑战,在惊涛骇浪中党的执政能力得到加强和巩固。进入新时代,世界正经历百年未有之大变局,国际形势更加复杂,国际政治博弈、经济竞争、文化渗透问题比比皆是,对党的执政能力带来了巨大考验,也带来了重要提升机遇。面临挑战,要加强战略谋划,胸怀"两个大局",从提高政治站位的高度统揽全局,把握各领域历史发展与改革战略机遇,不折不扣落实党中央统一部署,强化"关键少数"的责任担当,干在实处、走在前列,在不断实践中提升各级政府的执政能力。提高党的执政能力建设关键在"人",要培养一支高素质干部队伍,坚持突出政治标准、德才兼备、以德为先、任人唯贤、公开选拔、基层选拔的原则,尤其是要给年轻干部更多的机会。要巩固夯实基层党组织的战斗堡垒的作用,创新组织运转方式,激发基层党组织的活力。

三是加强党的先进性和纯洁性建设。加强党的先进性和纯洁性建设就是从动态的、改革的、发展的视角,不断提升党的方针路线政策的与时俱进性,永葆党的生机和活力。习近平总书记"七一"重要讲话首次提出并精辟阐释了伟大建党精神,深刻体现了党的先进性本质,也为进一步加强党的先进性建设指明了方向。要充分把握党的指导思想的先进性精髓,旗

---

① 习近平:《高举中国特色社会主义伟大旗帜 为全面建设社会主义现代化国家而团结奋斗——在中国共产党第二十次全国代表大会上的报告》(2022年10月16日),人民出版社2022年版,第63页。

帜鲜明地坚持马克思主义思想指导，在不断发展中实现马克思主义中国化创新，深入探究马克思唯物主义辩证法与中华民族"天人合一"传统文化的统一性。新发展阶段，重要任务则是要深入学习贯彻习近平新时代中国特色社会主义思想，将其作为社会主义现代化建设的长期指导思想。要加强党组织和党员的先进性建设，在社会各个领域、各个行业中建立党的组织，选拔优秀人员进入党组织，积极发挥党组织和党员的先锋队作用，做到对党忠诚、不负人民。要不断健全党内法规制度体系，加强党的思想纯洁性、组织纯洁性、作风纯洁性，其根本在于坚持全面从严治党、加强党的纯洁性制度体系建设，为保持党的纯洁性提供制度保障。要积极推进反腐败制度建设和制度创新，建立健全反腐长效机制，实现常态化、高压反腐斗争。加强权力监督，把权力关进制度的笼子里，构建全方位、立体化监督体系，让权力在阳光下运行。

第二节　推进全过程人民民主

党的十八大以来，以习近平同志为核心的党中央不断深化对民主政治发展规律的认识，提出了"全过程人民民主"的重大理念。在建党100周年庆祝大会上，习近平总书记再次强调发展全过程人民民主，为新时代发展社会主义民主政治、建设社会主义政治文明提供了指引和遵循。党的二十大报告进一步指出，"发展全过程人民民主，保障人民当家作主"①。

一　全过程人民民主的科学内涵

政治民主是全人类共同的价值追求。但近些年来，西方部分国家假借民主之名、行破坏民主之实，已经成为阻碍各国推进民主进程的祸乱之源。推动政治民主，首要任务是搞清楚什么样的国家制度是真正的民主、有效的民主？以及是否实现了人民当家作主？对于上述问题，习近平总书

---

① 习近平：《高举中国特色社会主义伟大旗帜　为全面建设社会主义现代化国家而团结奋斗——在中国共产党第二十次全国代表大会上的报告》（2022年10月16日），人民出版社2022年版，第37页。

记分别明确了"八个能否""四个要看、四个更要看"的重要识别标准,并系统提出了发展"全过程人民民主"的重大论断。全过程人民民主是区别于西方形形色色资产阶级民主的根本特征,是中国特色社会主义政治道路的发展方向,是构建政治文明新格局的核心要求。

全过程人民民主在民主主体、覆盖领域、参与过程三个维度创造了人民群众高效参与国家与社会事务管理的新机制新形态,将人民群众意志贯穿到政治生活的各领域、各方面、各环节。[1] 首先,"全链条"要求实现民主选举、民主协商、民主决策、民主管理、民主监督的全链条、全环节的有机统一,人民不仅有权利投票,还有权利参与持续参与公共事务管理,以及监督承诺是否得到落实。其次,"全方位"是指全体人民,除被依法剥夺权力的人,都能参与人民民主实践,在推进"五位一体"新格局建设的进程中,人民有权利参与经济、政治、文化、社会和生态文明建设全部领域的实践活动,保障各领域决策能够反映群众意志力,全方位落实人民知情权、参与权、表达权、监督权,满足人民群众全方位利益、全方面需求。最后,"全覆盖"意味着全过程人民民主覆盖"政治文明新格局"构建的各个领域,也就是要覆盖政治运行逻辑的各个环节,通过促进权力、利益、权利的有机整合,实现了政治运行逻辑的全覆盖。

综上,全过程人民民主的核心是坚持以人民为中心、实现人民当家作主,"人民"既是"全过程人民民主"的出发点,也是落脚点。全过程人民民主是对西方"程序式"民主的超越,不仅看"过程",还看"结果";不仅看"程序",还看"实质";不仅看"直接"效果,还看"间接"效果;最终落脚点则在于对人民是否管用,避免出现"选举时漫天承诺,选举后无人问津"以及人民"形式有权、实际无权"的问题。

二 推动全过程人民民主的举措

全过程人民民主是人类民主的新形态,在制度建设、体制机制保障、程序规范等方面还有待健全。全过程人民民主的实现依托于人民当家作主

---

[1] 任仲文:《何为全过程人民民主》,人民日报出版社2022年版。

制度体系建设，需要在党的全面领导下，加强政权制度、政党制度、政治协商制度、基层制度建设，提高体制机制的整体性、系统性、协同性，形成全过程人民民主的强大制度保障体系，确保人民民主实现的真实性、广泛性。

一是坚持党的全面领导。坚持党的全面领导，才能确保全过程人民民主的正确方向。西方民主理论认为国家与社会具有互不兼容的天然属性，而中国共产党同时领导国家与社会，能够有效克服国家与社会的二元对立问题，实现国家民主（如政权制度）与社会民主（如人民监督）的有机统一，要求所有国家机关都要坚持人民属性，最大限度避免国家权力违背民意。最终在党的领导下，推动实现人大、政府、政协、监委、法院、检察院等国家机关密切配合、高效行使职能，实现顶层设计和基层实践良性互动。

二是发挥人民代表大会制度作用。作为我国的根本政治制度和政权制度，人民代表大会制度设计与安排，体现了中国共产党的初心使命，也集中反映了全过程人民民主的要求。人大代表选举体现了全过程人民民主的理念，人大立法及监督项目的确定也体现了人民意志，并充分吸收民意。推进人民代表大会制度不断完善，是实现全过程人民民主制度化法律化的根本途径。[1] 要在党的领导下，不断推动人民代表大会制度更加成熟、定型，确保人民通过法定程序和渠道参与各环节工作，争取最大程度、最广泛、最有效吸收民意，确保党和国家在决策、执行、监督等各个方面反映民意。

三是深入推进社会主义协商民主。人民政协在发展全过程人民民主中扮演着关键角色。[2] 要进一步完善协商制度建设，完善协商机构的党建、履职、组织管理及机构运行制度建设，强化协商功能、健全落实机制。加强信息技术应用，拓展交流互动平台建设。将凝聚人民共识贯穿协商全过程，并将其作为工作实践的重要准则，通过深化调研及广泛征求意见，不断达成共识和提高协商议政水平。要充分发挥政协委员的作用，

---

[1] 李忠：《论全过程人民民主的制度化法律化》，《西北大学学报》（哲学社会科学版）2022年第1期。

[2] 江泽林：《"两会制"民主视域下的人民政协——全过程人民民主的重要政治制度》，《中国社会科学》2021年第12期。

以提高政协委员协商能力为重要抓手，深入学习贯彻习近平总书记关于发展全过程人民民主、健全人民政协制度的重要论述与指示精神，强化理论武装，做到融会贯通、活学活用，提高将人民意见转化为政策选项的能力。

四是完善全过程人民民主的基层制度。健全民族区域自治制度与基层群众自治制度，尊重不同地区、不同民族、基层发展的实际情况，激发不同民族、基层群众的创造性，提高民主治理效能。

第三节　推进全面依法治国

全面推进依法治国是政治文明新格局构建的重要法治保障。党的二十大报告指出："全过程人民民主是社会主义民主政治的本质属性，是最广泛、最真实、最管用的民主。"[1] 习近平法治思想是全面依法治国的根本遵循和行动指南，要坚持习近平思想的根本指导地位，走中国特色社会主义法治道路，推动国家治理体系法治化。

一　坚持习近平法治思想的根本指引

党的十八大以来，习近平总书记高度重视全面依法治国工作，在历次中央全会、党的十九大上都强调了全面推进依法治国，另外，还在多次中央政治局会议、中央政治局常委会议，多次中央政治局集体学习会，每年全国两会，多次中央有关委员会会议、工作会议及工作考察场合就全面推进依法治国进行了指示，形成了理论创新、内涵丰富的习近平法治思想。[2] 习近平法治思想深刻回答了"为什么要全面依法治国""怎样全面依法治

---

[1] 习近平：《高举中国特色社会主义伟大旗帜　为全面建设社会主义现代化国家而团结奋斗——在中国共产党第二十次全国代表大会上的报告》（2022年10月16日），人民出版社2022年版，第37页。

[2] 莫纪宏：《习近平法治思想的理论渊源及发展脉络》，《中国井冈山干部学院学报》2021年第3期；王晨：《习近平法治思想是马克思主义法治理论中国化的新发展新飞跃》，《中国法学》2021年第2期。

国"重大时代课题,是新时代法制建设发生历史性变革、取得历史性成就的根本科学指引,也势必成为更长一个时期构建"五位一体"新发展格局的科学指引。

习近平总书记提出的"十一个坚持"构成了习近平法治思想的核心要义,其理论性质和特征直接决定习近平法治思想理论体系的建构方向。①"十一个坚持"的内涵深刻、逻辑严密,具有重要的指导意义。② 一是"坚持走中国特色社会主义法治道路",这是全面依法治国必须始终坚持的正确方向;二是"坚持党对全面依法治国的领导"以及"坚持以人民为中心",这是全面依法治国的根本原则;三是"坚持依法治国、依法执政、依法行政协同推进,法治国家、法治政府、法治社会一体建设"以及"坚持在法治轨道上推动国家治理体系与治理能力现代化",这是全面依法治国的时代使命;四是"坚持依宪治国、依宪执政""坚持建设中国特色社会主义法治体系""坚持全面推进科学立法、严格执法、公正司法、全民守法"以及"坚持建设德才兼备的高素质法治工作队伍",这是推进全面依法治国的实践要求;五是"坚持统筹推进国内法治和涉外法治",这是统筹国内外形势下的国际应对,为推动构建人类命运共同体提供法治保障;六是"坚持抓住领导干部这个'关键少数'",这是全面依法治国的关键抓手。

二 切实加强党对全面依法治国领导

一是正确认识党与法的关系。"党大还是法大"是一个伪命题,也是一个政治陷阱,要对此高度警觉。党和法、党的领导不是对立的,而是高度统一的。只有坚持党的领导,把党的领导贯彻依法治国的全过程,才能有序推进国家与社会生活法治化。与此同时,党的领导也要充分依靠社会主义法治,当今世界正面临百年未有之大变局,世界形势越复杂、社会主义现代化建设任务越艰巨,则更需要利用法治方式提高党的治理能力,不断强化党的执政地位。

---

① 莫纪宏:《习近平法治思想"十一个坚持"的法理逻辑结构与功能透析》,《新疆师范大学学报》(哲学社会科学版)2022年第2期。

② 《习近平法治思想学习纲要》,人民出版社、学习出版社2021年版,第7页。

二是坚持党领导立法、保证执法、支持司法、带头守法。坚持党领导立法，要求完善党委领导、人大主导、政府依托、社会参与的立法工作，由党中央负责领导全国立法工作，地方党委领导地区立法工作，一些涉及重大体制和政策调整的法律，需由全国人大常委会党组向党中央报告。坚持党保证执法，要求各级党委和政府全力配合执法机关执法，否则应依法依规追究责任。坚持党支持司法，要求保证司法机关独立公正行使职权，不得不当干预、越俎代庖。坚持党带头守法，要求增强守法自觉、做好守法表率，对法律保持敬畏之心，坚决不能触碰法律红线。

三是健全党领导全面依法治国工作机制。当前，全面依法治国的推进还存在不少短板和薄弱环节，需要从党中央层面加强统筹。组建于 2018 年的中央全面依法治国委员会，是谋划法治国家建设总体思路、战略任务的重要组织保障，它的成立并不是为了取代某些部门，而是致力于发挥协调作用、解决地方难以解决的重点问题。地方各级党委则需要履行对本地区本部门法制工作的领导责任，不断健全党委依法决策机制，促进党的政策与法律联动发展。

三　推动国家治理在法治轨道上运行

一是依法推动国家治理体系与治理能力现代化。坚持中国特色社会主义制度体系中的根本制度、基本制度、重要制度，是国家治理体系稳定性、系统性、规范性和协调性的根本保障，而这都需要宪法与法律予以保障巩固。核心在于处理好"法治"和"人治"的关系，若能处理好这一关系则社会主义现代化会顺利推进，否则将遭受各种各样的挫折。所以，要将党和国家重要工作纳入法治化轨道，依靠法治解决复杂社会矛盾，抵御重大风险，在实践中扬优势、补短板，逐步实现国家治理制度化、程序化、规范化、法治化。比如，随着现代信息技术的发展，互联网虚拟世界成为人民生活中的一部分，但"网络绝非法外之地"，推动网络空间治理是国家治理的重要组成部分，需要将"依法治网"作为基础手段，加快健全互联网领域法律法规，尤其是数字经济、互联网金融、人工智能、大数据、云计算等领域的法律制度完善，以及牢记国家安全意识，做好跨境数据流动评估与监管，严厉打击网络违法犯罪活动，维护网络空间和平安全。

二是系统性推进法治国家、法治政府、法治社会建设。坚持依法治国的系统性、整体性、协同性，重点推进法治领域改革，坚持系统思维，围绕经济社会发展中的复杂问题，深化公检法等国家司法机关改革。法治政府是法治国家的主体，推进依法执政、依法行政有助于为法治国家、法治社会建设提供示范带头作用，要"将权力关进制度的笼子里"，加强政府权力制约，依法规范政府与市场的合理边界，做到"法无授权即禁止"。法治社会是法治国家的基础构成，因此要弘扬社会主义法治精神，加强普法宣传，增强人民对法治的信任和信仰。

四 健全中国特色社会主义法治体系

一是健全规范法律体系。要把宪法作为法治建设的出发点和基本法律依据，建立各层次法律、法规和规章合宪性审查机制。由中央全面依法治国委员会统筹推进合宪性审查工作，保证党在宪法和法律范围内活动，及时纠正违宪行为。要深刻把握中国特色社会主义制度体系中的法律空白点。要适应新形势变化，不断推出与时俱进的重要立法，加强重点领域、新兴领域、涉外领域立法，将习近平法治思想的精髓内容融入法律体系之中，提升立法质量。以立法法典化为目标，积极总结民法典经验，推动条件成熟领域法典编纂工作，不断提升立法可操作性。

二是构建高效法治实施体系。法律的生命力在于实施，法律的权威也在于实施。社会中违法问题的存在，并不是因为法律体系不完备，而更多的是有法不依、徇私枉法。必须要严格落实国家行政、监察、审判及检察等法律实施主体的法定责任，推动宪法和法律真正得到贯彻实施。对于严格执法而言，要做到"于法有据"，不滥用职权、不随意超越职权，坚决杜绝以权压法、徇私枉法的问题，做到"法立，有犯而必施行；令出，唯行而不返"。对于公正司法而言，要牵住司法责任制这个"牛鼻子"，深化司法体制改革，建立权责一致的司法权运行新机制，依法独立公正行使审判权和检察权，保障社会公平正义。对于全面守法而言，要健全普法宣传教育机制、加强全民普法宣传，增强全面法治观念，让尊法、学法、守法、用法成为全民思维方式和行为习惯。

三是形成严密的法治监督体系。法治监督既有政治意义上的保障人民民主权利的人民"监督"，也有特定宪法与法律赋予监督权利的法律意义上的监督，无论是何种监督方式，都要统一到党对全面推进依法治国的领导上来。全面依法治国，必须完善权力运行制约，加强政治监督及法律监督。党内以政治监督为主，党外则要加强法律监督。加强立法监督，关键在于建立备案审查制度，加强对地方政府行政规范文件、司法解释、地方法院检察院规范文件的备案审查。加强执法监督，关键在于约束行政权力、避免权力干预执法。加强司法监督，关键在于健全法官、检察官办案的监督制度，促进司法公正。总体上，法治监督体系是政治监督与法律监督的有机统一，健全法治监督体系有助于从体制机制上有效解决"监督"和"被监督"的理论和实践难题。

四是健全法治保障体系。坚持党对法治工作的全面领导，加强依法治国政治和组织保障；深化体制机制改革，为全面推进依法治国提供制度保障；加强法治人才队伍建设、加大经费保障力度，为全面推进依法治国提供人才和物质条件保障；加强普法宣传，营造懂法守法普法的法治氛围和法治文化，为全面推进依法治国提供社会环境保障。

五是抓住党员干部这个"关键少数"。全面依法治国的推进，主要依靠各级领导干部的行动予以体现。习近平总书记强调，"各级领导干部在推进依法治国方面肩负重要责任，全面依法治国必须抓住领导干部这个'关键少数'"[①]。领导干部法律意识强、法治执行水平高，对全面推进依法治国能够起到关键作用，但若法律意识淡薄、不遵纪守法，则会起到致命的破坏作用。提高领导干部法治能力，不仅要靠自我提升，更要加强制度安排，建立党政部门依法决策机制、重大决策终身追究责任制度，法治建设成效考核制度等，强化党政主要负责人履行推进法治建设第一责任人职责。

---

① 中共中央文献研究室：《习近平关于全面依法治国论述摘编》，中央文献出版社2015年版，第107页。

第四节　推动制度优势转化为国家治理效能

国家治理体系与治理能力现代化是国家制度与制度执行能力的集中体现，也是构建政治文明新格局的制度保障。党的二十大报告要求，"不断彰显中国特色社会主义制度优势，不断增强社会主义现代化建设的动力和活力，把我国制度优势更好转化为国家治理效能"[1]。要深刻把握根本制度、基本制度与重要制度内涵及内在辩证关系，把中国特色社会主义制度优势转化为国家治理效能。

一　推进国家治理体系与治理能力现代化

《决定》所提及的"十三个坚持和完善"具有系统性、完整性、内在逻辑递进性，每一方面都扮演着不可或缺的角色，形成了整体性的国家治理"中国方案"。

推动国家治理体系与治理能力现代化，重点是正确把握"十三个坚持和完善"的内在逻辑关系。一是"坚持和完善党的领导制度体系"，这是国家治理的根本政治保障；二是"坚持和完善人民当家作主制度体系"，这是国家治理"跳出历史周期率的前提保证"；三是"坚持和完善中国特色社会主义法治体系"，这是国家治理的法治保障；四是"坚持和完善中国特色社会主义行政体制"，这是提升国家治理效能的具体行政体制机制安排；五是"坚持和完善社会主义基本经济制度"，这是国家治理的物质保障；六是"坚持和完善繁荣发展社会主义先进文化的制度"，这是国家治理的精神力量；七是"坚持和完善统筹城乡的民生保障制度"，这是国家治理的根本目标；八是"坚持和完善共建共治共享的社会治理制度"，这是国家治理的环境保障；九是"坚

---

[1] 习近平：《高举中国特色社会主义伟大旗帜　为全面建设社会主义现代化国家而团结奋斗——在中国共产党第二十次全国代表大会上的报告》（2022年10月16日），人民出版社2022年版，第27页。

持和完善生态文明制度体系",这是国家治理的生态底线;十是"坚持和完善党对人民军队的绝对领导制度",这是国家政治安全与国防安全的军事保障;十一是"坚持和完善'一国两制'制度体系",这是国家治理的伟大制度创举;十二是"坚持和完善独立自主和平外交政策",推动构建人类命运共同体,这是中国参与国际治理的外交原则;十三是"坚持和完善党和国家监督体系",这是保障党的纯洁性的监督制度。

二 积极参与和引领全球治理体系变革

全球治理与国家治理相辅相成、互相促进。推动国家治理体系与治理能力现代化涉及政治、经济、文化、社会以及生态等方方面面,而在此基础上,积极参与全球治理,构建持久和平、普遍安全、共同繁荣、开放包容、清洁美丽的人类命运共同体同样覆盖"五位一体"新发展格局的各方面目标,这是新时代中国外交的总目标。在百年未有之大变局下,世界政治与经济不稳定性、不确定性愈发突出,新冠疫情、地区冲突、意识形态竞争、逆全球化浪潮、气候变化、军备竞赛等传统安全威胁与非传统安全威胁互相交织,为中国参与全球治理带来了挑战。在此背景下,坚持胸怀"两个大局",以习近平外交思想为新时代我国对外工作的根本遵循和行动指南,积极参与全球治理。

一是构建新型国际关系。坚持习近平外交思想,构建人类命运共同体,其根本途径是推动构建新型国际关系,把合作共赢理念体现到政治、经济、安全、文化等对外合作的各方面,其本质在于走出一条对话而不对抗、结伴而不结盟的国家交往新道路,打造更加成熟完善的全球伙伴关系网络。[①] 一方面,要维护多边机制的稳定性、权威性。坚定维护以联合国为核心的国际体系,反对霸权主义、强权政治,引领二十国集团、上合组织、金砖国家等有利于世界和平发展的重要平台建设。另一方面,积极推动全球治理体系变革。聚焦全球治理体系不公正、不合理地方的改革,而

---

① 张宇燕:《习近平新时代中国特色社会主义外交思想研究》,中国社会科学出版社 2022 年版。

非谋求在当今全球治理体制外建立新的替代性国际机制，推动全球重大事件由各国协商解决；推动全球所有国家参与全球治理，提高发展中国家代表性和发言权并承担共同有区别的责任，协同参与公共产品供给，使全球治理体制更加平衡地反映大多数国家意愿和利益；推动全球治理成果共享，以国际关系民主化为基本准则，避免零和博弈、赢者通吃。

二是构建中国话语和中国叙事体系。中西方文化、意识形态存在较大差异，讲好中国故事面临着"讲什么""怎么讲"这两个关键问题。一方面，对于"讲什么"，要主动设置议题，帮助国外民众认识中华民族优秀传统文化、和平发展基因，并从中国历史发展的内在逻辑视角，帮助外国人深入了解中国共产党为人民谋幸福的初心使命，将中国发展观、文明观、生态观、国际秩序观和全球治理观融入真实的故事中，用一个个鲜活的案例和故事讲清中国对解决人类问题作出的贡献及提供的中国智慧、中国方案，而且不回避发展中面临的真实问题，为中华优秀传统文化"走出去"、中国话语走向国际舞台创造机会，塑造更加真实、可爱、可亲、可敬、可信的中国形象。另一方面，对于"如何讲"，不仅要"组织各种精彩、精炼的故事载体，把中国道路、中国理论、中国制度、中国精神、中国力量寓于其中，使人想听爱听，听有所思，听有所得"[①]，还要加强国际传播能力建设，形成与我国综合国力和国际地位匹配的国际话语权。全面提升国际传播效能，要加强国际理论研究、把握国际传播科学规律，创新国际传播体制机制创新，构建全球化表达、区域化表达、分众化表达的差异化精准传播体系，深入开展不同层次的国际文化交流活动，加强国际传播人才培养，将我国的制度优势、组织优势、人力优势转化为传播优势。此外，还要积极做大"朋友圈"，争取更多知华、友华国家的发声支持，加强舆论斗争和对外发声能力，不断提高国际传播影响力和中华文化的感召力。

三　加强数字技术赋能国家治理现代化

新一轮信息技术革命与产业变革下，要更加重视利用人工智能、互联

[①] 中共中央文献研究室：《习近平关于社会主义文化建设论述摘编》，中央文献出版社2017年版，第212页。

网、大数据等现代信息技术手段提升治理能力和治理现代化水平。一是以数字技术提升国家治理效能。加强数字政府、数字社会建设，强化互联网、大数据、人工智能、区块链等数字技术在国家治理中的应用，搭建大数据监测平台，积极推动政务数据资源跨地区、跨层级、跨部门共享和交换，破解大数据处理与信息流动障碍，提高精细化治理能力。[①] 充分利用数字技术，建立政府、企业和公众共同参与、有效协同的治理机制，为共建共治共享提供技术性的载体。此外，还可以通过加强数字化、网络化、智能化监管，提升监管效能。二是以数字技术应用赋能讲好中国故事。依托大数据、人工智能、区块链等数字技术，构建文化遗产数字资源库，打造数字故宫、数字敦煌、数字三星堆、数字博物馆等，利用虚拟空间等数字技术生成虚拟场景，增强受众参与性、互动性，全方位立体式展示中国文化、中国故事。积极开发中华文化 IP 数据库，创新丰富多彩的音乐、影视、舞台剧、动漫等文艺作品，加强多媒介推广与云传播，提高中华文化品牌世界影响力。

---

① 辛勇飞：《数字技术支撑国家治理现代化的思考》，《人民论坛·学术前沿》2021 年第 Z1 期。

第 四 篇

文化发展新格局

第十一章

文化发展新格局的科学内涵

全面建设社会主义现代化国家,必须坚持中国特色社会主义文化发展道路。没有社会主义文化繁荣发展,就没有社会主义现代化。新时期,要站在现代化新道路、人类文明新形态的高度认识和构建文化发展新格局,开辟精神文明新境界。构建文化发展新格局,首先要基于新时代、新世界、新技术、新框架的总体背景,厘清文化发展新格局的核心要义并进一步明确其中的逻辑关系。

第一节 文化发展新格局的构建背景

构建文化发展新格局,要充分体现新时代发展特征,适应新世界发展要求,运用新技术赋能发展,打造不同于文化发展旧格局的新框架。

一 新时代

新时代中国特色社会主义发展的主题是实现高质量发展,中心任务是实现社会主义现代化。我国的高质量发展,不仅包括经济的高质量发展,还包括政治、社会、文化、生态等各领域的高质量发展。过去,由于受历史条件的限制,中国的发展主要突出经济的发展,以经济效率的提升为主,对其他方面的发展,特别是对文化发展重视不够。新时代中国高质量发展必须强调全面高质量发展,不仅要实现经济高质量发展,也要实现其他领域的高质量发展,其中,文化高质量发展是新时代中国高质量发展不可或缺的重要组成部分。文化不仅是新时代高质量发展的重要内容，也对其他领域的高质量发展具有重要赋能和推动作用。没有文化的高质量发展，就不可能实现其他领域的高质量发展；缺少文化的赋能作用，其他领域的发展也就缺少源源不断的动力。在新时代，推动高质量发展，文化是重要支点；满足人民日益增长的美好生活需要，文化是重要因素；战胜前进道路上各种风险挑战，文化是重要力量源泉。①

新时代，实现高质量发展是建设社会主义现代化强国、实现党的第二个百年奋斗目标的基本要求。建设社会主义现代化强国既需要强大物质力量，也需要强大精神力量，文化发展是提供强大精神力量的重要源泉。通过构建文化发展新格局，培育和发展中国特色社会主义文化，推动社会主义文化繁荣发展；通过构建文化发展新格局，为经济、政治、社会、生态发展新格局的构建和完善提供强大精神支撑；通过构建文化发展新格局，为早日建成社会主义现代化强国提供强大动力。

二　新世界

中国过去的发展主要是一种模仿型发展，不但在经济层面模仿，也在思想、文化层面模仿。现在，我们要彻底转变发展观念，由模仿型发展转为引领型发展，实现从全球跟跑者到并跑者再到领跑者的逻辑转变，而且这种转变是全方位的，不仅包括"有形"层面的引领，也包括精神、思想、文化、制度等"无形"层面的引领。

文化发展作为一个国家的软实力，对一个国家的国际地位、实力和声誉等，都具有重要的影响。撒切尔夫人曾经说过，"今天中国出口的是电视机，而不是思想观念"②。她从西方中心主义的立场看中国，认为一个没有文化影响力的国家是不足畏惧的，即使中国的经济正在迅速崛起，其充其量也只能是一个物质生产大国，在精神文化生产、创新和传播上，仍是个无足轻重的小国。可见，历史发展和人类进步离不开思想和文化的引领，文化兴国运兴，文化强民族强，文化自信是一个国家更根本、更持久

---

① 习近平：《全面推进教育文化卫生体育事业发展　不断增强人民群众获得感幸福感安全感》，《人民日报》2020年9月23日第1版。

② 王岳川：《发现东方》，北京大学出版社2011年版。

的力量。我们坚持发展中国特色社会主义，创造了中国式现代化道路，创造了人类文明新形态，为解决世界现代化难题贡献了中国方案。未来，我们要统筹国内国际两个大局，构建具有世界意义、发挥世界价值的文化发展新格局，打破西方国家在全球发展中的"指导者"地位，不断增强文化发展软实力，持续提升中华文化影响力和创造力，为全人类发展贡献更多中国智慧和中国力量。

三　新技术

当今世界，新一轮科技革命与产业变革深入推进，以互联网、大数据、云计算、人工智能为代表的"新技术群"对经济、社会、文化等各个领域的发展正在产生巨大而深刻的影响，对构建文化发展新格局也将发挥重要的赋能作用。通过"新技术群"赋能传统文化保护、创新、传播全过程，使中华文化的传承与创新从实体空间进一步拓展延伸至虚拟空间，通过虚实交互，深入挖掘文物和文化遗产的多重价值，使我们民族的文物、遗产、文字都"活起来"，使承载着中华文化和中国精神的价值符号与文化产品彰显时代活力，体现时代价值。

从发展阶段看，新一轮科技革命与产业变革正处于孕育发生期，未来几十年将迎来它的发展繁荣期，"新技术群"无疑将成为驱动未来几十年各领域新发展格局建设的强大力量。新一轮科技革命与产业变革从内容上看确实有很多的不确定性，而充分把握新一轮科技革命与产业变革发展机遇，则是未来30年不确定中的最大确定性。在这一进程中，数字文化将构成我国文化体系中最具活力的部分，大力发展数字文化将成为我国文化发展新格局建设的重要内容，通过文化与科技融合发展，相得益彰，以"新技术群"赋能文化发展新格局的构建，将是未来新技术发展的重要使命。

四　新框架

中国特色社会主义文化，源自于中华民族5000多年文明历史所孕育的中华优秀传统文化，熔铸于党领导人民在革命、建设、改革中创造的革命文化和社会主义先进文化，植根于中国特色社会主义伟大实践。新时代，我国要构建的文化发展新格局是由新的框架构成的文化发展新体系。从具体内涵来看，中华优秀传统文化、革命文化、社会主义先进文化、时代文化与人类优秀文明相互碰撞、相互吸收、相互激活，构成中国特色社会主义文化发展新格局的核心要义。其中，中华优秀传统文化、革命文化和社会主义先进文化是中华民族精神脉络的延续发展与不断升华。时代文化是从国家价值目标、社会价值追求和个人价值遵循三个层面凝结着的全体人民共同的价值追求。同时，中国特色社会主义文化具有显著的开放性和包容性，兼容并蓄，从外来文明中汲取有益养分，使中华文明与外来文明在交流交融、互学互鉴中共同繁荣。

从国家层面看，要更加突出马克思主义在意识形态领域的指导地位，将马克思主义基本原理同中国优秀历史传统和文化相结合，既坚持马克思主义，又发展马克思主义，① 使其全方位引领新时代中国特色社会主义文化事业大发展、大繁荣；更加突出对中华优秀传统文化的创造性转化与创新性发展，更深入地挖掘传统文化的时代内涵，赋予其时代价值；更加突出对革命文化的继承与发展，传承红色基因，使伟大建党精神更加深入人心，成为推动中华民族伟大复兴的磅礴力量；更加突出社会主义先进文化的与时俱进性，始终立足新时代中国现代化发展新要求，更好满足全体人民日益增长的文化新需求，使其成为增强全体人民文化自信的力量源泉；更加突出时代文化在国家层面、社会层面、个人层面的价值引领作用，赋予其更深刻的时代价值；更加突出中华文明与其他优秀文明互鉴互赏，推动中华文明走出去，提升中国文化的国际传播能力，运用中国思想、中国智慧、中国方案引领世界价值创造。

从历史脉络看，新中国成立之前，我国文化发展是滞后于时代发展的。新中国成立之后，经过几代人的不断进取，我国文化和其他各项事业逐步跟上时代发展脚步。未来，我国要进一步在各个领域引领时代，包括在文化领域，要走在时代发展的前列。与文化发展旧格局相比，我们所要构建的文化发展新格局将具有更高的地位、更丰富的内涵，也将对我国现代化建设、对人类命运共同体的建设和全人类的发展，发挥更加显著的作用。

---

① 高英：《毛泽东思想和中国特色社会主义理论体系概述》，高等教育出版社2014年版。

第二节　文化新发展格局的核心要义

文化发展新格局是基于新时代、新世界、新技术、新框架形成的具有系统性的文化发展体系，追本溯源，其核心要义离不开对中华优秀传统文化和革命文化的继承与弘扬，对社会主义先进文化的培育与发展，对时代文化的凝聚与遵循，以及对人类优秀文明的吸收与借鉴。

一　中华优秀传统文化

中华优秀传统文化是中华文明的智慧结晶和精华所在，也是中华民族有别于其他民族的独特标识，有着鲜明的民族特色和永不褪色的时代价值，潜移默化地影响着中国人的思想方式和行为方式。从思维层面和实践层面来看，中华优秀传统文化具有丰富内涵。

（一）思维层面

从思维层面来看，中华优秀传统文化包括辩证文化、中正文化、和合（和谐）文化、系统文化、大同文化等。

（1）辩证文化。中国传统文化中蕴含丰富的辩证思想，比如阴阳平衡，阴阳融合，阴阳转换，"一阴一阳之谓道"；福祸相依，"福兮祸所伏，祸兮福所倚"；"有无相生，难易相成，长短相形，高下相倾，音声相和，先后相随"；等等。中华文化中的辩证思维讲求"和而不同"，使矛盾双方处于有序的统一体中，即并非"你强我弱"的对立状态，而是注重统一和调和，致力于达到"共赢"的状态。

（2）中正文化。中国传统文化讲求中正之道、中庸之道，"不偏之谓中，不易之谓庸。中者，天下之正道；庸者，天下之定理"。"中"的本质含义是"不偏不倚""凡事有度，过犹不及"，即凡事讲求恰如其分、恰到好处、恰逢其时，强调事物发展变化都有一个"度"，一旦超出了"度"的范围，事物就会发生质的变化，保持事物稳定、平衡，就要做到适度、适中。

（3）和合（和谐）文化。"和合"是中华民族源远流长的文化传统，体现了人们对宇宙、自然、社会、人生的价值理念和行为准则，以和为贵，追求和谐。①三个和谐。中国传统文化将天、地、人看作一个有机系统，强调各种关系的和谐共存，即人与自然、人与社会、人与自身关系的全面和谐。人与自然的和谐关系是人类存在的最直接、最基本的关系，"仁者以天地万物为一体"，要将自然作为"人的无机的身体"。① 人与社会的和谐体现为人与他人、人与国家，不同民族、不同文明之间的和谐，即不同个体之间应当相互理解、相互尊重、和睦共存、和合共生，与人为善，"己所不欲，勿施于人"，和而不同，求同存异。人与自身的和谐体现于个人修养，"喜怒哀乐未发之谓中，发而中节谓和"，"中和"不仅是个人和谐，也是天下大道。②六个合一。身心合一、心灵合一、知行合一、术道合一、物我合一、天人合一。所谓天人合一，就是要人顺其天、人合其天、人学其天、人同其天，即顺应自然、因应自然、感应自然、对应自然。③三分法思维。不同于"二分法"强调用一分为二的角度看问题，"三分法"的核心思想是"非对立"，"你中有我，我中有你"，第三态是常态，不把事物绝对化，跳出双方对立的局限，寻找更合理的第三条路径。中国特色社会主义市场经济发展规律充分体现了三分法思维，如公有经济和私有经济的关系、政府和市场的关系、按劳分配和按生产要素分配的关系等。

（4）系统文化。系统思维立足于从整体把握事物本质，对事物内在结构和相互关系进行机理分析，从整体上揭示事物发展规律。中国传统文化蕴含着系统思维方式，例如，中医文化主张人体是由脏腑经络紧密联系构成的系统整体，要将人体置于大的系统中考量：上病下治，下病上治；内病外治，外病内治。按照传统中医文化，眼睛有病治肝，耳朵有病治肾，鼻咽有病治肺，口腔有病治脾，即注重事物之间的普遍联系，既注重有形联系，更注重无形联系，将有形联系和无形联系贯通思考，依照系统论、整体观对人体进行治疗，这与西医"头痛医头，脚痛医脚"的方式形成鲜明对比。

（5）大同文化。中国传统文化提倡"天下为公"的"大同理想"。

---

① 《马克思恩格斯文集》第 1 卷，人民出版社 2009 年版，第 155 页。

对于"大同"最早的论述来源于《礼记》:"大道之行也,天下为公,选贤与能,讲信修睦。故人不独亲其亲,不独子其子……是故谋闭而不兴,盗窃乱贼而不作。故外户而不闭,是谓大同。"这其中所呈现的是一种安定有序、安居乐业的社会状态,在这样的社会,人人都可得到关爱,社会地位平等,敬老爱幼成风,"老吾老,以及人之老;幼吾幼,以及人之幼"。要达到这种"大同"局面,必须遵循"天下为公"的理念,"天下非一人之天下,乃天下人之天下也",即天下并非一家一国的私物,而是由不同人、不同家、不同民族、不同国家共有。"天下大同"体现了中国古代哲人对理想社会状态和国家治理最高目标的憧憬。

(二)实践层面

从实践层面来看,中华优秀传统文化包括诚信文化、仁爱文化、幸福文化、民本文化、家国文化、"大一统"文化等。

(1)诚信文化。诚信是中国传统文化的思想道德基础。个人层面,诚信是行为准则,"言之必,可行也。君子于其言,无所苟而已矣"。社会层面,强调"为学""为商"过程中诚信的重要性,"知之为知之,不知为不知,是知也","为学"要实事求是。从事商业活动,"君子爱财,取之有道",反对通过欺诈手段谋利。国家层面,强调诚信是国家治理者所必备的素养,"敬事而信"才能"以德服人","所信者不忠,所忠者不信,六患也",君民之间,"上好信,则民莫敢不用情",即只有讲诚信,君主才能得到百姓的拥护。

(2)仁爱文化。"仁者爱人"是中国传统文化中重要且普遍的价值理念。儒家将"仁"视为最高的道德境界和道德原则,"仁"即"爱人",孔子将"仁爱"视为三个层面:前提是要具有仁德的人,即"仁"要以德性为前提,德性通过修养获得,即"修己以敬";内在体现为成己成人、推己及人,即行"忠恕之道";外在体现为依照社会规范行事,即"克己复礼"。从内到外,从品质到思维,仁德内得于己、外显于形。儒学中的"仁者爱人"范围很广,"爱人"对象从亲人到众人,"弟子入则孝,出则弟,谨而信,泛爱众,而亲仁"。孟子则进一步强调"仁爱"对象要从亲人到百姓再到万物,"君子之于物也,爱之而弗仁;于民也,仁之而弗亲。亲亲而仁民,仁民而爱万物"。可见,中国传统文化中的"仁爱"包含不同层级：对亲人的爱（小爱），对熟人的爱（中爱），对陌生人的爱（大爱），以及对大自然的爱（博爱），从"爱己"到"爱人"，再到"爱物"，从小爱、中爱、大爱到博爱，爱是最高层级的能量。

（3）幸福文化。中国传统文化中对"幸福"的最早记载是《尚书》洪范篇中的"五福"说，"五福"包括"一曰寿，二曰富，三曰康宁，四曰攸好德，五曰终考命"，即由长寿、富足、安康、爱好美德、老而善终构成的幸福观。中国传统文化中的"幸福"不仅包括个人幸福，而是以个人为中心，父母寿，子孙贤，夫妻和，兄妹亲。"父母俱存，兄弟无故，一乐也；仰不愧于天，俯不怍于人，二乐也；得天下英才而教育之，三乐也。"更进一步，不仅包括人的幸福，还包括动物幸福、全部生物的幸福、大自然的幸福，此为"天人合一"。

（4）民本文化。民本思想起源于商周更替之时，周朝统治者从商朝灭亡中认识到人民的力量，便有"天视自我民视，天听自我民听"的思想产生，此后，民本思想"流贯中国五千年之政治"。民本思想一方面体现为君与民的关系，荀子指出，"天之生民，非为君也。天之立君，以为民也"，"君者舟也，庶人者水也，水则载舟，水则覆舟"。孟子进一步主张"民为贵，社稷次之，君为轻"。这都体现了民贵君轻、立君为民的思想理念。民本思想同时体现在国与民、政与民的关系上。《管子》中有，"政之所兴，在顺民心；政之所废，在逆民心"，强调只有拥有人民的拥护，国家政权才能稳定。"民惟邦本，本固邦宁"，民本思想对于稳固古代国家和社会秩序发挥重要作用。

（5）家国文化。在中国人的精神世界和文化传统中，个人与家庭、社会和国家之间是紧密相连的，注重"家国同构"，家是最小国，国是千万家，"天下之本在国，国之本在家，家之本在身"，为了实现"家国一体"，中国古人常常赋予个人抱负、家庭寄托、国家希望和民族理想丰富的内涵，在涉及个体人生追求上常常教之以"修身、齐家、治国、平天下"的伦理要求。这种建立在个体伦理基础之上的家国一体观成了整个中国古代社会秩序相对和谐的文化基础，同时也成了维系国家存续的思想根源。

（6）"大一统"文化。"大一统"文化产生于中国古代春秋战国时期，老子在《道德经》中提到"道生一，一生二，二生三，三生万物"，是对

"万物归一"思想的最早阐释。孔子思想中同样蕴含了"大一统"思想，"天下有道，则礼乐征伐自天子出；天下无道，则礼乐征伐自诸侯出"，他将"天子"视为"天下"的核心。《荀子》中出现"四海一家"的表述，"四海之内若一家"。《公羊传》中首次出现"大一统"的概念，"何言乎王正月？大一统也"。"大一统"思想的政治实践始于秦朝时期，秦始皇统一中国，确立了中国古代历史上高度集权的中央封建政治体制，结束了自春秋战国后诸侯长期割据局面，开创了"大一统"新局面。经过几千年历史积淀，"大一统"文化对于中华民族的融合发展以及政治秩序的稳固产生重要影响。同时，"大一统"文化还推动中国文化兼容并蓄、相互交融，形成以儒家为核心，以儒、道、佛为主体的完整的文化体系。总之，"大一统"文化对于中华民族思想文化、政令举措、疆域民族等方面的和合统一有着深刻影响，发挥重要历史作用。

二 革命文化

革命文化起源于五四运动和中国共产党的成立，是党和人民在伟大斗争中培育和创造的价值追求、思想理念和精神品格，体现了中国人民顽强坚韧的民族气节和英雄气概。革命文化是对中华民族革命斗争历史的高度文化凝练，也是中国精神在革命战争年代的重要表现形式。[①]

革命文化具有丰富的内涵，包括：忠于信仰、勇于坚守、敢于首创的先驱精神；开天辟地、敢为人先、坚定理想、百折不挠、立党为公、忠诚为民的红船精神；团结合作、不忘初心、永葆党性、艰苦奋斗、敢于拼搏的黄埔革命精神；胸怀理想、实事求是、勇闯新路、依靠群众、无私奉献的井冈山精神；为理想信念而献身的雨花英烈精神；坚定信念、不屈不挠、自立自强、敢为人先、甘于奉献、丹心向党的琼崖革命精神；追求真理、勇于拼搏、不怕牺牲、开拓创新的八一精神；坚守信念、胸怀全局、团结一心、勇当前锋的大别山精神；求真务实、一心为民、清正廉洁、争创一流、无私奉献的苏区精神；视死如归、宁死不屈、百折不挠、坚韧不

[①] 汤玲：《中华优秀传统文化、革命文化和社会主义先进文化的关系》，《红旗文稿》2019年第19期。

拔的抗战精神；对工作极端负责、对同志对人民极端热忱、对技术精益求精的白求恩精神；坚定理想信念、坚持独立自主、严守纪律、紧密团结、顾全大局与人民群众共患难的长征精神；以"爱国、清贫、奉献、创造"为主要内核的方志敏精神；勇于胜利、勇于突破、勇于牺牲的湘江战役精神；以"坚定信念、实事求是、独立自主、民主团结"为主要内涵的遵义会议精神；百折不挠、万众一心、敢于胜利、英勇奋斗的太行精神；以"坚如磐石的理想信念、和衷共济的爱国情怀、艰苦卓绝的凛然斗志和百折不挠的浩然正气"为核心内涵的红岩精神；身先士卒、艰苦奋斗、任劳任怨、不计个人得失的张思德精神；咬定目标、苦干实干、锲而不舍、久久为功的愚公移山精神；善于破坏旧世界、善于建设新世界、坚持依靠群众、坚持团结统一、务必保持谦虚谨慎作用、务必保持艰苦奋斗作风的西柏坡精神等。

三 社会主义先进文化

社会主义先进文化代表着时代进步潮流和发展要求，是面向现代化、面向世界、面向未来的先进文化，从具体阶段来看，包括建设时期、改革开放时期、新时代。

（一）建设时期

建设时期的先进文化重点包括：为了祖国和民族的尊严奋不顾身、英勇顽强、舍生忘死、慷慨奉献的抗美援朝精神（含上甘岭精神）；军民同心协力、各族人民同心协力、百折不挠、团结一致、勇夺胜利的"两路"精神；艰苦创业、奋发图强、无私奉献、开拓创新的垦荒精神；艰苦奋斗、勇于开拓、顾全大局、无私奉献的北大荒精神；胸怀大局、无私奉献、弘扬传统、艰苦创业的西迁精神；自力更生、艰苦创业、团结协作、无私奉献的红旗渠精神；艰苦创业、无私奉献、团结协作、勇于创新的三线精神；忘我拼搏、埋头苦干、求真务实、甘于奉献的铁人精神；为国争光、为民族争气、独立自主、科学求实的大庆精神；勇于担当、自力更生、与时俱进、促进协调、着力民生、胸怀大局、和谐共进的大寨精神；以"信念的能量、大爱的胸怀、忘我的精神、进取的锐气"为核心的雷锋精神等。

（二）改革开放时期

改革开放时期涌现出一大批社会主义先进文化，包括：解放思想、与时俱进、敢为人先、改革创新、开放包容、互利共赢、不懈奋斗、务求实效的改革开放精神；敢闯敢试、敢想敢干、敢于担当、敢于拼搏的改革先锋精神；敢闯敢试、敢为天下先、海纳百川、兼容并蓄、追求卓越、崇尚成功、宽容失败、顾全大局、对国家和人民高度负责的特区拓荒牛精神；敢于创造、敢于担当、敢于奋斗的小岗精神；顾全大局、无私奉献、热爱人民、服务人民、清正廉洁、克己奉公、艰苦奋斗、知难而进、开拓进取、求真务实的孔繁森精神；敢闯敢为、勇于创新的浦东精神；齐心协力、团结友爱、敬业奉献、求真务实、以人为本、扶弱济困的抗击非典精神；以"伟大创造精神、伟大奋斗精神、伟大团结精神、伟大梦想精神"为核心内涵的民族精神；追逐梦想、勇于探索、协同攻坚、合作共赢的探月精神；热爱祖国、为国争光、勇于攀登、敢于超越、科学求实、严肃认真、同舟共济、团结协作、淡泊名利、默默奉献的载人航天精神；以"为国争光的爱国精神、艰苦奋斗的奉献精神、精益求精的敬业精神、勇攀高峰的创新精神、团结协作的团队精神"为核心内涵的北京奥运精神；解放思想、实事求是、积极探索、勇于创新、艰苦奋斗、知难而进、学习国外、自强不息、谦虚谨慎、不骄不躁、同心同德、顾全大局、勤俭节约、清正廉洁、励精图治、无私奉献的艰苦创业精神；淡泊名利、廉洁奉公、坚定信念、对党忠诚、牢记宗旨、一心为民、鞠躬尽瘁、不懈奋斗、大公无私、淡泊名利的杨善洲精神；忠于使命、艰苦奋斗、科学求实、绿色发展的塞罕坝精神等。

（三）新时代

在习近平新时代中国特色社会主义思想指引下，社会主义先进文化有了更加丰富的内涵，包括：以"和平合作、开放包容、互学互鉴、互利共赢"为核心的丝路精神；迎难而上、艰苦奋斗、久久为功、利在长远的右玉精神；心有大我、至诚报国、艰苦创业、不懈奋斗的知识分子爱国奋斗精神；克服浮躁、保持韧劲、善始善终、善做善成的钉钉子精神；不畏艰苦、甘于奉献、救死扶伤、大爱无疆的中国医疗队精神；坚韧不拔、勇往直前、忠于职守、甘于奉献的蒙古马精神；与时俱进、敢干敢变、先行先试的新时期创业精神；以"百折不挠的斗争品格、艰苦奋斗的自主精神、求新求变的创新追求"为核心内涵的新时代伟大奋斗精神；以"法律至上、公平正义、保障人权、权力制约、社会和谐等"为价值追求的宪法和法治精神；以"互信、互利、平等、协商、尊重多样文明、谋求共同发展"为核心理念的上海精神；自主创新、开放融合、万众一心、追求卓越的北斗精神；以"实行对外开放、坚持平等协商、共享国际利益"为主要内涵的国际主义精神；以"崇尚劳动、热爱劳动、辛勤劳动、诚实劳动"为主要内核的劳动精神；以执着专注、精益求精、一丝不苟、追求卓越为核心的工匠精神；以"爱岗敬业、争创一流、艰苦奋斗、勇于创新、淡泊名利、甘于奉献"为核心的劳模精神；以"爱国敬业、遵纪守法、艰苦奋斗、创新发展、专注品质、追求卓越、履行责任、敢于担当、服务社会"为核心的企业家精神；以"胸怀祖国、服务人民、勇攀高峰、敢为人先、追求真理、严谨治学、淡泊名利、潜心研究、集智攻关、团结协作、甘为人梯、奖掖后学"为核心的科学家精神；严谨求实、团结协作、拼搏奉献、勇攀高峰的载人深潜精神；以"为民服务孺子牛、创新发展拓荒牛、艰苦奋斗老黄牛"为核心的"三牛"精神等。

四 时代文化

每个时代都有每个时代所特有、符合时代发展要求的思想理念和价值观念。时代文化是中国特色社会主义文化在当代中国的最新发展，它凝聚着人类社会的共同价值，同时蕴含着社会主义新时期的核心价值。

（一）人类社会共同价值

人类社会共同价值立足于全人类的核心利益和立场，体现了全人类在生存和发展过程中应当共同遵循的价值理念，它代表了人类社会不同文明所普遍认可的"最大价值公约数"，具体包括和平、发展、公平、正义、民主、自由。[①]

[①] 习近平：《携手构建合作共赢新伙伴　同心打造人类命运共同体——在第七十届联合国大会一般性辩论时的讲话》，《人民日报》2015年9月29日第1版。

和平与发展是人类生存和发展的价值基础，也是全人类的共同事业。没有和平与发展就没有安全和稳定，就无法保障其他价值的实现。和平与发展也是解决当今世界面临各种挑战的根本出路和必然方向，唯有发展，才能从根源处化解冲突，才能保障人民的基本权利，才能满足人民群众对美好生活的向往。公平与正义是全人类的共同理想和普遍的价值追求，也是人类社会前进和发展的动力。从全球来看，就是要打造公正合理的国际秩序，坚持共商共建共享的全球治理观，使国家间的国际地位平等，参与国际事务的权利平等，能够在全球发展过程中利益共享、责任共担，使全球化朝着开放、包容、普惠、平衡、共赢的方向发展。民主与自由是全人类的共同追求。民主就是要代表最广大人民的根本利益，找到全社会需求和意愿的最大公约数。由于不同国家制度、文化、历史、国情的不同，民主形式也具有多样性，要探寻适合本国国情和发展的民主形式和实践路径。民主是世界各国人民的基本权利，而并非少数国家的专利。自由就是实现"人的解放"，实现一切人的自由而全面发展。但自由并非绝对的、无条件的，每个人的自由发展要以一切人的自由发展为条件。人类共同价值是推动人类文明进步的精神力量，是世界各国人民在追求人类美好生活中达成的价值共识，为构建人类命运共同体提供了文化和价值基础，也为全人类共同建设一个更加美好的世界提供了思想理念上的指引。

（二）社会主义核心价值

社会主义核心价值观是凝聚人心、汇聚民力的强大力量，一个国家和民族如果没有共同的核心价值观，就会魂无定所、行无依归。[①] 社会主义核心价值观承载着中华民族最持久、最深层的精神力量与价值追求，是全国各族人民共同认同的价值观的"最大公约数"，是对社会意识的有效整合。社会主义核心价值观与全人类的共同价值是辩证统一的，一方面，社会主义核心价值观将公平、正义、民主、自由等人类共同价值作为重要内容，使其具有全球视野和世界意义，凝结着全人类共同的价值追求，代表着人类历史的前进方向；另一方面，又是对西方价值观的弊病进行克服和修正之后，对全人类共同价值的进一步推进和升华。

---

① 习近平：《在文艺工作座谈会上的讲话》，《人民日报》2015年10月15日第2版。

从具体内涵来看，倡导"富强、民主、文明、和谐、自由、平等、公正、法治、爱国、敬业、诚信、友善"是对社会主义核心价值观的简明概括，提供了基本的价值遵循。"富强、民主、文明、和谐"立足于国家层面，在社会主义核心价值观中居于最高层次，发挥统领作用，总体上体现了中国社会主义现代化国家的建设目标。"自由、平等、公正、法治"是立足于社会层面的价值取向，是对美好社会的生动表述，反映了社会主义社会的基本属性。"爱国、敬业、诚信、友善"则是立足个人层面对公民提出的基本道德准则和行为规范，覆盖了公民社会生活的各个领域，是评价公民道德水平的基本标准。总体来看，社会主义核心价值观从价值目标、价值取向、价值准则方面凝聚着全体人民共同的价值追求。推动社会主义文化建设，构建文化发展新格局，必须抓住社会主义核心价值观这个根本，充分发挥其主导和引领作用。

五 人类优秀文明

（一）外来文明

不同历史和国情，不同民族和习俗，孕育了不同文明，使世界更加丰富多彩。"文明没有高下、优劣之分，只有特色、地域之别"[1]，"一切文明成果都值得尊重，一切文明成果都要珍惜"[2]。构建文化发展新格局应充分吸收借鉴外来文明。

中华文明、伊斯兰文明和西方现代文明是世界上最具代表性的三大文明。伊斯兰文明起始于7世纪伊斯兰教建立，属于以宗教信仰为主体的文明体系，形成后迅速发展为横跨欧亚非三个大陆的世界文明。伊斯兰文明的本质思想是和平与顺服，但它并不是委曲求全、苟且偷安的虚假和平，而是建立在仁慈、公正、正义、平等、合作基础上的和睦相处，并由此创造人类的安宁与幸福。西方现代文明主要包括西欧、北美的现代文化，始于文艺复兴时期，借力于思想启蒙和科学探索的力量发展壮大，经历400年的发展便成为具有世界影响力的文明体系。西方现代文明蕴含了西方世

---

[1] 习近平：《在中华人民共和国恢复联合国合法席位50周年纪念会议上的讲话》，《人民日报》2021年10月26日第2版。

[2] 习近平：《在联合国教科文组织总部的演讲》，《人民日报》2014年3月28日第1版。

界中共同的标准、价值观、风俗等，一个最为显著的特点就是普世价值，包括民主、自由、平等等核心价值理念。不同于中国所提倡的全人类共同价值，西方的普世价值是基于西方所独有的历史文化和实践形成的，是西方主导下的价值理念，维护的是以西方国家为主导的国际秩序，推行的是资本主义价值观。虽然西方现代文明具有局限性，但不可否认，它在推动现代科技、现代艺术、现代文学等现代文明发展方面发挥了重要推动作用，为人类社会创造了巨大的物质和精神财富。

（二）产业文明

从传统文明观来看，产业文明是由农业文明、工业文明、商业文明构成的完整体系。①农业文明。农业文明是人类文明发展的基础，是迈向其他高阶文明的第一块基石。它包括了以农业为中心的一系列生产生活组织方式，例如基础的技术框架、制度安排和生产关系等。二十四节气是中国古代农业文明的重要产物，它综合了物候、天文、农业气象等方面的变化规律，从实践中总结得出，对当今人们的生产和生活仍有着重要指导作用，影响着人们的思维和行为方式。农业文明的核心思想是"天人合一"的生态精神，即人体之气与天地之气有着相同的运行规律，人类活动必然置于自然约束之下，体现自然精神、生态为本。②工业文明。工业文明不是对农业文明的否定，而是在农业文明的基础上推进，即工业文明首先应强调保护自然、适应自然，要以自然约束为前提。工业文明的发展建立在分工与合作基础之上，以契约精神为核心理念。在高度分工的条件下，契约制度必须跟进，契约制度的广泛推进，又将进一步深化分工制度，在二者良性互动中推动工业文明发展。工业文明的内核与精髓体现为工匠精神，对企业而言，工匠精神表现为守专长、制精品、创技术、建标准、持之以恒、精益求精、开拓创新；对整个社会而言，工匠精神是一种修行、一种品质，更是一种精神层面的核心价值与先进文化。③商业文明。商业文明是农业文明和工业文明在流通领域、交易领域的自然延伸。商业文明以流通和交易为基础，其核心体现为诚信精神，即在商品的质量、数量以及流通交易各环节各方面都要以诚信为本。商业文明是现代经济活动的重要规范，也是信用经济、法治经济的基本要求。

新时期，数智技术以新理念、新业态、新模式全面融入人类经济、科技、政治、文化、社会、生态文明诸领域和全过程，催生出产业文明新形态——数智文明。数智文明以大数据、人工智能、云计算、物联网、区块链等"新技术群"的突破为基础，共享平台、远程医疗、协同办公等新业态新模式的涌现，推动各领域向数智文明时代迈进。数智文明的核心理念体现为科技向善，即着眼于民生大局，把惠民、利民、富民、改善民生作为数智时代科技创新的重要方向，使更多人可以享受到数智时代红利。

第三节　文化发展新格局的内在逻辑

在厘清文化发展新格局核心要义的基础上，要进一步明确构建文化发展新格局的指导思想并对其内部联系进行系统揭示。

一　指导地位

坚持用什么思想理论来指导文化建设，关系到执政党的性质、民族的命脉和人心的凝聚。马克思主义以科学的世界观和方法论，创造性地揭示了人类社会的发展规律，是我们立党立国的根本指导思想。必须坚持马克思主义在意识形态领域的指导地位的根本制度，使其成为构建文化发展新格局的关键指针。

（一）马克思主义与中华传统优秀文化

中华优秀传统文化中蕴含的天下为公、民为邦本、为政以德、任人唯贤、天人合一、自强不息、厚德载物、讲信修睦、亲仁善邻等，是中国人民在长期生活中积累的宇宙观、天下观、社会观，与马克思主义的基本立场、观点和方法具有高度契合性。马克思主义坚守人民立场，为人类谋求自由解放之路，致力于建立一个没有压迫、没有剥削、人人平等、人人自由的理想社会。这与中华优秀传统文化中的大同文化、民本思想相契合，都表达了人民大众对理想社会的追求，这也是中国人民选择马克思主义的重要思想基础。基本观点和方法方面，马克思主义唯物论认为：物质第一性，精神第二性，"世界统一于物质"①，这与中国古代哲学中的唯物主义思想相契合，荀子提出"天行有常，不为尧存，不为桀亡"，《管子》中有，"仓廪实则知礼节，衣食足则知荣辱"。中国传统文化中的辩证文化与马克思主义辩证法核心观点具有相通之处。马克思主义辩证法坚持发展地而不是静止地、全面地而不是片面地、系统地而不是零散地、普遍联系地而不是单一孤立地认识事物，中华传统文化有大量关于自然界与社会历史辩证运动和发展的宝贵认识，《周易》中有，"穷则变，变则通，通则久"。《论语》中有，"我叩其两端而竭焉""学而不思则罔，思而不学则殆"。马克思主义认识论与中国古代哲学中对知行关系的探讨具有相通之处，例如，有些思想家主张"行先于知""由行致知"②"不登高山，不知天之高也；不临深溪，不知地之厚也"③"及之而后知，履之而后艰，乌有不行而能知者乎？"④体现了认识的本质及其发展规律。在方法论上，马克思主义与中国传统文化也有契合之处，"实事求是"是马克思主义的思想精髓，中国传统文化同样讲求"实事求是"的思想理念，《汉书》中有"修学好古，实事求是"，"实事"就是客观存在着的一切事物，"是"就是客观事物的内部联系，即规律性，"求"就是我们去研究。⑤

必须坚定历史自信、文化自信，坚持古为今用、推陈出新，把马克思主义思想精髓同中华优秀传统文化精华贯通起来、同人民群众日用而不觉的共同价值观念融通起来，不断赋予科学理论鲜明的中国特色，不断夯实马克思主义中国化时代化的历史基础和群众基础。只有根植于本国、本民族历史沃土，马克思主义真理之树才能根深叶茂。只有充分发挥马克思主义的指导作用，才能激发传统文化内在生命力，才能正确回答时代和实践提出的重大问题。

（二）马克思主义与革命文化

近代中国受到封建军阀和西方列强的双重压迫，腐朽落后的封建文

---

① 《马克思恩格斯选集》第1卷，人民出版社2012年版，第152页。
② 刘广浩：《中国传统唯心主义先验论的知行观及其历史影响》，《人文天下》2019年第5期。
③ 强中华：《秦汉荀学研究》，人民出版社2017年版，第269页。
④ 《魏源集》，中华书局2009年版，第315页。
⑤ 《毛泽东选集》第3卷，人民出版社1991年版，第810页。

化、帝国主义文化、半殖民地半封建文化构成了当时社会文化的主体，束缚了中华民族的思想解放。俄国十月革命给中国送来了马克思列宁主义，使中国开始摆脱旧文化和旧思想的束缚，"自从中国人学会了马克思列宁主义以后，中国人在精神上就由被动转入主动"①。中国共产党是由马克思主义孕育的政党，自成立之日起，中国共产党就将马克思主义鲜明地写在自己的旗帜上。在马克思主义的指导下，中国共产党拥有了认识世界和改造世界的有力的思想武器②，成为最先进的政治力量，开辟了革命新道路。马克思主义系统科学地回答了在中国为什么要革命以及革命对象、革命的动力和前途等关键问题，为中国革命实践提供了科学和系统的理论指引，指导中国人民取得一次又一次的革命胜利，实现了民族独立和人民解放。随着马克思主义中国化不断推进，革命文化的内涵与形式愈加丰富，中国革命文化的不断充实与发展又进一步推动了马克思主义中国化的历史进程。

从革命文化的具体内涵来看，其中蕴含着的很多思想理念和价值观念都来源于马克思主义理论观点。例如，作为中国革命精神源头的红船精神，其中所蕴含的开天辟地、敢为人先、立党为公、忠诚为民的核心思想，充分体现了马克思主义的根本立场，是马克思主义革命精神的集中体现。中国共产党在革命斗争中形成与中国革命相适应、独具民族品格的伟大创造精神、伟大奋斗精神、伟大团结精神、伟大梦想精神，都是在马克思主义的指导下发展起来的。马克思主义中国化是引领革命文化的理论旗帜，革命文化是马克思中国化创造出的重大文化成果。③

（三）马克思主义与社会主义先进文化

社会主义先进文化之所以具有先进性，就在于它坚持以马克思主义这一先进理论为指导。在社会主义革命和建设时期，马克思主义在意识形态领域的指导地位逐渐深化。为解决长期存在的"一盘散沙"问题，毛泽东提出用科学文化现代化，建立中华民族的新文化，尤其强调要用马克思主义占据文化阵线，发展共产主义的道德，由文化落后的国家发展为有现代

---

① 《毛泽东选集》第 4 卷，人民出版社 1991 年版，第 15 页。
② 吴争春、靳芳菲：《新时代完善党的自我革命制度规范体系的理论基础、重要成就和基本经验》，《求实》2023 年第 9 期。
③ 于化民：《党史视野中的中国革命文化》，《中国社会科学报》2021 年 7 月 5 日第 4 版。

文化的国家。① 改革开放后，邓小平强调，文化领域的东西，一定要用马克思主义指导，建设社会主义的物质文明和精神文明，提高全民族的科学文化水平。党的十八大后，习近平新时代中国特色社会主义思想进一步深化了以马克思主义为指导的文化发展战略，习近平总书记指出，发展中国特色社会主义文化，就是以马克思主义为指导，坚守中华文化立场，立足当代中国现实，结合当今时代条件，发展面向现代化、面向世界、面向未来的，民族的科学的大众的社会主义文化。《决定》中明确指出，在坚持和繁荣社会主义先进文化的制度上，必须牢牢确立马克思主义在意识形态领域指导地位的根本制度，从制度层面铸牢文化建设的四梁八柱，保障社会主义文化强国建设的目标和方向。可见，马克思主义的指导地位贯穿社会主义先进文化发展的各个阶段。

（四）马克思主义与时代文化

以马克思主义引领社会主义核心价值观，是新时代坚持和发展中国特色社会主义的本质需要。社会主义核心价值观具有鲜明的马克思主义意识形态属性，是马克思主义中国化的具体价值体现。马克思主义唯物论和辩证法以及在此基础上对社会主义的构想和实践，构成了社会主义核心价值观的理论指导和行动指南。② 马克思和恩格斯深刻阐释了资本主义社会生产关系的合法性问题，其对社会主义制度是消灭剥削、实现共同富裕最根本社会制度的构想，初步勾勒出社会主义的本质属性和价值追求，为社会主义核心价值观的形成和发展提供了制度支撑。以唯物辩证法为基础，马克思和恩格斯深刻揭示了资本主义生产方式及其运动规律，创造性地将共产主义的价值方向提升到"追求人的自由而全面的发展"。共产主义社会"是这样一个联合体"，"每个人的自由发展是一切人的自由发展的条件"③。马克思和恩格斯不仅把人类自由而全面发展看成是世界整体进步的崇高理想，还将它视为现实社会的实践理念和最终目标，使人与

---

① 李程骅：《先进思想引领：中国共产党文化建设的核心战略与路径创新》，《南京社会科学》2021年第10期。

② 林丹、丁义浩：《马克思主义引领社会主义核心价值观的逻辑维度》，《思想教育研究》2022年第1期。

③ 《马克思恩格斯全集》第1卷，人民出版社1956年版，第53页。

人、人与社会在共建共享中走向世界文明与和谐,内在地确立了社会主义核心价值观中国家、社会和个人之间和谐关系的价值导向与价值追求。马克思和恩格斯从社会存在对社会意识发挥的决定性作用出发,说明人民群众及其实践行为是整个人类世界历史进程的推动主体,代表人民群众的根本利益、尊重人民群众的主体地位,形成社会主义核心价值观中"民主"等价值内容的最初表达形式,也为社会主义核心价值观的社会实践指明路径趋向。社会主义核心价值观与马克思主义科学理论体系及其内在精神具有高度一致性,前者更聚焦、更具实践性,后者更宏观、更具理论性。

(五)马克思主义与人类优秀文明

马克思主义观点与人类优秀文明中的很多思想理念相契合,如工匠精神和契约精神。在马克思看来,通过劳动方面的自由与自觉,对于实现全人类自由发展具有重要意义和价值。"工匠精神"与自由自觉劳动、自我全面发展三者之间具有较高的关联等级,在实现劳动自由与自觉的基础上,人们在劳动中渗透精益、创新、专注、敬业的思想理念,以此实现自我价值提升。马克思主义追求劳动解放与全人类自由发展的目标过程,是"工匠精神"在全人类层面的抽象映射。同时,马克思主义伦理思想中蕴含着契约精神的理念。马克思提出剩余价值的概念,揭示了工人阶级受资本家压榨的矛盾关系,这一矛盾背后就是资本主义不合理的契约关系。马克思对资本主义契约论进行批判,以此为基础深刻阐释了国家权力来自人民群众的民主契约观,将民主契约的思想建立在唯物史观基础之上,实现了对传统社会契约论的超越。[①]

二 内在联系

中华优秀传统文化、革命文化、社会主义先进文化、时代文化和人类优秀文明不是相互割裂的,而是内在关联的,既各具特点,又相互贯通,共同凝结着中华民族一脉相承的精神追求、精神特质、精神脉络。只有将

[①] 尤春媛:《马克思民主契约法律观与方法论及其对构建和谐社会的启示》,《探索》2016年第6期。

中华优秀传统文化、革命文化、社会主义先进文化、时代文化和人类优秀文明融会贯通，才能承载历史、承接历史、传承历史，又连接现实、服务现实、指导现实、开拓未来。

中华优秀传统文化、革命文化和社会主义先进文化是民族文化、民族精神在不同时代的具体体现，也是中华民族精神脉络的延续发展与不断升华。本质上看，三者一脉相承，中华优秀传统文化是中华民族的精神命脉和文化基因，革命文化、社会主义先进文化则是以此为根基创造出来的更加繁盛的文化体系。①革命文化继承了中华优秀传统文化的基因。中华优秀传统文化是革命文化发展根基所在，革命文化吸收其精髓并与新形势下的时代特征相结合，进一步升华再造。中华传统文化中"天行健，君子以自强不息"的民族品格、"天下兴亡，匹夫有责"的爱国情感、"先天下之忧而忧，后天下之乐而乐"的政治抱负、"水能载舟亦能覆舟"的民本观念、"人生自古谁无死，留取丹心照汗青"的英雄气概，都为革命文化和革命精神的形成提供了无比丰富的滋养。革命文化中包含的井冈山精神、八一精神、抗战精神、长征精神、延安精神、西柏坡精神、红岩精神等内容，无不蕴含着优秀民族文化的元素，是对中华优秀传统文化基因的传承和升华，是民族精神在新的历史条件下的跨越性创新和发展。②社会主义先进文化是对中华优秀传统文化和革命文化的传承与创新。社会主义先进文化充分汲取中华优秀传统文化和革命文化的思想精髓，并结合中国特色社会主义实践进程不断探索和创新。通过将中华优秀传统文化进行创造性转化和创新性发展，可使其发展为符合时代要求和进步潮流的社会主义先进文化。通过传承革命精神，并结合时代特征和实践特征进行文化创造，不断丰富社会主义先进文化的内涵。同时，社会主义先进文化也是面向世界、面向未来的，通过吸收和借鉴全人类文明成果，不断为其注入新的发展活力和创造力，使其始终代表中国最先进文化的前进方向。

时代文化从国家价值目标、社会价值追求和个人价值遵循三个层面凝结人民共同的价值追求，是中国特色社会主义文化在新时代的价值凝练，为社会主义现代化建设提供思想支撑和价值引领。①弘扬时代文化需要从中华优秀传统文化中汲取营养。中华优秀传统文化是涵养社会主义核心价值观的重要源泉，践行社会主义核心价值观需要传承中华优秀传统文化的基因,从中汲取营养和智慧。社会主义核心价值观在国家层面、社会层面、公民层面的价值理念都充分吸收了传统文化中的思想精髓。例如,国家层面的民主价值观念,是对传统文化中的"政之所兴,在顺民心;政之所废,在逆民心""以富乐民为功,以贫苦民为罪""天之生民,非为君也;天之立君,以为民也"等民本思想的传承与发展;社会层面自由、平等的价值理念,是对传统文化中的"大道之行也,天下为公"的大同思想,以及"损有余而补不足""等贵贱均贫富"的平等思想的创造性转化与升华。公正与法治理念则可追溯到传统文化中"法不阿贵,绳不绕曲""言无二贵,法不两适"的正义追求。个人层面诚信、友善的价值观,是对传统文化中"民无信则不立"的诚信文化、"仁者爱人""与人为善"的仁爱文化的传承与发展。将中华优秀传统文化和时代文化打通、联通、畅通,才能使中华传统文化的基因世代传承,使其永葆青春活力和时代魅力,才能赋予时代文化更强大的生命力和影响力。②弘扬革命文化有助于扎实践行时代文化。在社会主义核心价值观中,最根本、最深层的价值体现是爱国主义,革命文化与爱国主义精神紧密相连。可以说,中国社会变革的进程是在爱国主义精神的激励下不断推进的,这是中华儿女共同的精神追求,也是中华民族永恒的精神特质,以此形成社会主义核心价值观与革命文化共同的思想基础。同时,革命文化中包含的长征精神、抗战精神等文化和精神内涵,为社会主义核心价值观提供了丰厚的文化滋养,学习和弘扬革命文化有利于在新时期扎实践行社会主义核心价值观。

中国文明与世界文明在交流交融、互学互鉴中共同发展。中华文化之所以生生不息并不断发展壮大,在世界文化丛林中独树一帜,一个重要的原因就在于它善于从外来文明中汲取有益的养分,兼收并蓄,博采众长,以我为主,为我所用。中华优秀传统文化、革命文化、社会主义先进文化、时代文化与人类优秀文明相互碰撞、相互吸收、相互激活,推动全人类文明共同繁荣。

三 整体表述

一个民族要走在时代前列,就一刻不能没有理论思维,一刻不能没有思想指引。坚持以什么思想为指导，关系到政党性质、民族命脉、人心凝聚，是文化建设的首要问题。马克思主义以科学的世界观和方法论揭示了人类社会发展规律，通过历史和人民的选择，成为我们立党立国的根本指导思想，通过与中国发展实践相结合，成为指引我们不断夺取革命、建设、改革胜利的强大思想武器，激活了中华民族历经几千年创造的伟大文明，使之迸发出强大的精神力量。① 中国长期发展实践证明，马克思主义具有正确性、优越性、先进性和引领性，它是指导党和人民事业的理论基础，是构建文化发展新格局的关键指针。新时期，必须坚持马克思主义在意识形态领域的指导地位，坚持为人民服务、为社会主义服务，坚持百花齐放、百家争鸣，坚持创造性转化、创新性发展，以社会主义核心价值观为引领，发展社会主义先进文化，弘扬革命文化，传承中华优秀传统文化，满足人民日益增长的精神文化需求，巩固全党全国各族人民团结奋斗的共同思想基础，不断提升国家文化软实力和中华文化影响力。新时期，坚持马克思主义在意识形态领域的指导地位，就是要增强文化自觉、坚定文化自信，围绕举旗帜、聚民心、育新人、兴文化、展形象的使命任务，推动中国特色社会主义文化建设固本开新、永葆生机。②

构建中国特色社会主义文化发展新格局，要持续推进马克思主义中国化、时代化、大众化，充分汲取马克思主义科学与智慧，将其贯穿于文化发展新格局构建全过程各环节。以马克思主义为指导传承中华优秀传统文化，坚守中华文化立场，立足时代发展需要，充分展示中华民族所特有的精神标识，充分激活传统文化的生命力和创造力，使其迸发出更具时代价值的思想内涵。以马克思主义为指导继承和发扬革命文化，把红色基因传承好，结合时代要求发扬光大，使革命文化成为新时期激励人民奋勇向前的精神力量。以马克思主义为指导坚持社会主义先进文化的前进方向，宣传科学理论、弘扬主流价值，使社会主义先进文化成为文化自信的源泉，使中国文化建设始终沿着正确的方向前进；以马克思主义为指导培育和践行社会主义核心价值观，将其"内化于心，外化于行"，凝聚全体人民价

---

① 习近平：《学史明理 学史增信 学史崇德 学史力行》，《求是》2021年第13期。
② 黄坤明：《坚持马克思主义在意识形态领域指导地位的根本制度》，《人民日报》2019年11月20日第6版。

值共识和价值追求,巩固全党全国各族人民共同奋斗的思想基础。以马克思主义为指导吸收借鉴人类优秀文明成果,使中华文明博采众长,建设更加美好的中华民族共有精神家园。

第十二章

构建文化发展新格局的重大作用

构建文化发展新格局的作用是全方位、多层面的，不仅体现在理论层面，也体现在实践层面；不仅要基于历史视角，也要基于未来视野。沿着理论逻辑、历史逻辑、现实逻辑、未来逻辑的脉络系统剖析构建文化发展新格局的重大作用。

第一节 理论逻辑

通过分析文化与精神、道德、思维、制度的内在关联，从理论层面揭示构建文化发展新格局的重大作用。

一 文化与精神的关系

文化与精神皆属于意识层面的概念，精神是文化的升华，文化是精神的表达。意识是具有能量的，精神的力量，同理，文化的力量。人无精神则不立，国无精神则不强，一个国家和民族只有在精神上有一定积累且达到一定高度，才能屹立于历史洪流之中而不倒。几千年来，中华民族之所以能够战胜无数艰难困苦，其中一个重要的原因是中华民族拥有世世代代传承着的博大精深的中华文化。无论是中华优秀传统文化、革命文化，还是社会主义先进文化、时代文化，其中蕴含着中华民族5000多年文明发展的精神脉络，体现了中华民族最深沉的精神追求，代表着中华民族独特的精神标识。例如，中华传统文化中蕴含的自强不息精神、人本主义精神、家国精神，革命文化中蕴含的艰苦奋斗、敢于拼搏、不怕牺牲精神，社会主义先进文化中蕴含的求真务实、改革创新、团结协作精神，时代文化中蕴含着的爱国精神、爱岗敬业精神，等等。可见，精神是文化在传承和发展过程中的升华，为一个国家和民族生生不息的发展提供丰厚的滋养。

二　文化与道德的关系

文化中蕴含着丰富的道德理念、道德思想和道德规范，道德中也蕴含着文化内涵，文化与道德之间相互影响、相互作用。文化的发展是道德水平提升的一个重要条件，道德水平的提升也为文化的发展提供更有利的环境和土壤。中华传统文化中蕴含着丰富的"道德观"，中华传统美德是中华文化的精髓，国家层面的天下为公、精忠报国、民惟邦本等爱国情怀；社会层面的廉洁奉公、扶危济困、见义勇为等公德意识；个人层面的仁义礼智信、崇德向善等道德观念，都体现了中国人的道德情怀。革命文化、社会主义先进文化和时代文化中同样蕴含着丰富的道德理念，为人们认识和改造世界提供指引，为社会主义道德建设提供有益启发。例如，革命文化中蕴含的艰苦奋斗、攻坚克难、奉献自我、同甘共苦的革命品质，也体现为优秀的道德品质，新时期弘扬革命文化，有助于全社会思想道德建设的深入与加强。再如，社会主义核心价值观的本质也是一种"德"，是对中华传统美德的传承与升华，它既是个人道德，也是一种大德，即国家的德、社会的德。[①]"国无德不兴，人无德不立"，社会主义核心价值观以时代文化为载体，阐明了社会主义国家、社会、公民三个层面的价值目标和行为准则，是对国家道德、社会道德和个人道德的高度凝练。

三　文化与思维的关系

思维是文化的精华，文化是思维的反映。相对而言，文化更具体、

---

① 习近平：《青年要自觉践行社会主义核心价值观——在北京大学师生座谈会上的讲话》，《人民日报》2014年5月5日第1版。

更宽泛,思维更抽象、更本质。文化可以潜移默化地影响思维方式,通过思维的交流与碰撞,又可创造出新的文化。每一种文化都体现为特定的思维方式。例如,东西方文化体系和历史形态的差异,本质上体现为思维方式的差异,中国传统思维方式是"由大到小""由宏观到微观",具有较强的整体意识,强调秩序与和谐,衍生出"天人合一""协和万邦"的传统文化,并一直延伸至今,"中华民族共同体""人类命运共同体"等概念的提出与中国传统的思维方式密切相关。而西方传统思维方式则是"由小到大""由微观到宏观",强调竞争思维和个人利益,奉行以利己主义和自由竞争为基础的文化体系,并衍生出环境问题、种族问题、文明冲突等一系列问题,这与西方传统思维方式密切相关。

四 文化与制度的关系

制度是文化的显化,文化基础是影响制度选择和制度演进的重要因素之一,文化与制度相互支撑、相辅相成。从中国发展实践来看,独特的文化传统和国情,决定了中国要走适合本国特色的发展道路,我们开辟了中国特色社会主义道路不是偶然的,是我国历史传承了文化传统决定的,中国特色社会主义制度和道路根植于中华民族5000多年的悠久文明和文化传统。[1] 在考察人类文明新形态的多维度视角中,文化是最重要、最根本的维度。我们要坚持道路自信、理论自信、制度自信,最根本的还有一个文化自信。文化自信是道路自信、制度自信、理论自信的内在支撑,是更基础、更广泛、更深厚的自信,是更基本、更深沉、更持久的力量。[2] 历史和现实表明,一个国家和民族要自立自强,首先在文化上要自觉自信。可以说,有没有高度的文化自信,不仅决定着文化自身的繁荣发展,而且关系到国运兴衰、民族沉浮。

---

[1] 《习近平在中央政治局第十八次集体学习时强调 牢记历史经验历史教训历史警示 为国家治理能力现代化提供有益借鉴》,《人民日报》2014年10月14日第1版。

[2] 习近平:《在哲学社会科学工作座谈会上的讲话》,《人民日报》2016年5月19日第1版。

第二节　历史逻辑

基于历史逻辑，文化传承与发展是中华民族绵延不断根脉所在，也是中国共产党人伟大成就所系。新时期，只有构建与时代发展要求相契合的文化发展新格局，才能延续历史发展脉络，将中华民族发展根脉传承下去，将伟大建党精神发扬光大。

一　中华民族绵延不断根脉所在

文化是一个国家、一个民族的灵魂，是一个民族能够延续下去的根脉。在人类文明古国中，有的衰弱了，有的消亡了，唯有中华民族一直延续创造着5000多年连绵不断的文明。中华民族之所以能够在几千年的历史长河中生生不息、薪火相传、顽强发展，很重要的一个原因就在于它创造了灿烂辉煌的中华文明，培育和发展了博大精深、历久弥新的中华文化。中华文化是"中华民族的基因""民族文化的血脉"和"中华民族的精神命脉"，是一种无形的力量与财富，跨越历史长河，无形的比有形的更能够传承下去。中华文化在传承过程中，将56个民族、14亿多人紧密团结在一起，凝聚着共同经历的奋斗历程和共同坚守的理想信念，共存共荣，共同发展，建立了坚固的民族自信。当前，中国正处于实现民族伟大复兴的关键时期，比以往任何时候都更加需要发挥文化的力量，以文化为引领，以精神为支撑，增强文化自觉，坚定文化自信，传承中华优秀传统文化，继承革命文化，发展社会主义先进文化，弘扬时代文化，延续中华民族发展根脉，在世界文化激荡中站稳脚跟，铸就中华文化新辉煌。

二　中国共产党人伟大成就所系

一个民族的复兴需要强大的物质力量，也需要强大的精神力量。文化的力量、精神的力量在改造物质世界过程中可使"无形变为有形"。一百年前，中国共产党形成了坚持真理、坚守理想，践行初心、担当使命，不怕牺牲、英勇斗争，对党忠诚、不负人民的伟大建党精神，这是中国共产党的精神之源。以此为引领，中国共产党团结带领中国人民实现中华民族伟大复兴。中国共产党团结带领中国人民，浴血奋战、百折不挠，创造了新民主主义革命的伟大成就，实现救国大业；中国共产党团结带领中国人民，自力更生、发愤图强，创造了社会主义革命和建设的伟大成就，实现兴国大业；中国共产党团结带领中国人民，解放思想、锐意进取，创造了改革开放和社会主义现代化建设的伟大成就，实现富国大业；中国共产党团结带领中国人民，自信自强、守正创新，统揽伟大斗争、伟大工程、伟大事业、伟大梦想，创造了新时代中国特色社会主义的伟大成就，开创强国大业。一百年来，中国共产党弘扬伟大建党精神，在长期奋斗中构建起中国共产党人的精神谱系，锤炼出鲜明的政治品格。①

第三节 现实逻辑

基于现实逻辑，构建文化发展新格局既是应对文化发展与经济发展失衡问题的必要手段，也是突出文化发展对经济发展引领作用的重要举措。

一 文化发展与经济发展的失衡问题

党的二十大报告指出，中国式现代化是物质文明和精神文明相协调的现代化。② 物质贫困不是社会主义，精神贫乏也不是社会主义。没有建成小康社会之前，中国更加侧重于物质层面发展；全面建成小康社会之后，人民群众的物质生活水平提升，对精神文化产品的需求日益增长，为全面满足人民群众对美好生活的需要，实现人的全面发展、社会全面进步，不仅要重视物质层面的发展，更要重视精神层面的发展，既要"富口袋"也要"富脑袋"，从物质富起来转向精神富起来，不断丰富人民群众精神文

---

① 习近平：《在庆祝中国共产党成立100周年大会上的讲话》，《党建》2021年第7期。
② 习近平：《高举中国特色社会主义伟大旗帜　为全面建设社会主义现代化国家而团结奋斗——在中国共产党第二十次全国代表大会上的报告（2022年10月16日）》，人民出版社2022年版，第22页。

化生活，提升国民素质和社会文明程度，增强国家文化软实力，提升全社会精神富裕水平。然而，从当前中国发展实际看，存在重物质富裕轻精神富裕的现象，精神富裕滞后于物质富裕，由此导致"一条腿长、一条腿短"的问题，两者割裂现象严重；由于精神富裕内涵模糊，加之不好量化、不好比较、不好考核，在推进中缺少"硬核"措施，流于形式现象严重。[1] 今后，要补齐精神富裕这一短板环节，把精神富裕和物质富裕统一起来，一体谋划、一体部署、一体落实，把文化发展和经济发展统一起来，相互促进、协同共进。

二 文化发展对经济发展的引领作用

上层建筑反作用于经济基础，文化发展对经济发展有重要的引领作用。从历史上看，文化发展繁荣阶段通常能带动经济社会快速发展。西方历史上，13世纪末兴起于意大利、16世纪在欧洲盛行的文艺复兴运动不仅推动"人性"战胜"神性"、"人权"战胜"神权"，而且引领欧洲从黑暗落后的中世纪迈向了更高形态的资本主义，催生了比封建制度更具进步性的资本主义制度。中国历史上，春秋战国时期，百家争鸣不仅使人们的思想观念和学识全面更新，而且推动了各诸侯国的变法改革，促进新的生产方式、生活方式和社会秩序的形成。近一个世纪以来，中国之所以能从备受压迫的半殖民地半封建社会发展为独立自主、经济社会快速发展的社会主义国家，精神和文化的引领作用至关重要。从新文化运动到中国共产党领导的民族的、大众的、反帝反封建的新民主主义文化兴起，从对于真理问题的大讨论所引发的思想解放到中国特色社会主义文化建设，每一次精神和文化的觉醒和繁荣，总是能够引领经济社会发展向更高水平跃升。[2] 从中国发展现状看，在全面建成小康社会之前，存在物质贫困的发展阶段，精神和文化在全社会的引领作用发挥不够充分。现在，中国已成为全球第二大经济体，人均国内生产总值超过12000美元，需要更加充分地发

---

[1] 李海舰、杜爽：《共同富裕问题：政策、实践、难题、对策》，《经济与管理》2022年第3期。

[2] 邵景均：《充分发挥文化对经济社会发展的引领作用》，《人民日报》2011年12月20日第7版。

挥精神的引领性作用；同时，在具备一定物质基础的条件下，文化所产生的边际效用将会逐步递增，精神的引领作用也会更加凸显。文化发展可以适度超前、走在前面，旨在发挥精神对物质的反作用。

第四节　未来逻辑

基于未来逻辑，构建文化发展新格局是应对不确定性思维方式、推动经济强国与文化强国发展相契合、整合国家意识与全球意识的战略布局。

一　应对不确定性思维方式

古往今来，中华民族屹立于世界民族之林，形成强大的世界影响力，并非靠穷兵黩武，而是靠中华文化的强大感召力，"远人不服，则修文德以来之"。以德服人、以文化人是中华民族的传统智慧，在当今时代依然受用。当今世界正经历百年未有之大变局，今后，不确定性将成为常态。以不变应万变，万变不离其宗。文化是应对不确定性最稳固的力量。中华文明拥有5000多年历史，其中所蕴含的丰富的智慧、思想、理念，是应对不确定性时代的有力武器。大变局时代同时赋予了中国文化发展新的使命，要从中国传统文化中汲取养分、挖掘资源，并结合时代特征和现实需要，对传统文化中的思想精华进行创造性转化、创新性发展，使文化这一具有传承性和稳固性的要素，以软性内核的方式与中国经济社会发展各领域紧密融合，通过行稳致远的文化定力，为不确定性时代发展提供启迪与智慧。

二　推动经济强国与文化强国发展相契合

没有先进文化的积极引领，没有人民精神世界的极大丰富，没有民族精神力量的不断增强，一个国家、一个民族不可能屹立于世界民族之林。[①]

---

① 傅其林：《中国共产党百年文艺思想的三次高峰及其经典文本》，《求索》2021年第6期。

文化兴国运兴，文化强民族强。文化越来越成为综合国力竞争的重要因素，越来越成为经济社会发展的重要支撑。实现中华民族从站起来、富起来到强起来的伟大飞跃，必然要建设社会主义文化强国。从世界范围看，未来中国要成为经济强国，也要成为文化强国，从地区强国到亚洲强国，再到世界强国，从输出有形产品到输出文化、思想、制度等，从经济引领到思想引领。从具体建设节点看，党的十九届五中全会制定了到2035年建成文化强国的目标，明确了文化强国建设的时间节点，建成经济强国和文化强国的时间节点应尽可能契合，使"软实力"和"硬实力"同步提升、相互带动，使文化强国和经济强国建设同频共振、协同推进。

三 整合国家意识与全球意识

文化是民族生命力、凝聚力、创造力的重要源泉，以民族共有文化、共同历史记忆、共筑精神家园深化文化认同、价值认同、道路认同、制度认同，形成凝聚中华儿女大团结的文化基因，形成强大的精神纽带，促进各民族交往交流交融，铸牢中华民族共同体意识，增强民族向心力、凝聚力、黏合力。例如，中国传统"大一统"文化，对于形成和巩固中国多民族和合一体的大家庭，增强中华民族的凝聚力和生命力，发挥了重要作用。从世界范围看，"捆硬柴还需软绳"，文化作为一种无形要素和软实力，可以跨越时空限制，穿透一些硬性的差异与隔阂，通过不同文明之间的交流、学习、互鉴，推动文化相通、相融，传递人类共同的理想、信念、价值和追求，拉紧各国人民相互尊重、相互理解的精神纽带。因此，通过文化软实力进行全球意识整合，可使各国人民求同存异，共同致力于构建美好地球家园，构建人类命运共同体。

第十三章

构建文化发展新格局的重大举措

构建文化发展新格局,要推动文化与社会融合发展,践行大德体系,提升全社会精神文明水平;推动文化与企业融合发展,强化企业在文化发展领域的重大作用;推动文化与科技融合发展,用新技术赋能传统文化创新性发展;推动文化与时代融合发展,赋予传统文化时代价值,打造适应新时代发展的三大体系;推动文化与政治融合发展,促进世界文化交流互鉴,提升中国文化的对外传播效能,创造具有引领性的世界价值。

第一节 践行大德体系:文化与社会的融合发展

构建文化发展新格局要推动文化与社会融合发展。中华文明的发展过程中孕育了宝贵的精神品格和崇高的价值追求,形成了引领全社会发展进步的社会主义大德体系。构建文化发展新格局,要坚持以社会主义核心价值观为引领,传承中华传统美德,将国家、社会、个人层面的价值要求贯穿于社会主义道德建设全过程,把个人品德、家庭美德、职业道德、社会公德建设作为着力点,在全社会践行大德体系,推动明大德、守公德、严私德,提高人民道德水准和文明素养。[①]

[①] 陈继红、董颖洁:《"大德"的历史意蕴与当代建构》,《社会主义核心价值观研究》2021年第1期。

一　个人品德

在全社会践行"大德"体系,首先要推动践行以爱国奉献、明礼遵规、勤劳善良、宽厚正直、自强自律为核心内容的个人品德。个人品德建设是践行"大德"体系的根基,也是家庭美德、职业道德、社会公德顺利推进的基础。每位公民都应成为"大德"的主体,提升个人品德修养、注重道德实践。既要立意高远,报效祖国、奉献社会、服务人民,又要立足平实,做到勤劳、勤俭、感恩、助人、谦让、宽容、自省、自律,"见善则迁,有过则改"。提升个人品德修养,要从中华传统美德中汲取智慧,中华文化强调"天行健,君子以自强不息",强调"天下兴亡,匹夫有责",强调"与人为善""仁者爱人",应当对这些传统美德与优秀文化进行传承与升华。提升个人品德修养,实施公民道德建设工程,需要以教育为抓手。学校是公民道德建设的重要阵地,将立德树人作为教育的根本任务,贯穿学校教育全过程,构建德智体美劳全面培养的教育体系,将公民道德建设的内容融入各个学科教育中,营造有利于个人修德立身的良好氛围。

二　家庭美德

家庭是社会的基本细胞,也是道德培养的起点。在家庭中,每位成员都要履行自己的道德责任和道德义务。家庭美德包括与家庭生活相关的道德观念、道德规范和道德品质,涵盖了夫妻、长幼、邻里之间的关系,例如尊老爱幼、男女平等、夫妻和睦、勤俭持家、团结邻里等。家庭关系是社会关系的基础,弘扬家庭美德是加强社会主义道德建设的必要条件,中国传统文化中有"一家仁,一国兴仁;一家让,一国兴让",家庭美德的培育有利于个人、家庭和社会紧密融合,对于全社会安定团结具有重要作用。应进一步加强家庭家教家风建设,弘扬中华民族传统家庭美德,传承中华孝道,养成孝敬父母、尊重长辈的优良品质,倡导现代家庭文明观念,形成爱国爱家、向上向善、相亲相爱的社会主义家庭文明风尚。

三　职业道德

职业道德包括爱岗敬业、诚实守信、办事公道、热情服务、奉献社会等内容，体现了职业实践活动中对公民的道德要求。中国传统文化强调"德"在选人、用人方面的重要性，"任官惟贤才，左右惟其人""选贤与能，讲信修睦""任贤使能"，都强调了选人用人应注重从"贤"和"能"两方面看，同时，传统文化中强调，"才者，德之资也；德者，才之帅也"，"取士之道，当以德行为先"，当今社会人才选拔标准同样讲求德才兼备、以德为先。一个人只有具备职业道德，方能用得其所。各行各业都要推进职业道德建设，不同行业在践行职业道德方面也具有与行业特性相适应的内容。党员干部作为最具先进性的群体，其道德操守直接影响全社会道德风尚，要充分发挥党员干部在全社会的道德示范作用。对于新时代文艺工作者、哲学社会科学工作者而言，"大德"在职业道德建设中的体现有特殊内涵，要将个人的艺术追求、学术理想同国家前途、民族命运、人民福祉紧密结合，有信仰、有情怀、有担当，有高远的理想追求和深沉的家国情怀，致力于成为对国家、对民族、对人民有贡献的艺术家和学问家。[①] 在某种意义上，"大德"决定了文艺工作者、哲学社会科学工作者职业道德建设的价值导向。

四　社会公德

社会公德本质上是一个国家、一个民族在历史长河和社会实践活动中积淀下来的道德准则、文化观念和思想传统，对维系社会公共生活、调整人与人之间的关系具有重要作用。"公德"与"私德"相对应，是指与国家、集体、组织、民族、社会等有关的道德。具体内容来看，社会公德包括文明礼貌、助人为乐、遵纪守法、保护环境等。从其属性来看，社会公德具有基础性，即社会公德是"大德"体系的基础层次，是为维护社会公共生活的正常运行而提出的最基本的道德要求，以此为基础，还有更多更

[①] 习近平：《一个国家、一个民族不能没有灵魂》，《求是》2019 年第 8 期。

高标准的道德要求。社会公德水平的高低体现了一个社会道德风气的好坏程度。社会公德具有全民性，具有最广泛的群众基础和适用范围，社会成员无论哪个阶级、从事什么职业，都要遵守社会公德，否则就会受到社会舆论的谴责。社会公德具有相对稳定性，社会公德在不同时代、不同社会形态中都存在着，它随着社会物质文明和精神文明的发展进行扬弃，以便更好地适应时代发展进步的要求。

第二节　发挥企业作用：文化与企业的融合发展

构建文化发展新格局要推动文化与企业融合发展。企业不仅是全社会创造物质财富的主体，也要成为精神财富的创造主体，企业不仅要在经济发展层面发挥关键性作用，也要凸显其在文化发展领域的重要作用。

一　企业推进文化发展具有天然优势

（一）企业价值理念与文化发展新格局的内涵高度契合

每个企业背后都有一套核心价值理念作为指导，具体包括诚实守信、勇于担当、自强不息、艰苦奋斗、敬业奉献、扶危济困、义利兼顾、以人为本、执着坚守等内容。企业价值理念的出发点和落脚点是服务社会，一个企业只有为整个社会思考发展、解决问题，才能成为伟大的企业。企业贡献社会越大，社会价值越大；要想利己，首先利他。中国企业价值理念既是社会主义核心价值观在微观经济领域的具体体现，也是对中华优秀传统文化和革命文化的继承与弘扬。

（二）企业高维文化与文化发展新格局的内涵高度契合

企业生存环境不是简单、纯粹、易于辨别的，而是多元、复杂、充满不确定性的，任何成功企业的背后都是更高维度的管理哲学和文化的力量在起作用。比如，在企业管理中运用灰度思维，它既不是非黑即白的对立思维，也不是白加黑的并存思维，而是"黑白融合"的和合思维。企业管理就是要在黑白分明两个极端之间寻找一种两全其美的平衡点,也可称为"第三态",让两极相互吸收、相互制衡,达到相互作用的目的,即在混沌中把握平衡和节奏,以挖掘其背后孕育的生命力。企业高维文化的源头可追溯至中华优秀传统文化,企业发展的灰度思维与辩证文化、和合(和谐)文化理念高度契合。

(三)企业工匠精神与文化发展新格局的内涵高度契合

工匠精神的内涵可由专注、标准、精准、创新、完美、人本六个维度界定。其中,专注是关键,标准是基石,精准是宗旨,创新是灵魂,完美是境界,人本是核心。[①]于个人而言,工匠精神是干一行、爱一行、专一行、精一行,脚踏实地、坚持不懈的敬业精神;于企业而言,工匠精神是守专长、制精品、创技术、建标准、持之以恒、精益求精、开拓创新的先进文化;对于社会,工匠精神是讲合作、守契约、重诚信、促和谐、分工合作、双赢共赢、完美向上的社会价值理念。

二 广泛拓展企业推进文化发展路径

(一)通过物质产品溢出社会

产品是人品的物化,把人品"物化"出来就是产品,而人品就是企业的初心和良心。做企业不仅仅是简单的生产、销售产品,还要把"初心和良心"融入企业全过程,将产品做到极致,让用户为之动心,产生"心灵震撼",以此使企业与用户从"物"与"钱"的交易关系,升华为心与心的交互关系。使用户对企业从满意度提升到美誉度,再进一步提升到忠诚度,形成持续购买、终身购买。[②]总之,卖企业的产品实质就是卖员工的"人品",用产品去证明"人品"。员工打磨产品的过程,就是打磨内心的过程;个人内心升华的过程,就是产品质量提升的过程,也是精神财富不断积累的过程。在此过程中,企业以产品为介质与用户发生联系、建立关系,产品中凝聚的精神和文化广泛扩散到社会各个群体,通过物质溢出带

---

① 李海舰、徐韧、李然:《工匠精神与工业文明》,*China Economist* 2016 年第 4 期。
② 李海舰、田跃新、李文杰:《互联网思维与传统企业再造》,《中国工业经济》2014 年第 10 期。

动精神溢出，以此提升全社会文化发展水平。

（二）通过精神产品溢出社会

企业不仅是一个先进产品库，还是一个先进思想库。企业发展的底层逻辑和关键支撑是其内部所积累的企业文化和管理哲学，其本质是一类隐性知识，隐藏于人们的脑袋里或组织关系中，看不见摸不着，只可意会、不可言传。长期以来，我们忽视了对这类隐性知识的深度挖掘，忽视了企业的精神产出和精神溢出。企业不仅要向全社会展示其显性的物质成果，也要向全社会展示其成功背后隐性的精神密码。通过一系列媒介、采取一系列手段，将企业的隐性知识显性化。有形的东西越分越少，无形的东西越分越多，把企业的精神产品更多更广地分享出去，供全社会吸收学习，无论在企业内部还是全社会，都可创造出更多的精神财富，以此实现企业和社会文化发展水平提升。

（三）通过社会责任溢出社会

企业履行初级社会责任，对股东和员工负责。为股东提供回报（利润和非利润），使股东利益最大化；为员工提供收入保障、社会保障、福利待遇、教育培训、休闲时间，满足员工物质和精神需求。企业履行中级社会责任，对客户、政府、社区、环境负责。对客户负责，按质按量按时完成客户要求；对政府负责，稳定生产，依法纳税，创造就业；对社区负责，投资修路、修桥、建学校等，方便社区居民，促进社会和谐；对环境负责，发展低碳经济、循环经济、绿色经济，加强自然环境保护和稀缺资源合理利用。企业履行高级社会责任，从事慈善、捐助等社会公益活动，改善社会弱势群体的生存环境，促进社会公平正义。[①]通过履行社会责任，企业将服务国家、服务社会、服务人民的价值理念内化于心、外化于形。

（四）通过代际传承溢出社会

从家族传承角度看，父母留给子女的精神财富价值远远大于物质财富

---

① 李海舰、朱兰、孙博文：《新发展格局：从经济领域到非经济领域——加速启动"五位一体"新发展格局》，《数量经济技术经济研究》2022年第10期。

价值。企业生产者和管理者可将生产经营过程中领悟到的文化精髓和价值理念传承后代，管理之道不仅用来经营企业，也可用来经营家庭、经营人生。通过精神传承，引导子女从小养成做人做事专注、标准、精准、创新、完美、人本的工匠精神，形成重信守诺、勇于担当、敬业乐群的人生观价值观，树立全心全意为人民服务、谦虚谨慎、不骄不躁、艰苦奋斗的工作作风。家庭是社会的细胞，家庭文明则社会文明。从企业传承角度看，以精神和文化为载体的无形资产的传承价值要比有形资产的传承价值大得多。通过基金会等运作方式，将企业的有形资产转化为品牌形象、社会关系、企业声誉、企业文化等无形资产，无形资产又可进一步提高企业有形资产的再生能力。企业在有形资产和无形资产的相互转换中，做成百年老店，做到基业长青。这一过程表面上看是物质财富的循环，实质则是精神和文化财富的传承。

第三节　打造人文价值：文化与经济的融合发展

构建文化发展新格局要推动文化与经济融合发展，将文化元素融入经济发展全过程，更加突出人文财富的价值，大力发展美学经济。

一　突出人文财富

财富包括劳动财富、自然财富和人文财富。劳动财富由人类劳动创造，能给人类带来物质或精神上的满足，包括住房、日用品等物质产品，电影、音乐等精神产品，以及娱乐、运输等服务；自然财富由大自然赋予，包括白云蓝天、绿水青山、鸟语花香等自然环境，以及石油、煤炭、铁铜等自然资源；人文财富由人类生活自然产生，或历史遗留下来，例如有利于增加人类幸福感的亲情、友情和爱情，人们的生活安全和工作安全，人们的身体健康、心理健康、心情愉悦，体现民族文化底蕴的乡俗与传统文化，各种文物古迹、历史故事等。①

三大财富发展不平衡不充分将直接引发身病、心病和灵病，要正确处理三大财富的关系，并进行综合求解。要认识到，经济＝物质经济＋精神经济，财富＝劳动财富＋自然财富＋人文财富，物质经济侧重"以物为本"，价值创造来源于生产；精神经济则体现"以人为本"，价值创造来源于生活。传统工业时代，人们更加注重劳动财富的创造，忽视劳动财富和自然财富的关系，"只要金山银山不要绿水青山"，"自然健康"出现问题，危及"个体健康"。随后，人们开始重视自然财富，从"既要金山银山又要绿水青山"到"绿水青山就是金山银山"，劳动财富和自然财富逐渐统一。未来，要更加突出人文财富的价值，化解人的"心病"和"灵病"，实现身心合一、心灵合一、身心灵合一。

二　发展美学经济

通过发展美学经济，推动文化与经济相融合，围绕人的幸福、为了人的幸福发展。以人民为中心的发展，实质就是以人民幸福为中心的发展。经济社会发展的终极目的是实现人的"幸福"，要从传统的发展理念转变为发展美学经济，将文化融入经济发展全领域、全过程、全环节。② ①文化与农业的融合。将人置于整个生态系统，实现从人的幸福到动物的幸福。例如在禽类养殖屠宰过程中，确保其生存环境的幸福感，以及屠宰方式的相对舒适，不仅能提升动物福利，还有利于提升人类饮食质量，提高人类食品安全性。②文化与工业的融合。在生产过程和产品中融入更多人文元素、生态元素、共享元素、快乐元素、健康元素，推动文化产业高质量发展，完善文化基础设施建设，扩大优质文化产品供给，更好地满足人们的文化获得感和幸福感。③文化与服务业的融合。文化与旅游融合，以文塑旅、以旅彰文，打造具有鲜明文化特色和底蕴的旅游城市、旅游景区，打造更多弘扬中华文化的旅游产品，如红色旅游、生态旅游等，使人们在感受自然之美的同时，感悟文化之美；文化与体育融合，打造

---

① 李海舰、原磊：《三大财富及其关系研究》，《中国工业经济》2008年第12期。
② 李海舰、李燕：《美学经济研究论纲》，《山东大学学报》2021年第4期。

"运动+文化"模式，使人们在强身健体的同时感受不同城市的文化特色。文化与养老融合，挖掘老年人的深度需求，同时满足老年群体的物质层面和精神层面需求。总之，各行各业都要转变生产和服务思路，发展美丽经济、人文经济、健康经济、快乐经济，由过去提供以物质元素为主的产品或服务向提供以精神元素为主的产品或服务转变。

第四节　重塑文化优势：文化与科技的融合发展

构建文化发展新格局要推动文化与科技融合发展。"文物和文化遗产承载着中华民族的基因和血脉，是不可再生、不可替代的中华优秀文明资源"[1]。通过数智技术赋能传统文化保护、创新、传播全过程，深入挖掘文物和文化遗产的多重文化价值，让收藏在禁宫里的文物、陈列在广阔大地上的遗产、书写在古籍里的文字都"活起来"，使承载着中华文化和中国精神的价值符号与文化产品更具时代价值，推动中华优秀传统文化创新性发展。[2]

一　数智技术赋能中华优秀传统文化的保护

运用数智技术赋能文物修复工作。一些出土文物随着时间的流逝，形状和色彩都可能发生变化，很多重要信息也可能随之消失。对于一些珍贵的文物，很难通过人工方式高效精准地进行拼接修复，运用数智技术可以协助考古学家对文物碎片进行识别、比对、拼接，从而将文物信息完整准确地采集保存下来，延续文物的"魂"，使其"永生"。例如，通过将计算机视觉技术应用于出土文物的原始形态的数字化重建等方面，将文物碎片进行3D扫描，建立文物数据库之后，根据器物的颜色、纹理、断面等形

---

[1]《习近平在中共中央政治局第三十九次集体学习时强调　把中国文明历史研究引向深入推动增强历史自觉坚定文化自信》，《人民周刊》2022年6月1日第1版。

[2]《习近平在中央政治局第二十三次集体学习时强调　建设中国特色中国风格中国气派的考古学　更好认识源远流长博大精深的中华文明》，《人民日报》2020年9月30日第1版。

态信息，进一步运用人工智能技术计算拼接的可能性，可提升文物保护的效率和效果。

运用数智技术为文物开展"数字建档"。运用三维虚拟技术、数码显微技术等数智技术构建系统的文化遗产数字化存储资源库，为文化遗产建立实体、虚拟"双档"保护。例如，中华古籍保护计划采用实体识别、OCR 等技术扫描纸本古籍，将其中内容转换为数字文本，使大批古籍得到再生性保护。又如，通过打造文化遗产数据平台，采集梨园戏、闽剧等几十项非遗的音频资料，采集客家土楼等影像或文字资料，形成"见人、见物、见生活"的非遗保护传承体系。通过数智技术赋能，还可以使永续保存和使用千年石窟的历史信息成为可能。敦煌研究院通过对 200 多个洞窟的图像采集、100 多个洞窟的图像处理，建立了"数字敦煌"资源库，观光者可在 30 个洞窟里进行 720 度全景游览。

二 数智技术赋能中华优秀传统文化的创新

运用数智技术创新文物表现形式。通过语音交互、动态视频等数智技术赋能，使文物以数字化、立体化的形式呈现，动态且极致地还原历史场景，最大限度地将历史与科技、艺术与科技融合起来，提升文物表现形式的互动性与体验性。例如，打造数智化博物馆，通过运用"AR + VR"互动技术使文物和文化遗产更深入、更广泛地与观众连接，观众可以多角度、深层次、全方位进行艺术欣赏和体验。又如，利用数智技术推出实景游戏体验、博物馆场景角色扮演等项目，让历史说话，让文物说话，让文化说话，激活文物生命力，使文物传递的文化更加深入人心，让观众在"云游"中品尝文化大餐。

运用数智技术发展数字文创产业。文化遗产为文创产业的发展提供了素材，文创产业的发展则为解决文化遗产保护和传承过程中的难题提供新的解决思路。通过数智技术赋能，将个性化创意灵感与强大的数智平台相融合，使文化遗产具有新型载体，使设计与创意的门槛不断降低，文创产品的表现形式也更加多样。例如，敦煌莫高窟打造微电影形式的数字化创意产品，全面展现敦煌地区古村落的民俗与历史文化等。又如，北京市文物局开展的"数字北京雨燕"项目，以北京中轴线 19 个遗产点为对象，结合作为中国非物质文化遗产的北京风筝造型进行设计创作，通过打造数字文创产品，使人们跟随着"北京雨燕"的足迹一起参与中轴线的申遗保护工作。①

三 数智技术赋能中华优秀传统文化的传播

运用数智技术创新文化传播方式。数智技术赋能使文化遗产海量信息传播成为可能，特别是 5G 技术的应用实现了超速率、广连接、大容量、低时延、高可靠性的信息传递，文化遗产资源的文字、图像、声音等数字内容可以在网上快速且广泛地传播，观众能通过较低的费用甚至免费的形式获得数字化文化产品和服务，且获取服务的精准度不断提升。例如，国家博物馆采用云游、云直播等方式，使全球观众全时段"到国博、看中国"；腾讯打造的"数字中轴"项目采用区块链、知识图谱、AI 技术等数智技术展示并传播北京中轴线的历史文化；北京石景山区推出以文化 E 站为代表的公共文化服务大数据平台，运用数智技术采集客流量、活动量、最受欢迎排行、群体情绪等文化数据，大大提升文化服务供给的精准性。

运用数智技术打破文化传播的时空限制。AI 机器人、3D 建模、虚拟现实、交互投射等数智技术使实体空间与虚拟空间的边界更加模糊，使文化传播突破各种介质、载体及时空界限，得以跨时空交互、跨载体呈现，使观众感受跨越历史、融通古今的数智化体验，拓展文化传播的边界和想象力。例如，用户通过使用数字故宫、"云游敦煌"小程序，可以在虚拟空间亲身体验历史文化场景，甚至拥有很多即便在现场也无法获得的观感与体验。又如，扬州大运河博物馆通过运用全息投影、互动投影等数智技术，打造沉浸式体验场景，伴随着四周投影，观众可登上一艘硕大的"沙飞船"，以模拟坐船扬帆远行，亲身感受运河两岸的城市和乡村风景。

---

① 周娟娟：《数字技术赋能文化遗产的保护传承与发展》，《福建农林大学学报》（哲学社会科学版）2022 年第 3 期。

第五节　厚植文化自信：文化与时代的融合发展

构建文化发展新格局要推动文化与时代融合发展，通过中华优秀传统文化创造性转化，赋予其丰富的时代价值；通过打造与新时代相契合的学科体系、学术体系、话语体系，为构建文化发展新格局提供理论体系支撑。

一　赋予中华优秀传统文化时代价值

中华文化既需要薪火相传、代代守护，更需要与时俱进、勇于创新。[1]在传统文化的形成和发展过程中，由于受到当时人们的认识水平、时代条件、社会制度的局限和制约，不可避免会存在陈旧过时的东西，需要人们在学习和应用的同时，坚持古为今用、推陈出新，使中华民族最基本的文化基因与当代文化相适应、与现代社会相协调，推动传统文化创造性转化，赋予中华优秀传统文化新的时代内涵和表现形式。[2]

推动中华优秀传统文化创造性转化，关键要坚持问题导向，立足现实、着眼运用，用马克思主义的立场、观点和方法，同时代发展需要相结合，同需要解决的现实问题相联系。按照时代特征和要求，对传统文化中的精髓进行转化和融合，赋予其新的时代内涵和表现形式。具体来看，通过对传统文化进行创造性转化，可为新时期治国理政提供智慧和启发，从更本质层面看，"一个国家的治理体系和治理能力与这个国家的历史传承和文化传统密切相关"[3]，这就需要以马克思主义的立场、观点和方法鉴别和分析中华优秀传统文化中蕴含的关于国家治理的丰富思想

---

[1] 习近平：《文明交流互鉴是推动人类文明进步和世界和平发展的重要动力》，《求是》2019年第9期。
[2] 习近平：《在哲学社会科学工作座谈会上的讲话》，《人民日报》2016年5月19日第1版。
[3] 《习近平在中央政治局第十八次集体学习时强调　牢记历史经验历史教训历史警示　为国家治理能力现代化提供有益借鉴》，《人民日报》2014年10月14日第1版。

智慧，并与时代条件和现实需要相结合，对其中的思想精华进行创造性转化。① 这里，着重从以下几个方面阐释传统文化中所蕴含的新时期治国理政的智慧。

（一）中华优秀传统文化与全面深化改革

"周虽旧邦，其命维新"②"物壮则老"③"终则有始，天行也"④ 等传统文化中蕴含着改革的哲理，即万物都要经历从产生、发展到兴盛、衰落的过程，世间万物都是在新旧更替与轮回中不断前进，此即事物发展的客观规律。"天地革而四时成。汤武革命，顺乎天而应乎人"⑤"苟日新，日日新，又日新"⑥"不慕古，不留今，与时变，与俗化"⑦ 这些传统文化理念强调了人们在实践过程中要与时俱进、因时而变，要顺应变化，不能因循守旧，为政者要"与时偕行""革故鼎新"。"夫道，有因有循，有革有化。因而循之，与道神之。革而化之，与时宜之"⑧，其中蕴含着改革的智慧，即在追求变革的同时，不能简单地"一刀切"，必须紧密联系实际，遵循事物发展规律，做到"因循"与"革化"的辩证统一，在守正中创新，在继承中发展。

（二）中华优秀传统文化与依法治国和以德治国

"国皆有法，而无使法必行之法"⑨"法令既行，纪律自正，则无不治之国，无不化之民"⑩"奉法者强，则国强；奉法者弱，则国弱"⑪ 等传统文化中蕴含着依法治国的思想理念。"天下之事，不难于立法，而

---

① 高长武：《汲取中华优秀传统文化中的国家治理思想智慧》，《瞭望》2022 年第 21 期。
② 《毛诗正义》第 16 卷，中华书局 1980 年版，第 503 页。
③ 陈鼓应：《庄子今注今译》，中华书局 1983 年版，第 158 页。
④ 张载：《张载集·横渠易说·复》，中华书局 1978 年版，第 113 页。
⑤ 黄寿祺、张善文：《周易译注》，上海古籍出版社 2007 年版，第 286 页。
⑥ 唐文治：《大学大义》，上海人民出版社 2018 年版，第 23 页。
⑦ 管国全、龚武：《管子治理之道》，人民出版社 2016 年版，第 160 页。
⑧ 扬雄：《太玄集注》，中华书局 2013 年版，第 221 页。
⑨ 麦孟华：《商君》，中华书局 2014 年版，第 129 页。
⑩ 习近平：《摆脱贫困》，福建人民出版社 1992 年版，第 40 页。
⑪ 《韩非子·有度》，中华书局 2010 年版，第 42 页。

难于法之必行"① "理国要道，在于公平正直"② "法不阿贵，绳不挠曲"③ "不别亲疏，不殊贵贱，一断于法"④，领导干部执法时要公平正直，法律必须成为衡量是非曲直的基本标准。中国传统文化中关于"德治"和"法治"的关系，主张"明德慎罚"⑤ "德主刑辅，先礼后法"。中国共产党坚持"依法治国"和"以德治国"相结合，在依法治国中强调以"德治"为基础，提高社会道德自觉，使社会主义核心价值观贯穿于依法治国全过程。同时，强调以"法治"为保障，守住道德底线，构筑道德屏障。可见，中国"德法结合"的社会治理观，是对"德法相济"传统文化的弘扬和发展。

（三）中华优秀传统文化与生态治理

从"观乎天文，以察时变；观乎人文，以化成天下"⑥ 到"人法地，地法天，天法道，道法自然"⑦，从"子钓而不纲，弋不射宿"⑧ 到"不违农时，谷不可胜食也；数罟不入洿池，鱼鳖不可胜食也；斧斤以时入山林，材木不可胜用也"⑨，都强调天地人的和谐统一，主张人的活动应遵循大自然的规律，对自然资源要取之有节、用之有度。中国传统文化中蕴含的生态理念和思想，总体上可概要归纳为"天人合一"的生态自然观、万物平等的生态伦理观、取用有度的生态生产观、尚俭去奢的生态消费观等。中华文化中的"天人合一"思想，是生态文明建设的重要思想来源，也是习近平生态文明思想的重要文化根基。坚持"绿水青山就是金山银山"的理念，推进美丽中国建设，实现人与自然和谐共生的现代化，是"天人合一"思想在我国生态治理和发展方式转变上的创造性转化。

---

① 《张居正奏疏集》，华东师范大学出版社2014年版，第422页。
② 吴兢：《贞观政要·公平》，云南人民出版社2018年版，第171页。
③ 《韩非子》，中华书局2010年版，第50页。
④ 司马迁：《史记》，中华书局1982年版，第188页。
⑤ 王先谦：《荀子集解》，中华书局1998年版，第463页。
⑥ 梁海明：《易经·贲卦》，山西古籍出版社1999年版，第75页。
⑦ 王弼：《老子道德经注校释》，中华书局2008年版，第64页。
⑧ 中华书局编辑部：《新编诸子集成》，中华书局1982年版，第489页。
⑨ 朱熹：《四书章句集注》，中华书局1983年版，第249页。

（四）中华优秀传统文化与社会共同富裕

传统文化中关于大同社会、社会财富公平分配等理念，为中国推进全社会共同富裕提供思想指引。"天之道，损有余而补不足"①"闻有国有家者，不患寡而患不均，不患贫而患不安"②"适其时事以致财物，论其税赋以均贫富"③"贫富无度则失"④ 等传统文化理念都强调了社会财富应公平分配、贫富差距应有度的理念，通过"损有余补不足"来平衡财富差距，保持稳定平衡的社会关系，才是可持续的自然之道，才能实现社会稳定和谐。

（五）中华优秀传统文化与精神文明建设

中华传统文化中重视个人道德修养的提升。"孝悌忠信、礼义廉耻"，又称"八德"，是对中华传统美德精髓的提炼，对于现代社会道德规范仍有重要指导作用。"孝悌忠信"，"孝"乃人伦之本，"百善孝为先"；"悌"是指对同辈和朋友的友善，"入则孝，出则悌"⑤"孝悌也者，其为仁之本与"⑥；"忠"体现为对家国的尽职尽责，"尽己之心为忠"；"信"体现为在社会交往中要重诚信、守诺言。"礼义廉耻"强调社会道德对于个人的约束和规范，"国有四维""一曰礼，二曰义，三曰廉，四曰耻。礼不逾节，义不自进，廉不蔽恶，耻不从枉"。"礼"就是为人处世讲规矩、有礼节；"义"就是为人处世不抬高自己，符合公义和法则；"廉"就是要做到廉洁公正，不包庇恶行；"耻"就是要有羞耻之心，自尊自爱。中华传统文化中的"八德"明确了社会成员应当遵守的道德准则和行为操守，通过提升全体人民精神文明水平，促进社会稳定和人民幸福。

（六）中华优秀传统文化与国际关系应对

中国传统文化讲求"亲仁善邻""协和万邦"，以求团结、尚和合的原

---

① 楼宇烈：《老子道德经注校释》，中华书局2008年版，第186页。
② 孔子等：《论语·季氏篇》，岳麓书社2018年版，第135页。
③ 《韩非子集解·六反》，中华书局2013年版，第416页。
④ 黎翔凤：《管子校注》，中华书局2018年版，第216页。
⑤ 罗安宪：《论语》，人民出版社2017年版，第14页。
⑥ 滕贞甫：《儒学笔记》，东方出版社2006年版，第17页。

则处理与世界各国的关系。中国古代关于"和"的理念,强调"君子和而不同"①"夫物之不齐,物之情也"②"和合故能和谐"③,这些理念揭示了世间万物共生共存的原则和规律,即"和"并非无差别的绝对同一,而是和而不同、求同存异、共同发展。另外,中国传统文化中关于"战"与"和"的关系,也为我国处理外交关系提供智慧。古人强调"以和为贵","礼之用,和为贵。先王之道,斯为美。小大由之,有所不行。知和而和,不以礼节之,亦不可行也"④,同时强调"战"的重要性,"国虽大,好战必亡;天下虽安,忘战必危"⑤,一方面主张"以和为贵",要深刻认识到战争的危害,"兵者,不祥之器"⑥"战者危事,兵者凶器"⑦,追求"不战而屈人之兵";另一方面把"兵者"置于"国之大事,死生之地,存亡之道"的层面来认识,"以战去战,虽战可也",古代文化中"和""战"的辩证关系为中国当前国际关系问题中和平理念的形成提供了智慧。

二 打造与新时代相契合的三大体系

哲学社会科学是人们认识世界和改造世界的重要工具,构建中国特色社会主义文化发展新格局要高度重视哲学社会科学领域发展,尤其面对当前新形势和新挑战,要构建更加适应时代发展要求的哲学社会科学体系,不断提升我国在学术命题、学习思想和观点、学术标准等方面的能力,这也是我国文化软实力的重要组成部分,在一定程度上影响着我国综合国力整体水平的提升。深入实施马克思主义理论研究和建设工程,构建具有中国特色、中国风格、中国气派的哲学社会科学体系,要坚持中国人的世界观和方法论,以马克思主义为指导,以中国实际问题为研究起点,提出具有主体性、原创性的理论观点,在学科体系、学术体系、话语体系方面整

---

① 孔丘:《论语》,中华书局2006年版,第199页。
② 朱熹:《四书章句集注》,中华书局1983年版,第261页。
③ 黎翔凤:《管子校注》,中华书局2004年版,第176页。
④ 杨伯峻:《论语译注》,中华书局2006年版,第10页。
⑤ 《中国兵书集成》第1册,解放军出版社1987年版,第63页。
⑥ 王弼:《老子道德经注校释》,中华书局2008年版,第80页。
⑦ 陈寿:《三国志·蜀书·诸葛亮传》,中华书局1959年版,第935页。

体突破。①打造与新时代发展相契合的学科体系。进一步突出优势、补齐短板，不断拓展学科领域、完善学科体系，尤其对哲学、历史学、经济学、政治学等在哲学社会科学领域发挥重要支撑作用的学科，要进一步完善学科建设工作，突出系统意识和交叉意识，既要扎实发展基础学科，突出重点学科的优势，也要不断推进新兴学科与交叉学科的创新发展，还要使冷门绝学传承下去，要使理论研究与应用研究相辅相成，使学术研究与成果应用协同促进，全方位系统性打造与新时代发展相契合的学科体系。②打造与新时代相契合的学术体系。学术体系的建设以学科体系建设为基础，形成各个学科的学术体系。构建中国特色的学术体系，首先要立足中国实际，解决中国问题，突出中国原创思想，同时，要具备开放性和包容性，吸收借鉴国外理论成果，使知识、理论和方法不断与时俱进。总之，要以中国为观照，以时代为观照，使中国特色学术体系既具有民族性、原创性，也具有时代性、开放性。③打造与新时代相契合的话语体系。话语体系蕴含着一个国家和民族的文化密码，是一个国家和民族思想文化、价值理念、意识形态的显性表达。推进与时代发展相契合的中国话语体系构建，要善于提炼蕴含着中国文化基因的标识性概念，充分吸收外来思想，融通中外文化，打造易于为国际社会理解和接受的新概念、新范畴、新表述，在构建中国理论、传播中国思想、指导中国实践的过程中，让中国话语体系更加具有解释力、说服力、吸引力、影响力、感召力和创新力，让世界更好地读懂中国。总之，通过打造与新时代发展相契合的学科体系、学术体系、话语体系，面向世界传播中国理论、中国思想、中国智慧，为全世界解读中国，让世界读懂中国，为人类文明新形态实践提供有力理论支撑。

第六节　引领全球文化：文化与政治的融合发展

构建文化发展新格局要推动文化与政治融合发展，促进各国文化交流互鉴，提升中国文化的国际传播能力，使其引领全球文化发展，在世界舞台中发挥更大的作用。

一　坚持文化交流互鉴

文明因多样而交流，因交流而互鉴，因互鉴而发展。不同文明多姿多彩、各有千秋，没有优劣之分，只有特色之别。不同文明在交流与交融过程中，共同绘制了人类历史宏伟画卷。中华民族历来讲求"天下一家"的发展理念，憧憬"大道之行，天下为公"的美好世界。[①] 中华文明历来具有开放包容、兼收并蓄的文化传统，其中蕴含着民胞物与、天下大同、协和万邦的思想理念。新时期，建设中国特色社会主义文化强国，构建文化发展新格局，要坚持以我为主，但绝不是搞自我封闭，更不是搞唯我独尊。强调民族性并不是要排斥其他国家的文化成果，越是民族的越是世界的，应立足中国、面向世界，在比较、对照、批判、吸收、升华的基础上，深化文明交流互鉴，更好地促进中华文化和各国文化取长补短、共同进步，推动中华文化更好地走向世界。

推进文化交流互鉴，要秉承相互尊重、平等相待的理念。不同国家和民族要摒弃傲慢和偏见，尊重彼此的道路选择，理解不同文明对价值内涵的认识，凝聚价值共识，共同维护世界文明的多样性，使各种文明和谐共生，使人人享有多彩文化的滋养。推进文化交流互鉴，要坚持美人之美、美美与共。不同文明之间要增强联结纽带，在发展本国本民族文明的同时，也要为他国的文明发展创造条件，可大量引入国外优秀的文化作品，吸收学习国外优秀文明成果。同时，通过开展国家间文化交流活动，打造文化互鉴平台，让中国优秀文化产品走向世界，让世界认识到中华文明之美，使世界各国对彼此文化之美有更深刻的理解，推动世界文明朝着平等、包容、共赢的方向发展。[②]

[①] 习近平：《携手建设更加美好的世界——在中国共产党与世界政党高层对话会上的主旨讲话》，《人民日报》2017年12月2日第1版。

[②] 习近平：《深化文明交流互鉴　共建亚洲命运共同体——在亚洲文明对话大会开幕式上的主旨演讲》，《人民日报》2019年5月16日第1版。

二 加强国际传播

未来，中国发展传递和贡献给世界的财富不能局限于经济层面，要从经济层面拓展到文化层面。打造世界强国，不能仅输出物质产品，更要输出文化、思想、意识形态、价值理念等精神产品。这需要加强中国文化的国际传播能力，讲深、讲透、讲好中国故事，生动鲜明地展现中国故事及其背后的思想力量与精神力量，向全世界展现真实、立体、全面的中国。首先，通过构建完善中国话语和中国叙事体系，立足于中华文明的悠久历史，深刻阐述中国的发展观、文明观、安全观、人权观、生态观、国际秩序观和全球治理观，讲明中国发展和中国智慧对全球和全人类的贡献。强化对中国共产党的宣传阐释，讲清楚中国共产党为什么能、马克思主义为什么行、中国特色社会主义为什么好，阐释好中国道路和中国特色，增强社会主义意识形态的凝聚力和引领力。其次，要进一步提升国际传播效能，充分掌握国际传播规律，构建完善的对外话语体系，提高对外传播的艺术，充分结合各国各地区不同的历史文化、风俗习惯、民众需求等，用国外听得懂、易接受的话语体系和表述方式，使文化传播更贴近国际关切和国外受众，以此提升文化传播的精准度和实效性。总之，通过提升中国文化传播能力，提升中华文化感召力、中国形象亲和力、中国话语说服力、国际舆论引导力，形成同我国综合实力和国际地位相匹配的国际话语权。[①]

三 发挥世界价值

历史发展、文明繁盛、人类进步离不开思想的引领。未来，中国不仅要在经济层面引领，更要强化在思想层面、精神层面、文明层面引领，不断增强中国特色社会主义道路自信、理论自信、制度自信、文化自信，在全球事务中发挥更关键的作用，为解决全人类问题贡献更多中

---

① 《习近平在中共中央政治局第三十次集体学习时强调 加强和改进国际传播工作 展示真实立体全面的中国》，《人民日报》2021年6月2日第1版。

国力量。[①] 作为中华民族的文化根脉，中国优秀传统文化中所蕴含的思想理念、人文精神、价值观念等文化精髓，不仅指导中国实践发展，对解决全人类共有问题同样发挥重要作用。例如，传统文化中"以人为本""天下大同"的思想理念与新时期构建"人类命运共同体"一脉相承，构建"人与自然命运共同体"的思想基础则来源于中国传统文化中"天人合一"的价值观念。着眼未来，基于中国思想、中国文化、中国理念、中国智慧，为解决全球重大问题、破解全球治理"四大赤字"提供中国方案：建设更加美好的地球家园，坚持公正合理，破解治理赤字；坚持互商互谅，破解信任赤字；坚持同舟共济，破解和平赤字；坚持互利共赢，破解发展赤字。总之，我们要拓展世界眼光，深刻洞察人类发展进步潮流，积极回应各国人民普遍关切，为解决人类面临的共同问题作出贡献，推动建设更加美好的世界。

[①] 李海舰、杜爽：《"十二个更加突出"：习近平新时代中国特色社会主义思想精髓》，《改革》2022 年第 5 期。

第五篇

社会发展新格局

第十四章

社会发展新格局的科学内涵

社会是由生物与环境形成的关系总和，社会发展是人类社会发展进程中的重要维度。党的二十大报告指出，全面建设社会主义现代化国家，必须"坚持以人民为中心的发展思想。维护人民根本利益，增进民生福祉，不断实现发展为了人民、发展依靠人民、发展成果由人民共享，让现代化建设成果更多更公平惠及全体人民"[①]。构建社会发展新格局是基于统筹"两个大局"，在新时代、新世界、新技术、新框架的背景下，在社会领域全面体现新发展阶段贯彻新发展理念、坚持"以人为本"发展思想、推动中国式现代化的重要抓手。

第一节 核心要义

社会发展新格局坚持人民至上，以构建民生"三性"、民生"七有"、民生"三感"的民生体系为抓手，推动达到新时代社会文明新高度、塑造新世界人类社会新关系、打造新技术社会治理新能力、形成社会发展新框架。

---

① 习近平：《高举中国特色社会主义伟大旗帜 为全面建设社会主义现代化国家而团结奋斗——在中国共产党第二十次全国代表大会上的报告》（2022年10月16日），人民出版社2022年版，第27页。

一　新时代：社会文明新高度

狭义的社会文明包括社会主体文明（个人发展、家庭幸福、邻里和谐、社会和谐）、社会关系文明（人际关系、家庭关系、邻里关系、社团关系、群体关系）、社会观念文明（社会理论、社会心理、社会风尚、社会道德）、社会制度文明（社会制度、社会体制、社会政策、社会法律）、社会行为文明（社会活动、社会工作、社会管理）等方面的总和。社会文明是一个动态的、历史的概念，其内涵和高度随着时代变迁、经济发展、社会价值、文化传统等经济社会文化的变化出现新的调整。

党的十八大以来，以习近平同志为核心的党中央高度重视社会主义精神文明建设，坚持用习近平新时代中国特色社会主义思想武装全党、教育人民，建设具有强大凝聚力和引领力的社会主义意识形态。党的二十大报告明确指出，"提高全社会文明程度"[1]。构建社会发展新格局就是坚持以习近平新时代中国特色社会主义思想为主导，在中国共产党百年民生建设和社会实践经验的基础上，进一步发展中国特色社会主义民生观，推动社会文明不断达到新高度。提高社会文明程度，一方面需要从大处着手，将社会主义核心价值观融入经济社会发展各领域，加强思想文化教育，提升国民思想觉悟、文明素养、科学素质，丰富人民群众精神文化生活，推动形成新时代国民新风貌；另一方面要从小处着眼，加强个人和家庭的思想品德教育，营造良好的家庭关系、邻里关系、团体关系、社会关系，建设和谐社会、幸福社会、安全社会。

二　新世界：人类社会新关系

目前全球形势更加复杂多变，经济问题、政治问题、文化问题、社会问题、生态问题相互交织叠加共振，当今世界正在经历百年未有之大变局。从技术层面说，以人工智能、量子计算、区块链、元宇宙等为代表的

---

[1] 习近平：《高举中国特色社会主义伟大旗帜　为全面建设社会主义现代化国家而团结奋斗——在中国共产党第二十次全国代表大会上的报告》（2022年10月16日），人民出版社2022年版，第44页。

新一轮科技革命和产业变革，深刻改变了人类的生产方式、生活方式和思维方式，推动传统生产关系变革，直接或间接引致经济"质变"。从制度层面说，世界范围两种意识形态、两种社会制度、两种文明的历史演进及其相对地位发生了重大变化，世界格局"东升西降"已是事实。从国际关系层面说，单边主义、保护主义、霸权主义对世界和平与发展构成威胁，气候变化、环境污染、疫情防控、卫生安全等对地球健康与发展形成挑战。新世界格局重塑全球治理观、共同利益观、可持续发展观，打造"人类命运共同体"成为应对新世界新形势的有效路径。

随着中国经济发展模式的转变，效率与公平的优先顺序也出现了一定的变化。新发展阶段的高质量发展模式是"更加公平的发展"，更加强调公平，保证人人享有发展机遇和发展成果；需要始终把人民利益摆在至高无上的地位，更加注重公平正义，推动经济更加公平的发展，在做大蛋糕的同时分好蛋糕。当前经济社会发展过程中仍然存在不充分、不平衡现象，城市与农村、东部与西部地区的收入差距较大，中等收入群体规模相对较少，民生保障存在短板，社会治理还有弱项，收入分配结构呈"金字塔"形。完善收入分配体制机制，缩小区域间、城乡间、行业间收入不平等，扩大中等收入群体，建设橄榄型社会，实现更高质量的共同富裕，打造共建共治共享社会治理格局等，都是新发展阶段重塑社会新关系的重要体现。

三　新技术：社会治理新能力

随着人工智能、大数据、视觉技术等新一代信息技术的快速发展，网络传播速度加快，社会信息呈现碎片化、真假难辨等特点，社会问题更加复杂，舆情管控、社会治理难度上升。面对经济社会发展过程中的新矛盾新问题，科技信息逐渐成为夺取社会建设主动权和制高点的关键所在，社会治理也逐步进入"互联网＋"时代。[1] 党的十九届四中全会公报提出构建"科技支撑"的社会治理体系方面，从"科技创新"角度而言，公报更加明确和凸显了新时代社会治理智能化和社会治理安全技防的重要性。

---

[1] 韦玉潇：《科技创新为社会治理体系提质增效》，《学习时报》2022年1月15日第7版。

2023年，中共中央、国务院印发的《党和国家机构改革方案》明确提出将组建国家数据局，以机构改革促进数字政府建设。

全面实现国家治理体系和治理能力现代化，需要与时俱进，利用新技术，基于数据、算力和算法，赋能市场和政府，打造数智时代的"强市场""新市场"和"强政府""新政府"，提升社会治理效能。人工智能、大数据等新技术有助于整合碎片信息，快速完成资料整合、信息分析与决策，打破信息壁垒和沟通障碍，降低信息不对称。微信群、云平台等有助于搭建虚拟社区网络，汇聚民声、民心，整合碎片化资源与主体，发挥个人和基层组织的作用，用"小程序""小服务"解决"大事情"。技术赋能社会治理，是未来社会治理新常态的必由之路。

四 新框架：社会发展新格局

习近平总书记指出，中国特色社会主义是全面发展的社会主义。党的十八大以来，我们党形成并统筹推进"五位一体"总体布局和协调推进"四个全面"战略布局。社会建设作为"五位一体"总体布局的重要一"位"，全面小康社会居于"四个全面"的第一位置，都要求在社会建设上取得新突破，社会发展形成新格局。

2020年，在完成脱贫攻坚、建成全面小康社会的基础上，新时代社会发展新格局需要新框架。民生是社会发展的核心内容和表现形式，关注民生、重视民生、保障民生、改善民生是当前构建社会发展新格局的关键所在。实际上，习近平总书记在一系列重要论述中，已经鲜明地提出了新时期社会发展的新目标，也清晰勾画了促进民生发展、建设民生体系的时间表、路线图、方法论。时间表是"十四五"时期社会发展新格局塑型成型，2026—2030年定型完型，到2035年成功成熟；路线图是按照民生"七有"领域逐步推进，深入实施全面参保计划，推动高水平共同富裕，建设多层次社会保障体系，打造社会治理新格局；方法论是全局观、系统观，统筹发展与民生，全面深化教育、医疗、住房、收入、就业等多领域制度改革，同时结合基本国情，尽力而为、量力而行，避免陷入福利陷阱。

第二节 重要内容

增进民生福祉是发展的根本目的,党的二十大对增进民生福祉、提高人民生活品质做出重大战略部署。社会发展新格局就是在社会领域,贯彻新发展阶段的新发展理念,实现"全面"高质量发展,在发展中保障和改善民生。民生是社会发展的核心内容和表现形式,关注民生、重视民生、保障民生、改善民生是中国共产党全心全意为人民服务宗旨的要求,也是当前构建社会发展新格局的关键所在。社会发展新格局就是以"民生体系"为依托,以人的全生命周期需求为导向,实现民生"七有"向民生"七优"的转变,建设具有普惠性、基础性、兜底性的民生,增强人民群众获得感、幸福感、安全感。

一 民生"三性"

民生"三性"是指普惠性、基础性、兜底性。习近平总书记2016年1月在重庆调研时就提出"民生三性",后来在2016年2月看望慰问干部群众、2019年4月召开解决"两不愁三保障"突出问题座谈会时也均提及。党的十九大报告和党的十九届四中全会则纷纷将民生"三性"建设写入国家发展重大战略和政策,从而成为我国国家治理现代化的重要组成部分。普惠性、基础性、兜底性从对象、内容、功能三方面对新时代民生基本内涵进行了界定。其中,普惠性意味着民生建设对象的覆盖范围具有普遍性,不是仅仅选择性地帮助弱势群体,而是包含全体人民;基础性代表着民生建设内容满足需要层次和涉及公民权益的基础性程度属于最低层次,满足公民基本公共服务需求,而不是全部公共服务;兜底性体现了民生建设的基本功能,即保障人民的基本生活,强调对"失能""低能"群体等弱势群体的救助和保护。普惠性、基础性、兜底性民生是一个完整的社会保障和社会体系,涉及教育、医疗、就业、住房、养老、社会救助等各个方面。

二 民生"七有"

党的十九大报告提出,"在幼有所育、学有所教、劳有所得、病有所医、老有所养、住有所居、弱有所扶上持续取得新进展"①,在党的十八大报告基础上新增了"幼有所育""弱有所扶",这样的安排基本覆盖了个人生命全周期、个人生活的重要方面。民生"七有"对新时代人民"美好生活需要"的物质生活做了更加详细的阐释,包括生育(幼有所育)、教育(学有所教)、就业(劳有所得)、医疗(病有所医)、养老(老有所养)、住房(住有所居)、扶贫扶弱(弱有所扶)等各个方面。民生"七有"的"有"是相对于"无"而言,涵盖了现代社会作为人的基本需求,比如基本生存、发展、健康、生活需求,体现了"普惠性、基础性、兜底性"要求,符合我国社会主义初级阶段的基本国情。② 过去十年,"我国在幼有所育、学有所教、劳有所得、病有所医、老有所养、住有所居、弱有所扶上持续用力,人民生活全方位改善"③。随着经济社会水平的进一步提高,民生"七有"将发展为民生"七优",即在生育、教育、就业、医疗、养老、住房、社会救助等各方面、全领域的质量进一步提升,实现更高品质的生活。

三 民生"三感"

民生"三感"是指获得感、幸福感、安全感。党的十九大报告中提出,使人民获得感、幸福感、安全感更加充实、更有保障、更可持续。④

---

① 习近平:《决胜全面建成小康社会 夺取新时代中国特色社会主义伟大胜利——在中国共产党第十九次全国代表大会上的报告》(2017年10月18日),人民出版社2017年版,第23页。
② 谢玉华、刘晶晶:《"普惠性、基础性、兜底性民生"的内涵及本质特征研究》,《社会主义研究》2020年第4期。
③ 习近平:《高举中国特色社会主义伟大旗帜 为全面建设社会主义现代化国家而团结奋斗——在中国共产党第二十次全国代表大会上的报告》(2022年10月16日),人民出版社2022年版,第10页。
④ 习近平:《决胜全面建成小康社会 夺取新时代中国特色社会主义伟大胜利——在中国共产党第十九次全国代表大会上的报告》(2017年10月18日),人民出版社2017年版,第45页。

民生"三感"是适应新时代经济社会发展需要而提出的新的民生目标,与新时代中国社会主要矛盾的转化相呼应,意味着党和国家发展的工作重心从重视效率转向综合注重效率与公平,从关注物质层面需求转向关注精神层面的需要。获得感、幸福感、安全感不仅包含物质层面的获得与满足,还涵盖精神层面的知足与享受,更加重视人民物质、精神、心理、人文等不同层面的多元需求,是对人民美好生活的主观反应。民生"三感"是一个有机统一的整体,相辅相成、良性循环。其中,获得感是幸福感和安全感的基础;幸福感和安全感是获得感的提升;安全感又是获得感和幸福感得以持续的有效保障。准确理解"民生三感"的辩证统一,为满足人民日益增长的美好生活需要提供了行动指南。

四 内在逻辑关系

民生是一个动态的、历史的概念,其内涵和外延受社会价值观念、文化传统、社会经济水平等的影响,并随着经济社会的发展而不断发生变化。[①] 恩格斯将人的生存发展所需的客观条件划分为生存资料、享受资料和发展资料,民生需要相应为生存需要、享受需要和发展需要三个层次。具体而言:生存需要即维持人的生存和基本生活所必须的条件与资料,是最基本的自然需要;享受需要是生存需要得到满足后的衍生需要,即对更好的生存条件、社会产品和生活质量的需要;发展需要是民生需要的最高层次,即现实的人追求自由而全面的发展,每个人自由而全面的发展,是各种层次的需要特别是发展需要在全社会范围内得到实现。[②]

民生"三性"、民生"七有"、民生"三感"在一定程度上形成了一个民生体系,体现了民生内部的层次性。具体来说,民生"三性"、民生"七有"、民生"三感"既相互独立,又相互呼应。其中,民生"三性"侧重于普惠民生,强调民生对象的普惠性,尤其是对低收入人群、弱势群体的关注与重视,是民生"七有"和民生"三感"的基础和保障;民生

---

① 李志明:《民生"三性"》,《人民日报》2014年6月8日第5版。
② 刘明松:《马克思的民生思想及其当代价值》,《马克思主义研究》2019年第8期。

"七有"更加侧重于基本民生,强调民生的主要内容,以人的生命周期为依据,包括生育、教育、就业、医疗、养老、住房、救助等重要维度,是民生"三性"和民生"三感"的抓手和依托;民生"三感"侧重于质量民生,在物质生活的基础上,强调人民群众精神的满足与喜悦、幸福与安全,是民生"三性"和民生"七有"的体现和升华。

第三节 根本要求

社会发展新格局是构建"五位一体"新发展格局的最终目的和最高宗旨。经济发展新格局是构建社会发展新格局的基础,只有经济高质量发展才能实现高水平共同富裕;政治文明新格局是构建社会发展新格局的根本,只有政治安全才有国家发展和人民幸福的可能;文化发展新格局是构建社会发展新格局的支撑,只有文化繁荣才有人民精神富裕的食粮;生态文明新格局是构建社会发展新格局的保障,只有生态安全才能实现绿色可持续发展。强调加速构建"五位一体"新发展格局,是对新发展阶段人类社会发展趋势的正确回应,是全面贯彻新发展理念的实践应用。

其中,构建社会发展新格局需要坚持以人民为中心,强调"发展为了人民、发展依靠人民、发展成果由人民共享",增强人民群众的获得感、幸福感、安全感。这既是构建社会发展新格局的重点内容,也是贯彻落实"共享"理念、推进全面高质量发展的重要抓手。构建社会发展新格局需要坚持以下原则。

一 以人民为中心

这是构建社会发展新格局的根本宗旨。"以人民为中心"体现了马克思主义政党的政治立场。中国共产党作为马克思主义政党,自成立之日起便确立了"为人民服务"的目标,将"全心全意为人民服务"是中国共产党的初心使命、根本宗旨以及执政理念,这也是中国共产党为什么能够成功的重要经验。①

二 满足美好生活需要

这是构建社会发展新格局的现实追求。构建社会发展新格局,要充分把握新时代中国社会主要矛盾的变化,克服制约公平、正义、民主、法治、环境、安全等方面的不利因素,让发展成果更多更公平惠及全体人民,更好满足人民对美好生活的向往。②

三 公平优先

这是构建社会发展新格局的策略选择。从改革开放初期的"让一部分人先富起来"的"效率优先,兼顾公平",到党的十八届三中全会《中共中央关于全面深化改革若干重大问题的决定》提出的"以促进社会公平正义、增进人民福祉为出发点和落脚点"的"公平优先"论断,体现了社会主义对公平正义的终极价值追求。随着发展阶段和发展目标的转变,"公平优先,兼顾效率"成为中国特色社会主义现代化建设和构建社会发展新格局的优先策略选择。

四 共同富裕

这是社会发展新格局的奋斗目标。共同富裕充分彰显了公平正义原则,体现了经济发展到一定阶段以后,效率与公平之间关系的转换。在高质量发展中实现高水平共同富裕,不仅仅是物质层面的共同富裕,也包括精神层面的共同富裕;不仅仅是收入、公共服务等显性层面的均等,也是机会、权力等隐性层面的均等。

---

① 陈可:《党的初心和使命的时代意蕴》,《山东干部函授大学学报》(理论学习)2018年第6期;赵昌文、蒋希蘅、江宇、余璐:《中国共产党为什么能够成功?——百年大党领导经济社会发展的基本经验》,《经济社会体制比较》2022年第3期。

② 何星亮:《不断满足人民日益增长的美好生活需要》,《人民日报》2017年11月14日第7版。

五 共享发展

坚持"全民共享、全面共享、共建共享、渐进共享"原则,是构建社会发展新格局的行动指导。坚持"全面共享、全面共享、共建共享、渐进共享"的行动原则,明确共享的主体是全体人民、共享的内容是"五位一体"全方面、共享的基础源自人人参与、共享的目标是全民富裕、共享的过程是循序渐进。

第十五章

构建社会发展新格局的逻辑基础

社会发展新格局的形成有其自身的理论逻辑、历史逻辑和现实逻辑，是"共享"新发展理念的题中之义、"全面"高质量发展的重要内容，是中国传统民生思想的时代发展、中国共产党百年奋斗的历史延续，是新时代满足人民美好生活的内在要求、应对数智社会提升治理能力的必要条件，是以中国式现代化实现中华民族复兴百年梦想的重要路径、构建"人类命运共同体"的重要支撑。

第一节 理论逻辑

构建社会新格局有其逻辑基础，源于新发展理念的共享理念与"全面"高质量发展的全领域覆盖。

一 "共享"新发展理念的题中之义

"思路决定出路"，发展理念是行动的先导。创新、协调、绿色、开放、共享的新发展理念为"十四五"乃至更长时期的发展指明了方向，是指导经济社会发展的"指挥棒""红绿灯"。其中，构建社会发展新格局是贯彻落实共享理念的有效路径。共享理念回答了发展的根本目的这一基本问题，着重解决社会公平正义问题。2016年1月，习近平在省部级主要领导干部学习贯彻党的十八届五中全会精神专题研讨班上指出共享理念的深刻内涵，即全民共享、全面共享、共建共享和渐进共享。全民共享强调的是全体人民共享改革发展成果，尤其是不能忽视贫困群体、弱势群体、失能群体等。全面共享强调的是人民群众共享的民生领域，不仅包括教育、住房、医疗等物质层面的需要，还包括社会权利、公平正义、自由民主等精神层面的需要。共建共享强调的是社会治理和社会发展的主体，强调个人奋斗的重要性以及个体在美好生活实现中的主体性，拒绝"躺平""养懒汉"。渐进共享强调的是要共享的过程，需要立足我国仍然处于社会主义初级阶段的基本国情，要尽力而为、量力而行，避免陷入"福利陷阱"。

二 "全面"高质量发展的重要内容

构建社会发展新格局是"全面"高质量发展在社会领域的体现。进入新发展阶段，高质量发展不再局限于经济领域，也涵盖诸多非经济领域，是"更高质量、更有效率、更加公平、更可持续"的发展。其中，"更加公平"的发展就是要始终把人民利益摆在至高无上的地位，更加注重公平正义，在做大蛋糕的同时分好蛋糕。新发展阶段，建设社会主义现代化强国的目标体现了经济、政治、文化、社会、生态等"全面"现代化的要求。[①] 习近平总书记在 2021 年两会上对高质量发展提出了"三个要求"，是指"高质量发展不只是一个经济要求，而是对经济社会发展方方面面的总要求；不是只对经济发达地区的要求，而是所有地区发展都必须贯彻的要求；不是一时一事的要求，而是必须长期坚持的要求"[②]，对高质量发展落实到中国发展的全领域、全地区、全过程指明了方向，形成了"全面"高质量发展的思想，而非单一的经济高质量发展。"全面"高质量发展对社会领域发展也提出了要求，提供了新指引。

[①] 钟坚、张其富、王启凤：《习近平经济发展"四个更"重要论述及其时代意义》，《社会主义研究》2020 年第 3 期。

[②] 习近平：《论把握新发展阶段、贯彻新发展理念、构建新发展格局》，中央文献出版社 2021 年版，第 553 页。

第二节　历史逻辑

构建社会发展新格局是中国传统民生思想的现代发展，也是中国共产党百年奋斗历程的延续。

一　中国传统民生思想的时代发展

"民为贵，社稷次之，君为轻""水能载舟，亦能覆舟"等民生思想是中华民族几千年的优秀传统文化以及治国理政理念。不同于现代西方基于工商业形成的民主原则，中国传统民生思想起源于商周，形成于春秋战国时期，经历了从刀耕火种到精耕细作，从族群氏族到宗族家庭，由技术崇拜到道德规约的农耕社会的演变，既是规范社会运行和国家治理的伦理秩序的要求，也是自春秋战国诸子百家争鸣以来，思想精英利用知识权力进行话语塑造的结果。[①] 中国自古以来就有"经世济民"的观念，经济发展着眼于安邦定国、富民养民。儒家学派主张轻徭薄赋，"省力役，薄赋敛，则民富矣"，藏富于民；道家学派主张休养生息，"以百姓心为心""我无事而民自富"，以民为本；理家学派程颐主张为政"以顺民心为本，以厚民生为本，以安而不扰为本"，朱熹认为"天下之务，莫大于恤民"[②]。

新中国成立以后，进一步发展中国传统民生观，从制度上确立人民当家作主的地位。1954 年颁布的《中华人民共和国宪法》，就从法律上确立了人民当家作主的地位，结束了数千年来人民被压迫、被剥削的境况。在经济发展的早期，受限于较低的生产力和有限的物资，中国人民整体生活水平不太高，我国的社会主要矛盾是人民日益增长的物质文化需要同落后的社会生产之间的矛盾。随着人民生活水平的提高，基本生存和基本发展需要得到了满足，对更高品质、更大领域的文化精神产品和服务有了新的

[①] 吴海江、徐伟轩：《"以人民为中心"思想对传统民本思想的传承与超越》，《毛泽东邓小平理论研究》2018 年第 7 期。

[②] 转引自叶坦、王昉《对中国古代民本经济观的传承与超越（构建中国特色哲学社会科学）》，《人民日报》2021 年 11 月 29 日第 9 版。

需求，中国的民生思想和理论也经历从民生1.0向民生2.0、民生3.0的转变。党的十八大以来，马克思主义的发展规律学说进一步深化和发展，升级成为民生4.0。构建社会发展新格局既是中国民生思想的历史延续，也是新时代民生4.0的现代转型和社会实践。

二 中国共产党百年奋斗的历史使命

为人民服务是中国共产党的根本宗旨，改善民生是党和政府工作的永恒主题。中国共产党自成立起，就把为中国人民谋幸福、为中华民族谋复兴作为初心和使命。在中国共产党几代领导人的思想指引下，中华民族实现了从站起来到富起来再到强起来的历程。新时期以习近平同志为核心的党中央高度重视民生问题，提出"以人民为中心"的发展思想，提出了民生"人民美好生活需要"、民生"三性"、民生"七有"、民生"三感""共同富裕""共建共治共享社会治理格局"等重要思想、重要政策和重要举措，为实现中华民族伟大复兴的"中国梦"奠定基础。构建社会新发展格局，是弘扬和践行社会主义文明观、实现中华民族伟大复兴中国梦的重要路径。

我国是社会主义国家，发展必须坚持以人民为中心，坚持发展为了人民、发展依靠人民、发展成果由人民共享。经过长期努力，人民生活水平有了显著的提高，总体上实现了小康，但是还存在发展不充分不平衡问题，区域之间、城乡之间、行业之间收入差距大，不同公共服务水平差距较大，社会治理能力有待提高。新时期推进全面高质量发展，必须正确认识和处理效率与公平、发展与安全、发展与民生的关系，坚持在发展中保障和改善民生、在高质量发展中实现共同富裕。在民生"七有"领域持续取得新进展，扎实推动共同富裕，促进基本公共服务均等化，全面建成多层次社会保障体系，打造共建共治共享社会治理体系，让人民群众有更多的获得感、幸福感。这既是构建社会发展新格局的重点内容，也是贯彻落实共享理念、推进全面高质量发展的重要抓手。在中国特色社会主义道路上实现中华民族伟大复兴，是中华民族的百年梦想。构建社会新发展格局就是实现这一伟大梦想中的重要内容，需要在中国共产党的领导下，实事求是、脚踏实地向前推进。

第三节　现实逻辑

构建社会发展新格局既是为了满足新时代人民对美好生活的向往，也是为了应对数智社会出现的治理难题。

一　满足人民美好生活的新要求

人民美好生活是发展的、动态的、变化的，随着经济发展阶段的转变，其主要内涵和性质会发生变化。按照人类需求性质，何星亮（2017）[①]将人类需要划分为物质性需要、社会性需要和心理性需要三个层次，不同层次的需要分别对应人类生存、发展和社会认同。三个层次需要之间互相联系、层层递进，物质性需要是社会性需要和心理性需要的基础，社会性需要和心理性需要是物质性需要的升华。

自新中国成立，尤其是改革开放以来，我国经济快速发展，从"一穷二白"的国家发展成为世界第二大经济体，创造了"中国奇迹"。中国人民从"吃不饱穿不暖""衣不蔽体、食不果腹"的贫困模样，到打赢脱贫攻坚战、建成全面小康社会，人民的生活条件和生活状况发生了翻天覆地的变化。我国人均GDP从1978年的156美元一跃为2021年的1.25万美元，超过世界人均水平，基本达到世界银行高收入门槛值。随着经济的发展和收入水平的提高，人们不再仅仅满足于物质层面的需要，开始更多追求精神层面的需要，比如更加公平的教育机会、更加优质的医疗服务、更加舒适的居住条件、更加多元的文化产品、更加自由的闲暇生活、更加和谐友善的人际关系等。构建社会新发展格局，其核心要义就是满足新时代人民对美好生活的向往，从教育、医疗、娱乐、住房、就业、收入分配等方面全方位提升。

[①] 何星亮：《不断满足人民日益增长的美好生活需要》，《人民日报》2017年11月14日第7版。

二 应对数智社会治理的新问题

信息科技时代人们的生活方式、思维模式以及社会发展模式发生了深刻改变，为社会交往、社会关系、社交方式和社会治理等带来了新的挑战与机遇。一方面，随着互联网、人工智能、大数据等技术的发展，以及直播平台、短视频等新的传播媒介的普及，社会信息和舆论传播出现了新的特征，比如信息传播速度加快、传播范围变广、信息碎片化、真假难辨化等。另一方面，快节奏、高速化、高质量的社会生活标准，对社会治理能力现代化和高效化提出了更高的要求。[①]

为了应对数智社会时期社会治理的新问题，中国政府不断加强基础设施、政务系统改造，利用新一代信息技术，打造"数字政府""智慧政府"，提高政府治理效能。党的十八大以来，数字政、智慧城市等建设取得了显著成效，尤其是在疫情防控、复工复产等领域发挥了较大的作用。2022年6月23日，《国务院关于加强数字政府建设的指导意见》（国发〔2022〕14号）出台，明确提出加强数字政府建设，以及2025年和2035年的建设目标。利用新技术、新设备、新算法、新数据，赋能数字治理、平台监管、社区服务、精细管理等，加强数字政府建设，建设科技支撑的国家治理体系，成为数智时代政府管理和治理能力发展的大趋势。

---

① 韦玉潇：《科技创新为社会治理体系提质增效》，《学习时报》2022年1月15日第7版。

第十六章

构建社会发展新格局的重大举措

构建社会新发展格局的内容包括但不限于民生"七有",完善收入分配体制机制,缩小区域间、城乡间、行业间收入不平等,扩大中等收入群体规模,建设橄榄型社会,促进基本公共服务均等化,建成多层次社会保障体系,打造共建共治共享社会治理格局,实现更高质量的共同富裕,等等。

第一节 多措并举推进民生"七有"

民生"七有"以人的全生命周期中的基本需求为导向,涵盖教育、医疗、住房、养老、就业等基本公共服务需求,其核心是民生领域内容的全覆盖,确保人民群众需要的均能满足,在"无"的基础上实现"有",进而达到"优",侧重于提高民生领域的服务质量。"十四五"规划将居民人均可支配收入增长、城镇调查失业率、劳动年龄人口平均受教育年限、每千人拥有执业(助理)医师数、基本养老保险参保率、每千人口拥有3岁以下婴幼儿托位数、人均预期寿命,基本涵盖了民生"七有"的重要内容。

一 "幼有所育"举措

"人生的扣子从一开始就要扣好"。党的十九大报告明确将"幼有所育"纳入基本公共服务体系。[①] 推进"幼有所育",一是大力发展普惠托育

[①] 习近平:《决胜全面建成小康社会 夺取新时代中国特色社会主义伟大胜利——在中国共产党第十九次全国代表大会上的报告》(2017年10月18日),人民出版社2017年版,第23页。

服务体系，解决服务供需矛盾。扩大托育服务供给，鼓励政府机构、企事业单位、社区等开办托育服务机构，引导社会资本有序参与托幼服务行业。积极构建政府主导、以普惠微型托育机构为主体、社会力量广泛参与的托育服务体系，为城乡居民提供质量有保障、价格可承受、方便可及的托育服务。① 发挥规划引领作用，加大土地、金融、财政、住房等要素支持，加大托幼行业人才培养，打造高素质托育行业人才队伍。二是高度重视普惠托育服务政策，保障城乡均衡发展。结合城乡"3 岁以下"婴幼儿照料模式差异，因地制宜制定差异化托育政策。鼓励城市出生人口减少、学前资源富余地区开展"托幼一体化"，将 2—3 岁幼儿托育服务纳入以公立机构为主的普惠性学前教育服务体系。发挥政府主导作用，加大出生人口较多、学前资源紧张地区的托育机构建设，增加学前、幼儿园机构数量。研究制定城乡婴幼儿托育服务补贴政策，对城乡拥有 3 岁以下婴幼儿家庭按照婴幼儿数量给予相同的补贴金额，不再区分城乡户籍。优化基础教育资源配置、约束影子教育、强化育人质量评价体系，推动基础教育公平。②

二 "学有所教"举措

人才是经济发展的根本，教育是培养人才的主要渠道，事关国家发展和民族未来的千秋基业。按照短期与长期相结合、国内与国际相结合原则，未来中国教育体系需着重培养以下三种类型人才：第一类是面向经济主战场的技能复合型人才。新一代信息技术革命和产业变革下，产业所需技能要求出现了新变化。以适应当前产业技术特性和发展要求，构建"三位一体"培训机制，即自主培训机制、培训积分机制、收入挂钩机制，引导产业工人自主学习，提高专业技能。面向电子数据取证分析师、职业培训师、密码技术应用员、碳排放管理员等新职业，及时更新职业技术教育内容，加快新型技能人才队伍培养。完善终身学习体系，加强复合型人才教育培养，以技能促增长。第二类是面向长远经济发展的知识复合型人

---

① 王培安：《幼有所育关乎民族未来》，《经济日报》2022 年 6 月 1 日第 12 版。
② 杨成荣、张屹山、张鹤：《基础教育公平与经济社会发展》，《管理世界》2021 年第 10 期。

才。改革高等教育模式，允许跨区域、跨高校、跨学科学习，培养精通经济、政治、文化、社会、生态等多领域，具有交叉学科知识的综合型人才。同时，鼓励天才儿童"偏科发展"，以数学、物理、化学、哲学等某一基础研究领域为特长，培养造就顶尖创新人才。第三类是面向国际和海外利益的国际复合型人才。采取"3+"培养模式，通过"外国语+""区域国别+""国家传播+"经济、政治、文化、社会、生态等多学科的交叉融合，培养"一精多能""一专多能"国际复合型人才，赋能中国海外利益发展与国家安全。完善海外复合型人才引进机制，加快建设全球人才高地，聚天下英才而用之。

三 "劳有所得"举措

"劳"就是劳动、就业，"得"就是收入、分配。随着社会主义市场经济的发展，我国居民收入来源逐渐多元化，但劳动报酬依旧是主要收入来源。就业是获得劳动报酬的前提，就业就是最大的民生。新时期促进"劳有所得"，一是坚持就业优先战略和积极就业政策，实现更高质量和更充分就业。构建劳动者终身职业培训制度，完善现代职业教育体系，鼓励学习新技术新技能，适应新业态新模式。完善高等教育体系，优化职业教育和高等教育资源配置，注重人才分类培养、因材施教，提高人员技能和岗位匹配能力，解决结构性就业矛盾。坚持培育和弘扬工匠精神，提高劳动者的素质。提供全方位、多渠道创业、就业服务，提供贷款、场地等创业支持政策，鼓励创业带动就业。消除户籍、性别等就业歧视，取消年龄门槛，切实保障各年龄段人群的就业权利，支持个人通过奋斗实现共同富裕。支持多渠道灵活就业，鼓励新就业形态发展，培育接力有序的就业新动能。二是拓宽劳动报酬来源，提高劳动报酬占国民生产总值比值。构建和谐劳动关系，保障劳动者合法权益，避免出现拖欠工资、扣押工资等不合理现象。加快劳动、资本、土地、知识产权、技术、管理、数据等要素的市场化配置改革，不断探索、创新提升劳动收入份额的有效路径，构建充分体现知识、管理、技术、数据、管理和企业家创新等要素价值收益分配机制，激发勤劳致富的内在动力。加强知识产权保护，激发奋斗者的创新动力和创业活力。① 探索全民学习、全生命周期学习新模式，提高劳动力素质，推动劳动报酬提高与劳动生产率提高基本同步。

四 "病有所医"举措

一个文明的社会应该是一个"病有所医"的社会，更应该是一个全民健康的社会。党的二十大报告提出"把保障人民健康放在优先发展的战略位置，完善人民健康促进政策"，并对"推进健康中国建设"作出全面部署。② 高质量的经济增长可以提高国民健康水平，良好的国民健康水平有利于促进经济增长。促进国民健康发展，一要实施全方位全周期健康管理，从末端治疗为主转向前端预防为主。"治疗"重心由"医院内"转向"医院外"，由"治已病"转向"治未病"，由"后管理"转向"前管理"，国民健康的内容从"治疗"单一环节拓展到"预防、治疗、修复、康养"四大环节。③ 利用微信公众号、短视频等新媒介，普及健康知识，引导居民合理膳食，强化个人是健康"第一负责人"意识，引导和开展全民健身运动，促进全民养成文明健康生活方式。提高预防意识和防范措施，针对心脑血管疾病、癌症、慢性呼吸系统疾病、糖尿病四类慢性病以及传染病、地方病，加强重大疾病的疫苗接种、早筛早查、早诊早治等前端预防措施。二要提高健康人力资本水平，从身体健康转向"身心灵"健康。良好生态环境是最普惠的民生福祉。开展碧水青山、减污降碳、垃圾分类等活动，修复山水林田湖草，改善自然生态环境，既有利于降低疾病发生率，也有利于促进居民身心愉悦。另外，重视精神健康，加强精神卫生信息系统、证据和研究，以社区、单位、家庭为基础提供全面、综合并符合需求的精神卫生与社会关护服务。三要创新发展"大健康"产业形态，从健康与经济单一分离发展转向融合循环发展。根据消费群体和需求，丰富

---

① 李雪松、孙博文、朱兰：《促进共同富裕要靠共同奋斗》，《光明日报》2022年2月24日第6版。
② 习近平：《高举中国特色社会主义伟大旗帜　为全面建设社会主义现代化国家而团结奋斗——在中国共产党第二十次全国代表大会上的报告》（2022年10月16日），人民出版社2022年版，第48—49页。
③ 李海舰、杜爽：《推进共同富裕若干问题探析》，《改革》2021年第11期。

健康产品与服务，大力发展个护美容、饮食营养及减重、体育活动、养生旅游等健康产业，提高健康产业在国民经济中的比重。利用科技与科学，创新医疗产品与技术，连接虚拟空间与实体空间，发展智能监测、智慧医疗、远程医疗、直播健身等数字健康产业。[1]

五 "老有所养"举措

党的十九大报告提出："积极应对人口老龄化，构建养老、孝老、敬老政策体系和社会环境，推进医养结合，加快老龄事业和产业发展。"[2] 积极应对老龄化趋势，一是加快"老有所养"制度体系建设。逐步实施延迟退休年龄政策，加快建立全国统一的城乡居民养老保险制度。大力发展养老保险第三支柱，健全养老保险体系。拓宽养老资金来源和增值渠道，保障养老资金稳定。积极探索社区养老、家庭养老、单位养老等多样化养老模式，鼓励社会资本进入养老产业。探索建立长期照护保障制度，鼓励部分地区探索试行困难家庭失能老人照护补助制度和长期照护保险制度。二是加快形成"适老社会"发展方式。在城市更新过程中，按照《全球老年友好城市建设指南》，加快推进和完善城市"适老"基础设施和建筑改造，构建老年友好城市。尽早加大对老年健康学、衰老生物学、老年疾病预防与治疗等学科的研究，提高老年人的健康水平，在延长预期寿命的同时，挖掘"寿命福利"。[3] 从"投物"为主逐渐转向"投人"为主，基于全生命周期，加大人力资本投入，包括孕育、生育、养育、教育、休闲、文娱、养生、养老环节。大力发展"银发经济"，积极开发"适老"技术和产品，培育智慧养老、社区养老、康养产业等新业态。探索时间银行这一新型互助劳务养老模式，缓解国家养老资源不足和个人养老资金储蓄不足的难题。[4]

---

[1] 李海舰、朱兰、孙博文：《新发展格局：从经济领域到非经济领域——加速启动"五位一体"新发展格局》，《数量经济技术经济研究》2022年第10期。

[2] 习近平：《决胜全面建成小康社会 夺取新时代中国特色社会主义伟大胜利——在中国共产党第十九次全国代表大会上的报告》（2017年10月18日），人民出版社2017年版，第48页。

[3] Scott A. J., Ellison M., Sinclair D. A., "The Economic Value of Targeting Aging", Nature Aging, No. 1, 2021.

[4] 李海舰、李文杰、李然：《中国未来养老模式研究——基于时间银行的拓展路径》，《管理世界》2020年第3期。

六 "住有所居"举措

"安得广厦千万间,大庇天下寒士俱欢颜,风雨不动安如山。""安居"才能"乐业",住房是一个家庭和个人生活安稳的基本前提和保障,"住有所居"也成为社会新发展格局的重要内容。推进"住有所居",一是坚持"房主不炒"政策,引导住房市场平稳健康发展。严格贯彻落实"房住不炒"政策,采取有力措施抑制房产业暴利、限制炒房,采取优惠政策支持市民、特别是新市民的自住购房需求,引导房地产市场回归"居住"属性。落实人地挂钩政策,根据人口流动情况分配建设用地指标,在人口主要流入区适度增加土地指标。探索建立全国性的建设用地跨区域交易机制,开展土地指标跨区域交易试点。二是大力发展保障性租赁住房建设,满足多层次市场需求。发挥政府主导、政策扶持作用,加大土地、财政、金融等资源向保障性住房倾斜的力度。建立健全科学规范的保障性住房管理制度,制定公平合理、公开透明的保障房配租政策和监管程序,优先保障住房困难群体,做好保障房的托底功能。重视新市民、青年人的住房需求,增加小户型住房供给,鼓励有条件地区加大人才引进住房补贴力度,降低购房成本。引导企事业单位利用自有闲置土地,增加保障性住房、人才公寓供给,缓解青年人住房困难。

七 "弱有所扶"举措

"弱有所扶"关乎公平正义,是社会文明程度的体现。"弱有所扶"新要求的提出,既传承了中华民族优秀的道德品质,更是新时代中国特色社会主义发展的现实需要。[①] "弱有所扶"的"弱",广义上涵盖了社会中各类处于生活窘迫和发展困境的群体。新时期进一步推进"弱有所扶",一是推动脱贫攻坚与从乡村振兴有效衔接,提高低收入人群可支配收入。针对现有帮扶政策,根据实际情况进行调整,确保政策连续性,巩固脱贫攻坚成果。着力做好脱贫攻坚与乡村振兴衔接工作,持续改善脱贫地区基础

---

① 陈慈英:《弱有所扶的理论依据与路径选择》,《中国民政》2018年第12期。

设施条件，加大人才培养和教育扶持工作，培育脱贫地区"自生能力"，确保脱贫地区人口稳定就业、经济稳步发展。二是完善社会救助政策，做好社会兜底服务。建立健全以最低生活保障、特困人员供养、受灾人员救助等为主体，社会力量参与为补充的社会救助体系，加大对弱势群体保障资金的投入力度。营造不忽视、不歧视的社会氛围，推动慈善、公益成为社会常态，引导家庭、个人、社会组织等自发关爱弱势群体。关注弱势群体需求，构建全方位立体化的帮扶机制，覆盖基本生活、心理咨询、文化消费、社会尊重、就业保障等多维度需求。织密兜牢丧失劳动能力人口基本生活保障底线，针对失能群体，按照困难类型及时纳入农村低保、城市低保、特困人员社会救助等供养体系，确保应保尽保、应兜尽兜。完善优待、抚恤、安置等基本制度。

第二节 促进基本公共服务均等化

基本公共服务均等化指全体公民都能公平可及地获得大致均等的基本公共服务，其核心是促进机会均等、缩小"隐形"差距，而不是简单的基本公共服务平均化。基本公共服务均等化更多地需要从制度层面引导和规范，发挥有为政府在基本公共服务领域的主导性作用。另外，促进基本公共服务均等化需要处理好中央与地方政府的关系、地方政府之间的关系，在中央统筹的前提下降低区域间基本公共服务的不均等。

一 贯彻落实国家基本公共服务标准

制定出台国家基本公共服务标准是推进基本公共服务均等化的制度前提，是我国保障和改善民生的重大制度创新。继2017年国务院公布《"十三五"推进基本公共服务均等化规划》和2018年国家发展改革委出台《关于建立健全基本公共服务标准体系的指导意见》后，2021年4月20日，国家发展改革委等21个部门发布《国家基本公共服务标准（2021年版）》。该标准涵盖了托育、教育、医疗、就业等民生"七有"领域，以及优军服务保障、文体服务保障"两个保障"，共9个方面、22大类、80个服务项目具体保障范围和质量要求（包括服务对象、服务内容、服务标准、支出责任和牵头负责单位）。根据《关于印发〈国家基本公共服务标准（2021年版）〉》的通知，各地要结合实际抓紧制定本地区基本公共服务具体实施标准，并与国家标准和行业标准规范充分衔接，进行财政承受能力评估。按照2021年要求，全面贯彻落实国家基本公共服务投入、建设和服务，推动基本公共服务均等化。根据经济发展和人民生活需要，适时调整基本公共服务范围和服务标准，提高基本公共服务的质量。

二 建立国民身份的公共服务新体系

加快推动户籍制度改革、实现人口自由流动是公共服务均等化的关键制度创新。众所周知，户籍制度限制是导致我国城乡公共服务不均衡的重要因素。推动基本公共服务均等化，一是要求深化户籍制度改革，逐渐取消户籍制度。深化户籍制度改革，促进农村转移人口市民化，保障进城农民享受到与城市居民同样的教育、医疗、社会保障公共服务的权利，让全民共享经济社会发展的成果。探索建立新型户籍制度，建立城乡统一的户口登记制度、建立实施居住证制度、实际居住人口登记制度，消除城乡居民身份歧视，保障实现公共服务均等化。围绕新型户籍制度的构建，开展立法调研和研究起草工作，为构建新型户籍制度奠定法治基础。二是重新建立以国民身份和人类需要为原则的公共服务"新体系"。打破以社会身份来提供公共服务的"旧框框"，让改革发展成果更多更公平惠及全体人民。加大力度推进基本公共服务的均等化，将财政转移支付更多用于促进以人为核心的城镇化。建立可持续的财政资金保障机制，推动实现财政支出向公共服务领域、向城市非户籍人口的"双倾斜"，既要在增量上节省资金，将财政支出更多向公共服务领域倾斜，也要在存量上优化财政支出结构、提高财政支出绩效，将城市非户籍人口纳入基本公共服务保障覆盖范围，促进公共服务财政支出向非户籍人口倾斜，不断推进基本公共服务均等化。[①]

[①] 李雪松、孙博文、朱兰：《促进共同富裕要靠共同奋斗》，《光明日报》2022年2月24日第6版。

三 提升数智时代基本公共服务能力

人工智能、大数据等新一代信息技术的发展，重塑基本公共供给和需求。新时代借助新技术提升基本公共服务能力，一是从市场层面，利用新技术提升基本公共产品和服务的供给能力。借助互联网平台和人工智能等，远程医疗、远程教育等新的基础公共产品供给模式出现，提高了公共产品供给的精准性和有效性。比如，在线教育让更多的人享受到高质量的教育服务；在线医疗和视频会诊帮助病人更快地接受知名专家的医疗服务；通过大数据分析，保险公司能够更好地识别个体风险，提供有针对性的保险产品服务。加强数字基础设施投资和建设力度，尤其是中西部地区、农村地区，推动建设农村电话、广播、有线电视和因特网等，推进城乡信息基础设施同规同网，缩小城乡之间、区域之间的"数字鸿沟"。二是从政府层面，利用新技术提升政府治理能力。加快推动云计算、大数据、物联网、人工智能等信息技术融入政府公共服务供给，建立数字化政府。加强电子政府、电子政务、行政服务中心建设，打造统一安全的政务云平台、数据资源共享共用的大数据平台，通过大数据分析提高公共服务供给的精准化。

四 健全基本公共服务动态监测体系

2018年12月，中共中央办公厅、国务院办公厅印发《关于建立健全基本公共服务标准体系的指导意见》，提出基本公共服务的"均等化"目标，即力争到2025年，基本公共服务标准化理念融入政府治理，标准化手段得到普及应用，系统完善、层次分明、衔接配套、科学适用的基本公共服务标准体系全面建立；到2035年，基本公共服务均等化基本实现，现代化水平不断提升。健全基本公共服务均等化动态监测体系，坚持差异化、补短板、动态化原则。一是差异化原则。标准体系的建立与实施应立足不同地方的自然地理、经济社会发展、产业结构、地方财政情况，因地制宜制定精细化、差异化、循序渐进的工作推动方案。二是补短板原则。标准体系的建立应充分考虑人民群众最关心的问题，聚焦突出问题、关注薄弱领域，重点资源向西部地区、农村地区、民族地区倾斜，引导基本公共服务发挥筑底板、补短板的作用。三是动态化原则。结合经济发展进程，围绕缩小城乡、区域、人群公共服务差距的目标，并根据国家重大政策出台以及工作推进评估的基本情况，按照可持续性、增强服务便利性和可达性等要求，推进国家基本公共服务标准体系动态调整。比如，北京市建立基本公共服务"七有五性"民生动态监测体系，强调民生服务要具有"便利性、宜居性、多样性、公正性、安全性"；深圳市则在民生"七有"的基础上进一步提出民生"七优"，即"幼有善育、学有优教、劳有厚得、病有良医、老有所养、住有所居、弱有众扶"，更加突出民生质量的重要性。

第三节 建成多层次社会保障体系

多层次社会保障体系体现了民生建设的普惠性、基础性、兜底性，从基本养老保险、基本医疗保险、社会福利制度等方面涵盖最基本的民生保障要求，覆盖全民，织牢社会保障安全网。蔡昉和贾朋（2022）[1]指出，无论是从遵循一般规律来说，还是应对自身挑战的要求来说，在今后10—20年内，中国都有必要加快提高公共社会性支出，大幅度增加社会福利支出并提高其在GDP中的比重，填补社会福利支出领域较大缺口，显著提高社会保护、社会福利和社会共济水平。党的二十大报告提出，健全覆盖全民、统筹城乡、公平统一、安全规范、可持续的多层次社会保障体系。[2]

一 深入实施全民参保计划

"全民参保"彰显民生保障"普惠性"，强调"一个都不能少"，是建设多层次社会保障体系的基本条件。居民只有纳入社会保障体系，才有机会享受社会保障的资源，是从"0"到"1"、从"无"到"有"的突破。

---

[1] 蔡昉、贾朋：《构建中国式福利国家的理论和实践依据》，《比较》2022年第120辑。
[2] 习近平：《高举中国特色社会主义伟大旗帜　为全面建设社会主义现代化国家而团结奋斗——在中国共产党第二十次全国代表大会上的报告》（2022年10月16日），人民出版社2022年版，第48页。

按照全面深化改革的部署,2014—2017 年我国逐步实施"全民参保登记计划",对各类群体参加社会保险情况进行记录、核查和规范管理。"全民参保计划"则是在"全民参保登记计划"基础上的深入实施。根据统计数据,截至 2021 年年底,我国基本养老保险、医疗保险参保人数分别为 10.3 亿人、13.6 亿人,分别占制度内应参保人数的 90%、95%以上,全民参保基本实现。未来进一步深入实施全民参保计划,一要根据经济发展和就业形态变化,有针对性地"查漏补缺"。随着平台经济、直播经济、分享经济等新就业形态的出现,兼职人员、自由职业者、灵活就业人员等新职业诞生,符合条件缴纳社保的人群也随之发生变化。将新市民、新就业人群、灵活就业人群、未参保人员作为参保扩面的重点人群,做好宣传引导,加大参保缴费宣传,调动未参保人员的积极性。二是深入开展社保调研,了解重点人群参保的难点与堵点,根据需求完善社保缴费服务机制。及时改进、完善社保缴纳规则,增加新就业人群的社保项目、缴费规则和服务机制,确保精准到位。开发针对手机、电脑等移动设备的缴费系统,提高缴费、查询、支付等服务便捷性,增加基层社保缴费服务设备放置点和人工服务平台,便于老年人、贫困人口等开展缴费服务,缩小社保层面的"数字鸿沟",彰显数智时代的人文关怀。三是建立全国统一的社会保险公共服务平台。我国已经建立了国家社会保险公共服务平台(网址:http://si.12333.gov.cn),涵盖社保查询、养老保险、失业保险、工伤保险、境外免缴等。需进一步加大国家社会保险公共服务平台的信息化服务能力,增加社保卡的业务功能,建立依托"社保卡"的就医结算、待遇发放、失业补助、就业登记等不同类型服务,提高社保服务的精准度和便利度,既有利于相关业务部门及时跟踪和发现参保人员的社保情况,也有利于降低社保参保的门槛,扩大社保服务的覆盖面。

二 完善养老保险制度

养老保险是应对人口老龄化、保障老年人口权益的重要险种。党的十八大以来,我国养老保险制度体系基本健全,养老待遇水平逐步提高,不同区域之间、城乡之间、人群之间的养老保险待遇差距逐渐缩小,养老保险的公平性显著提升。今后一个时期,随着人口结构转型,人口老龄化速度加快，中国面临"未富先老"的挑战，进一步完善基本养老保险制度、建立多层次的养老体系成为应对老龄化社会的重要举措。未来完善城乡基本养老保险制度，一是完善基本养老保险全国统筹制度，规范城镇职工和城乡居民基本养老保险缴费政策，吸纳未参保老年人口。对因病、因贫、失能等未能及时缴费的老年人群，由社区开展上门服务，协助老年人群缴费，加入基本养老保险体系。随着预期寿命的延长，逐步推进延迟退休政策，降低养老基金负担。取消就业人员"55周岁""60周岁"就业年龄限制，应在确保工作安全的条件下，根据健康条件和工作条件，明确工作技能、身体条件等要求后，允许老年人口继续工作。二是规范发展养老保险"第三支柱"，建立多层次养老保险体系。在基本养老保险"第一支柱"、企业年金和职业年金"第二支柱"的基础上，继续发展个人储蓄型养老保险"第三支柱"，发展多层次、多支柱养老保险体系。创新养老产品服务，鼓励金融机构开发更多商业养老保险产品，比如养老储蓄存款、养老理财和基金、养老保险等，兼顾养老保险、资产管理、风险保障等需求。规范养老保险产品和服务，加强金融监管、保险监管等，清理名不副实产品，避免"养老诈骗""金融诈骗"。三是在总结省级统筹和中央调剂金制度的基础上，先易后难、稳步推进，逐步实现全国养老保险统筹，缩小不同地区养老保险待遇差距。

三　完善医疗保险制度

医疗保险制度是社会保险制度最重要的险种之一，是防止居民因病致贫、因病返贫的重要措施。我国从20世纪50年代开始建立劳保医疗制度、公费医疗制度和农村合作治疗制度，历经几十年发展，从"零基础"到建成全世界最大医疗保障网。党的十八大以来，基本医疗保险制度在城乡统筹、覆盖范围、基金来源、报销比例等方面进行改革，在医疗保险的公平性、普惠性方面有了较大的提升。未来进一步完善医疗保险制度，一是继续深化医保制度改革，解决人民群众"看病难""看病贵"难题。2020年中共中央、国务院印发《关于深化医疗保障制度改革的意见》提出了医疗制度待遇保障、筹资运行、医保支付、基金监管等重要机制和医药服务供给、医保管理服务等关键领域的改革任务。按照该意见，在党的领导下，中央政府与地方政府深入推进医疗体制改革，强化中央与地方、不同部门之间、不同行业之间的协同配合，确保2030年目标实现。二是鼓励符合条件的医院和医生发展"远程医疗""智慧医疗"，缓解区域之间、城乡之间医疗资源分配不均衡难题。完善远程医疗政策体系，规范远程医疗服务、管理、标准等。借助新一代信息技术，利用人工智能、遥感、遥测等先进技术，积极开展远程医疗、智慧医疗服务，为医疗条件较差地区居民开展远距离诊断、医疗咨询与服务。加强欠发达地区、农村地区的信息和医疗基础设施建设，提高欠发达地区人民群众获取医疗救助和服务的机会。加强老年人群使用远程医疗的培训和配套服务，开展多学科综合会诊、慢性疾病等老年人多发病症管理，加大远程医疗人力与技术投入。

四　完善社会救助制度

社会救助、社会福利、慈善事业、优抚安置等制度是解除困难群体生存危机、维护社会底线公平的重要制度安排。党的十八大以来，我国社会救助制度步入从分散向统一的体系化发展阶段，呈现从城乡分割到城乡统筹、从单一到分类分层的特征（见图16—1）。未来进一步完善社会救助制度，一是建立健全分层分类社会救助体系，建立涵盖基本生活、教育、医疗、住房、就业等专项服务，保障最低生活水平。深入基层开展调研，了解困难人群所需，创新社会救助方式，丰富社会救助渠道，以"物质赠送、康养服务、就业创造"等多种方式解决困难人群生存和发展难题，实施差异化、多样化、类别化救助。二是营造人人平等、包容友善的社会氛围，创造自愿关怀、主动帮助的社会救助网络和平台，鼓励和引导企事业单位、社会团队、家庭和个人加入社会慈善组织，开展"送爱心""关爱老人""关爱弱势群体"等活动，创造适合残障人员的就业岗位。大力发展慈善事业，增强企业的社会责任感，对积极参与慈善事业的企事业单位、个人进行税收优惠、费用减免等，对表现突出的个人和单位进行表彰。三是加强财政对民生支出的投入力度，加大地方财政对基本生活救助、专项社会救助、急难社会救助的支出，采取必要措施确保部分丧失或者完全丧失劳动能力、无法通过再就业脱贫群体的基本生活水平。在城市更新过程中，增加城市"适老化"、无障碍设施建设和改造，为老年人口、残障人士出行、居住提供无障碍、安全的社会环境，增加老年人口、残障人士的社会融入度，增强其幸福感和安全感。

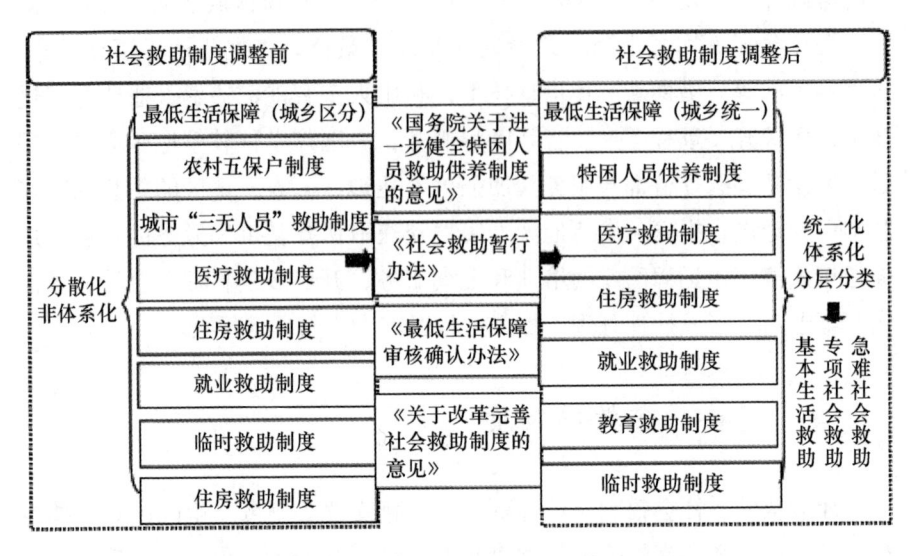

图16—1 党的十八大以来社会救助制度结构调整

资料来源：刘晓梅、曹鸣远、李歆、刘冰冰：《党的十八大以来我国社会保障事业的成就与经验》，《管理世界》2022年第7期。

第四节 打造共建共治共享社会治理格局

打造共建共治共享社会治理格局，旨在打造公平社会、安全社会、幸福社会、共享社会，增强获得感、幸福感、安全感。

一 打造"公平社会"举措

效率与公平是发展中面临的永恒问题，二者相互制约、相互促进。建设公平社会，要做到：第一，在区域协调发展中缩小区域间不平等。创新区域间产业融合发展模式，通过产业链供应链上下游对接合作、区域间产业转移和区域间科技成果转化，优化区域产业格局，促进东中西部联动发展。以城市群、都市圈、流域带为依托，发挥区域内重点城市的辐射效应，以产业集群、知识外溢、人才流动等方式，培育欠发达地区的自生能力。第二，在城乡统筹发展中缩小城乡间不平等。深化户籍制度改革，健全农业转移人口市民化机制，落实农民工与城镇职工同工同酬制度。统筹城乡就业、医疗、教育、养老等公共服务体系，推动城乡基本公共服务均等化。完善农村土地、集体产权、宅基地使用权等要素分配机制，增加农民财产性收入。第三，在产业融合发展中缩小行业间不平等。推动第一产业、第二产业和第三产业纵向融合、横向融合与交叉融合，缩小三次产业全要素生产率。消除所有制歧视，营造公平竞争的市场环境，减少民营企业与国有企业的融资差异。引导虚拟经济、实体经济融合发展，提高实体经济的利润率，缩小金融、房地产、互联网等行业与实体经济产业的收入差距。推动产业融合，消除不同产业进入壁垒和收入不平等、代际不平等现象。创造更加公平竞争的就业环境，降低不同行业间人员进入壁垒，破除父辈职业、社会关系等社会性流动的障碍，让人人都能够通过辛勤劳动、诚实劳动、创业劳动、创新劳动，实现自身的价值。

二 打造"安全社会"举措

安全既是美好社会的基础保障，也是经济发展的重要内容。2014年4月15日，习近平总书记在中央国家安全委员会第一次会议中明确指出"发展是安全的基础，安全是发展的条件，富国才能强兵，强兵才能卫国。"[①] 实现国家层面的安全，一是以发展保安全，提高国家安全水平。发展是最大的安全，通过高质量的经济发展，增加国家安全要素投入，保持一定的军费开支占比，维护国家安全和保卫领土完整。加大经济安全、政治安全、文化安全、社会安全、生态安全等领域的投入，加强安全基础设施和人员队伍建设，健全国家安全体系。认真总结党成功应对风险挑战的历史经验，提高应对风险能力。建立健全传统安全与非传统安全的风险预警机制，构建国家安全体系，有效防范化解风险。二是以安全促发展，实现经济平稳发展。大数据时代，健全个人、企业、国家信息保护、数据

---

① 中共中央文献研究室编：《习近平关于社会主义社会建设论述摘编》，中央文献出版社2017年版，第171页。

安全和数据产权等法律法规，奠定经济平稳发展基础。贯彻落实总体国家安全观，提升重大风险防控能力，防止发生系统性经济风险和金融风险，留足经济腾挪转移空间，增强经济发展韧性。加强生物、能源、气候等领域的国际合作，深度融入全球创新体系，共同解决人类发展面临的医学、气候、绿色技术等难题。防范经济、政治、文化、社会、生态各类风险连锁联动、叠加共振，从全局性着眼、关联性着手，多维思考，综合求解。

三 打造"幸福社会"举措

围绕人的幸福、为了人的幸福，构建幸福社会，一是深化美学研究，发展美学经济。深化美学研究，挖掘中华民族传统文化美学特色，提炼美学符号与气质；以"文化＋经济""艺术＋经济""创意＋经济"等形式，融入美学元素、美学成分、美学理念、美学思维，丰富产品形态与服务，在生产、购买与体验中满足消费者的精神需求。二是丰富快乐内涵，发展快乐经济。发展文化旅游、影视体育等快乐产业，通过"产业快乐化"和"快乐产业化"，满足人民物质层面与精神层面的需求。而且，将快乐理念拓展至动物层面，不仅人要快乐，动物也要快乐。三是坚持"两山"理念，挖掘生态价值。"加强生态产品价值核算，建立科学合理的生态产品价值核算体系，探索合理生态补偿机制。"提供更多优质生态产品以满足人民日益增长的优美生态环境需要，全面推动绿色发展，建设美丽城镇、美丽乡村。四是构建幸福指数，建设幸福中国。将国民经济社会统计核算体系重点由国内生产总值转向国民幸福指数。在政策评估体系中引入民众快乐程度指标，把"以人为本"的发展理念落地落实。

四 打造"共享社会"举措

打造共享社会，需要发挥政府、市场和社会三方力量，按照全民共建、全民共享，协同推进经济社会发展。一是从政府层面，发挥有为政府作用。一方面坚持和发展新时代"枫桥经验"，构建舒心安心放心的社会环境；另一方面明确基本公共服务的"基本"，遵循"尽力而为、量力而行"的原则，落实中央和地方政府的基本公共服务职责，推动基本公共服务均等化。对于一些个人或社会组织能提供的保障功能，政府要避免越俎代庖、大包大揽，防止脱离基本国情、超出财政能力、以揠苗助长的方式提高社会保障水平，避免陷入"福利陷阱"。[①] 二是从市场层面，大力发展补充保障，发挥市场和社会力量。针对不同类型社会保障类型，制定差异化的社会资本进入模式，采取强制保障和自愿保障相结合模式。针对个人和企业，采取更具激励性的补贴或税费减免政策手段，比如适当降低企业基础保障缴费税率。制定税费合理、水平适度的缴费承担比例，适当降低企业承担比例，为发展补充保障预留空间。[②] 三是从技术层面，加入科技支撑，推动智慧治理。在中国特色社会主义治理模式中引入科技支撑理念，促进制度改革与技术创新相结合，打破静态治理、自上而下治理旧模式，创造动态治理、上下联动治理新模式。运用现代化科技手段，支撑与平衡主客体之间活力与秩序的健康发展，大力推进智慧城市、"互联网＋"等，深化区块链技术应用，实现服务全程全时、管理高效有序、数据开放共享，以社会治理现代化夯实"中国之治"的基石。

---

① 李雪松、孙博文、朱兰：《促进共同富裕要靠共同奋斗》，《光明日报》2022年2月24日第6版。

② 郑功成：《中国慈善事业发展：成效、问题与制度完善》，《中共中央党校（国家行政学院）学报》2020年第6期。

第 六 篇

生态文明新格局

第十七章

生态文明新格局的科学内涵

生态文明的提出丰富了人类的文明形态，是工业文明发展到一定阶段的产物，是实现人与自然和谐发展的文明。在百年奋斗历程中，中国共产党始终没有忘记以马克思主义的自然辩证法和唯物辩证法为基本遵循，重视生态和环境问题，生态文明建设作为中国的基本国策，由党的十七大正式提出，党的十八大、十九大、二十大进一步丰富和发展。中国的生态文明新格局，不同于西方的生态价值观，是高质量建设的生态文明，是贯彻落实新发展理念的生态文明，是突出中国式现代化治理体系和治理能力的生态文明。生态文明新格局的理论框架体现在新时代、新世界、新技术、新框架四个方面。

第一节 从生态文明到生态文明格局

生态文明作为人类文明的新形态，最早出现于20世纪70年代。经过长期发展，尤其是党的十七大报告提出建设生态文明以来，党深刻回答了生态文明建设的原因、做法等重大理论和实践问题。在对生态文明和生态文明建设内涵分析基础上，得出了生态文明格局的科学内涵。

一 生态文明与生态文明建设

"生态文明"一词最早由德国法兰克福学派的政治学学者林·费切尔提出，在《论进步的辩证法》一文中，费切尔（1978）通过对"进步的辩证法"和工业文明的反思而提出生态文明。① 在费切尔提出"生态文明"概念时，即认为人类征服自然的时代已受到质疑，在历经了捕鱼打猎采集为主的原始文明、耕种养殖为主的农业文明以及工业化为主的工业文明后，人类已经迈入了一个新的阶段，即人类与自然和谐统一的生态文明。在费切尔之后独立提出生态文明概念的中国学者是著名农业生态学家叶谦吉。叶谦吉先生在1986年以"论生态文明"为题在三峡库区水土保持会议上做大会报告，他认为：生态文明，不外乎我们取之于自然，又以另一种方式回馈于大自然，我们在对自然施加改变的同时，又对大自然进行保护，人类与大自然统一于这个世界，和谐共存。② 其提出的生态文明建设与20世纪80年代中国提倡的物质文明建设和精神文明建设是并列的。三位学者提出的生态文明均认为，人与自然必须和谐共生。③ 生态文明下，社会将全面转型，各个方面将以一种全新的模式出现。但此时生态文明还不是一个得到广泛认知的概念或理念，更未成为一种影响深远的思想或理论。④

生态文明发展成一种具有广泛影响的思想和理论与中国共产党领导的中国特色社会主义伟大实践和党对马克思主义的理论创新密不可分。2007年，党的十七大报告中就提出我们要建设生态文明，这是"生态文明"一词首次被列入党和政府的正式文件中。党的十七大强调把生态文明列入全面建设小康社会的目标，提出要积极推动新的经济发展模式产生，包括调整经济结构、转变发展方式等，要初步做到对能源、原材料等节约使用，对环境做到少污染。

2012年，党的十八大将生态文明建设上升为中国特色社会主义建设"五位一体"总体布局中的重要"一位"，进一步凸显了生态文明建设的重大意义。党的十八大深刻阐释了生态文明建设与经济建设、政治建设、文化建设和社会建设的内在逻辑关系，明确了生态文明建设融入中国特色社会主义其他四个重大建设各个方面和全过程的战略思路，并提出了推进生

---

① Iring Fetscher, "Conditions for the Survival of Humanity: On the Dialectics of Progress", *Universitas*, Vol. 20, No. 3, 1978.
② 叶谦吉：《叶谦吉文集》，社会科学文献出版社2014年版。
③ 卢风、王远哲：《生态文明与生态哲学》，中国社会科学出版社2022年版。
④ 黎祖交主编：《生态文明关键词第2版》（上），中国林业出版社2020年版。

态文明建设的重大战略路径。

2017年，党的十九大将生态文明建设与中国社会主要矛盾的转变联系起来，对生态文明建设提出了一系列新论断、新要求、新部署和新目标。党的十九大指出，我们要建设的现代化是人与自然和谐共生的现代化，既要创造更多物质财富和精神财富以满足人民日益增长的美好生活需要，也要提供更多优质生态产品以满足人民日益增长的优美生态环境需要。必须坚持节约优先、保护优先、自然恢复为主的方针，形成节约资源和保护环境的空间格局、产业结构、生产方式、生活方式，还自然以宁静、和谐、美丽。

2022年，党的二十大将生态文明建设融入中国式现代化中，指出中国式现代化是人与自然和谐共生的现代化，提出要推进美丽中国建设，像保护眼睛一样保护自然和生态环境，坚定不移走生产发展、生活富裕、生态良好的文明发展道路，实现中华民族永续发展，推进生态优先、节约集约、绿色低碳发展，并指出到2035年，我国发展的总体目标中应广泛形成绿色生产生活方式，碳排放达峰后稳中有降，生态环境根本好转，美丽中国目标基本实现。

毫无疑问，生态文明建设是依据中国基本国情，基于对自然规律和经济社会发展规律的正确认识而作出的功在当代、利在千秋的决策，是有利于中国长远发展的战略布局。倡导生态文明建设，要求我们要有对大自然的准确、科学认知，要正确认识到对大自然开发的限度在哪里，要秉持可持续发展的科学观点和思想。在对自然形成正确的观念、认知的基础上，建设生态文明需要我们坚持创造或保护优良的自然环境，重点要克服的困难是经济发展与生态环境保护之间的矛盾，使人类生产生活的方式越来越环保。生态文明的建设，既是人民共同的追求，也是人民生活的一部分。生态文明建设是以人为本思想的一次实践，为的就是使千千万人民生活更加幸福。生态文明建设不仅对于中国长远发展大有裨益，更是我们在愈发严重的环境问题带来的挑战面前，在国际社会做出的良好表率，是富有担当的行动。

生态文明建设战略的提出和推进也促进了生态文明理论的产生和发展。生态文明理论是顺应发展规律的产物，是对人类发展方式、生产生活的逻辑、世界观的重大反思，它既是对人类文明的科学认识，也是对人类文明认识的深化和发展，更将是世界历史上一次伟大的根本性思想变革。生态文明的含义有广义和狭义之别。广义上，生态文明就是人类改善人类内部的关系以及人与自然的关系、改善生态环境时，所获取的方方面面的果实。狭义上，生态文明是注重改善人与自然之间关系的文明，与注重生产力发展的物质文明、注重思想教育等的精神文明、注重政治体制与意识形态等的政治文明、注重社会观念及制度等的社会文明是并列的，是文明的一个方面。从历史演变过程来看，生态文明可理解为建立在工业文明发展基础上产生的新的文明。

二　生态文明格局的逻辑递进

基于上述生态文明与生态文明建设内涵的分析，我们就容易理解和把握生态文明格局的科学内涵。简单来说，生态文明格局就是围绕生态文明形成的思想理论成果、人类实践活动及其产生的影响，即一定时期内某一区域内社会大众基于对人类社会与生态环境关系的认识所产生的处理人类社会与生态环境关系的指导思想、行动方案、配套制度、政策体系以及最终形成的人类社会发展与生态环境之间的关系。生态文明格局体现了人们认识生态文明的广度和深度，是在清晰界定生态文明内涵与外延的基础上，对生态文明建设进行的目标定位、战略行动部署及由此取得的成效。

第二节　生态文明新格局的突出特征

生态文明新格局是新时代背景下的生态文明格局，即生态文明的新定位和新布局，包括生态文明建设的指导思想、基本理念、阶段性目标、战略安排等。

一　适应新发展阶段的生态文明格局

新发展阶段是一个历史性跨越的新阶段，在这一阶段中，中国共产党带领人民进入了从站起来、富起来到强起来的时期。新发展阶段的任务是全面建设具有中国特色、符合中国实际的社会主义现代化国家。建设中国特色社会主义现代化国家的重要内涵或特征是人与自然和谐共生的现代化。生态文明新格局就是要保证中国特色社会主义现代化充分呈现这一特征。同时，加快构建新发展格局是新发展阶段实现社会主义现代化国家建设任务的重大战略抉择，而构建新发展格局不仅要全面提升科技创新能力，也要妥善应对好生态环境约束日益趋紧的严峻形势。因此，必须按新发展阶段的目标任务和战略路径来构建生态文明新格局。

生态文明新格局将是遵循自然规律、协调经济社会发展与生态环境保护、建设美丽中国、实现永续发展的重要保证。工业革命以来，人类积累了大量的物质财富，同时也带来了一系列的生态环境问题，如资源过度消耗、生态环境退化、气候变化加剧等，因而处理好经济社会发展与生态环境保护是全人类面临的当务之急。对生态环境保护的重要性，中国古人早就有深刻认识，如《论语》中提到"子钓而不纲，弋不射宿"，《吕氏春秋》中提到的"竭泽而渔，岂不获得？而明年无鱼，焚薮而田，岂不获得？而明年无兽"，体现了对大自然取之有度、取之有时的理念和智慧。自然资源用之不觉，失之难存，人类在开发和利用自然时，不能凌驾于自然之上，应该要符合自然规律。在新发展阶段构建新发展格局促进经济稳定、安全发展的过程中，也应该充分认识到人与自然的关系，充分考虑自然资源环境的承载力，抓好生态文明建设。

生态文明新格局将成为统筹发展与安全的根本保障。构建新发展格局战略的提出与中国发展面临的国内外复杂形势有着密切的关系，是确保中国经济社会发展安全的必然选择。"十四五"规划强调"更高质量、更有效率、更加公平、更可持续、更加安全"是当前中国经济社会发展必须遵循的原则。随着安全对发展的意义越来越重大，在发展中需要将更多的安全因素考虑进来，提高发展的安全系数，在发展与安全中不断寻求平衡，统筹好发展与安全，这是新发展格局的一个最根本的出发点。在安全发展方面，市场主体安全是最具基础意义的安全，财政安全是最具底线意义的安全，而生态安全则是最具根本意义的安全。[1] 生态安全则意味着健康的

---

[1] 高培勇：《构建新发展格局：在统筹发展和安全中前行》，《经济研究》2021年第3期。

生态系统是稳定的、可持续的，意味着我们赖以生存和发展的生态环境处于不受或少受破坏和威胁的状态。在 2018 年召开的全国生态环境保护大会上，生态环境安全问题成了一个核心问题，生态环境安全是保障经济社会长期稳定发展的核心。生态安全体系建设至关重要，已上升为国家战略。因此，将生态文明建设融入新发展阶段构建新发展格局的重大战略中，才能确保生态安全，确保中国能通过构建新发展格局统筹发展与安全。

二　贯彻落实新发展理念的生态文明格局

2015 年 10 月，党的十八届五中全会首次提出"创新、协调、绿色、开放、共享"的新发展理念，习近平总书记指出："发展理念是战略性、纲领性、引领性的东西，是发展思路、发展方向、发展着力点的集中体现。发展理念搞对了，目标任务就好定了，政策举措跟着也就好定了。"[①] 新发展理念对诸多重大关系进行了阐述，如当前和长远、政府和市场、国际和国内、经济与生态、人与自然等，科学回答了中国为什么要发展、怎么样去发展等问题，新发展理念的提出对中国建设生态文明提供了重要指引，引领着生态文明新格局走向新的局面。

构建新时代中国特色生态文明新格局要求以创新发展为生态文明建设的根本动力，不断突破生产生活方式绿色低碳转型面临的技术瓶颈问题和体制机制障碍，就是要在生态文明建设中坚持走绿色创新之路。新一轮科技革命和产业变革正在全球范围内蓄势待发，各项新的技术正在各行各业中广泛铺展而来，高新技术的突破主要以绿色和智能为特征，由此推动了世界经济结构和竞争格局的重塑，在全球推动绿色发展的大背景下，中国绿色发展的内生动力必然是绿色创新。

构建生态文明新格局要求在生态文明建设中贯彻落实协调发展理念，进而推动区域平衡发展、城乡平衡发展、经济发展与环境保护相平衡。一是不断推动生态要素跨区域自由流动，同时根据生态环境承载力不断强化各地区生态环境准入条件，从而在全国范围内形成有利于生态环境保护的

[①] 习近平：《论把握新发展阶段、贯彻新发展理念、构建新发展格局》，中央文献出版社 2021 年版，第 39 页。

产业格局，提高资源利用效率，促进区域生态文明协调统一发展。二是将城乡看作一个完整的社会生态系统，让美丽乡村和美丽城市各美其美、美美与共，促进城乡生态环境协调、生态文明建设同步，切实提高全中国整体生态环境质量。三是建立产业生态化和生态产业化的绿色发展经济体系，实现低碳循环发展，走一条生态优先的高质量发展道路，协调生态环境保护和经济发展。

构建生态文明新格局必然要求贯彻落实绿色发展理念，其关键是在生态文明建设中将经济社会规律与自然规律有机地融合起来，将生态文明建设充分融入经济、政治、文化和社会等建设中。要始终坚持走人与自然和谐共生的中国式现代化道路，推动各地区、各行业的绿色低碳循环发展，积极构建绿色技术创新体系和绿色消费模式，不断提升环境治理水平和能力，构筑稳固的生态安全屏障，走出一条绿色生产、绿色生活的绿色发展之路。

开放发展是国家繁荣发展的必由之路，是构建生态文明新格局的强大支撑，更是中国生态文明建设的国际战略。应以开放发展理念为指导，积极构建更加广泛的生态利益共同体，为全球范围内的生态环境治理提供中国智慧、中国方案，不断提升中国在生态文明建设领域特别是气候变化、生物多样性保护方面的国际引领力、影响力、辐射力，强化中国生态环境质量的国际竞争力，并最终推动人类命运共同体的形成。

共享发展理念是构建生态文明新格局的根本保障。习近平总书记指出，共享应坚持全民共享、全面共享、共建共享、渐进共享。[①] 构建生态文明新格局需要充分调动全体人民的积极性，发挥全体人民的创造性，共同推进生态文明新格局的形成，同时应当让所有人都享受到美好生态环境带来的舒适感。

总之，生态文明新格局是跨越不同历史时期、不同发展阶段的一种新的文明形态，必须不断强化绿色技术创新和绿色制度创新，形成区域间、城乡间协调的生态环境治理体系，树立和践行尊重自然、顺应自然、保护自然的理念，积极开展国际合作并引领全球生态环境治理，充分调动不同地区、不同部门、不同行业的积极性并让最广大人民群众享受到良好的生

---

① 习近平：《论把握新发展阶段、贯彻新发展理念、构建新发展格局》，中央文献出版社2021年版，第96—97页。

态环境公共产品,最终推动自然命运共同体、人与自然生命共同体、人类命运共同体的形成。

三 坚持高质量发展的生态文明格局

生态文明新格局,是高质量建设的生态文明格局,倡导通过人与自然和谐相处,形成高质量生态环境,实现人与自然和谐共生的中国式现代化,创造清洁美丽世界。

(一)形成自然生命共同体——提供高质量生态环境

从马克思主义观出发,自然是作为人类社会的外部环境和条件的自然,是人类赖以生存的生态环境,是一个整体。山水林田湖草沙冰作为自然生命共同体是一个系统、一个整体、一个命运共同体。习近平总书记对这种系统观念和命运共同体多次作出深刻论述,强调了人与自然和谐发展的重要性,饱含哲学深意。这就要求我们对自然生态系统进行系统综合的治理,从而形成高质量的生态环境,生态文明新格局下,高质量的生态文明必然要求我们的自然生命共同体要优于过去与当前的状态,不断改善生态环境,为创造美丽新世界而服务。

(二)人与自然生命共同体——实现人与自然和谐共生的中国式现代化

马克思曾说,人与自然的关系的关键在于人类同自然界的和解。[①] 他把人与自然的关系看成一个有机的整体,既有独立性,又相互联系,从而得出人类社会最基本的关系是人与自然的关系。恩格斯阐释人与自然的关系时指出人类不要过分陶醉于对自然界的胜利,即便短期内是胜利,长期可能会抵消这种胜利,并可能带来极大的灾害和出乎意料的负面影响。[②] 充分解释了人与自然和谐共生的共同体理念,这也是人类长久生存和发展的明智选择。

---

① 《马克思恩格斯全集》第 3 卷,人民出版社 1979 年版,第 161 页。
② 恩格斯:《自然辩证法》,人民出版社 2018 年版,第 313 页。

习近平总书记提出了人与自然是生命共同体，这是对以中国传统的"天人合一"为代表的自然观和马克思主义思想中人与自然的关系方面的继承和发展，为推动构建人类命运共同体提供了强大理论支撑和全新的现实指引。中国文化以独特的"天""人"关系研究为人类与自然相处提供了东方智慧，天人关系就是人与自然的关系，中国人对大自然持有了解自然、认识自然、同自然交朋友、在保护基础上不过度索取的态度。[①] 习近平总书记对中华博大精深的古典文化钻研透彻，提出的"人与自然是生命共同体"这一著名论断在继承中国传统自然文化的同时，又赋予其新时代内涵，把人与自然的和谐发展提高到满足人民美好生活的需求上来，是促进社会全面进步和人们全面发展的基本条件，是统筹主观能动性和客观规律的相统一。人与自然生命共同体思想就是习近平生态文明思想的集中体现，更是构建生态文明新格局的核心所在。着力推动人与自然和谐共生的生命共同体构建，引导规范生态伦理道德，培育绿色生态发展的生产生活方式，创新优化生态环境保护制度，打击生态环境违法犯罪和加快实施重大生态保护和修复工程，是生态文明新格局下应落实的行动。

（三）形成人类命运共同体——创造清洁美丽世界

1962年，《寂静的春天》一书出版，书中提及的现代化学工业对生态环境造成的严重危害让人们深感叹息。1972年，罗马俱乐部发表的《增长的极限》报告中提出"如果世界维持现有人口和经济增长，任凭现有的资源消耗、环境污染继续发展，地球迟早将因达到极限进而崩溃"，这一论述在国际社会上引起了极大的争论。1987年，《我们共同的未来》对可持续发展进行了定义。此后，国际社会和多数国家对可持续发展思想和观点达成了共识。共建人类命运共同体是携手建设更加美好世界的必由之路。

共建人类命运共同体，建设一个生态文明、环境优美、清洁干净的共同且唯一的地球。推动全人类遵循天人合一、人与自然共生的发展理念，协调经济发展与生态环境保护之间的关系，寻求可持续发展之路，加快生

[①] 季羡林：《禅和文化与文学》，商务印书馆1998年版。

产和生活方式的绿色化转变。不断践行"绿水青山就是金山银山"理念，绝不能吃祖宗饭、断子孙路。中国构建生态文明新格局，承担自己作为负责任大国的义务，在协定框架下加强合作，通过一代又一代人的接续努力，共同创造清洁美丽新世界。

四 与经济、政治、文化、社会新格局高度协同的生态文明格局

生态文明新格局与其他四个方面新格局相互支撑、相互依赖，共同构成新发展格局。它们都遵循习近平新时代中国特色社会主义思想，特别是新发展理念的指导，是中国特色社会主义"五位一体"总体布局在新发展阶段演进的必然结果也是必然要求。协同推进五大新格局将更快更好地构建新发展格局，有力促进高质量发展，推动中国特色社会主义的发展完善。

一方面，生态文明新格局的形成离不开其他四大新格局对生态环境的高度重视和对绿色发展理念的坚决贯彻落实。在党的十八大报告中，习近平总书记既强调生态文明建设是中国特色社会主义建设不可或缺的"一位"，又明确指出生态文明建设的总体战略思路，也即生态文明建设必须融入经济、政治、文化、社会四方面的建设中。这一宏大构想符合马克思主义的生态文明思想，生态环境问题必须，而且一定能够与经济社会发展问题一并解决。因此，生态文明新格局也必须融入经济发展、政治文明、文化发展、社会发展新格局中，通过经济发展方式的绿色低碳转型、生态文明政治地位的不断强化、浓厚生态环境文化氛围的持续培育、美丽幸福社会的精心构建来实现。

另一方面，大力构建生态文明新格局也将有力促进新发展格局其他方面的形成。中国改革开放以来的生态环境治理历史经验，特别是中国特色社会主义新时代以来生态文明建设的伟大实践表明，大力推进生态环境治理将有力推动经济绿色高质量发展，推动各区域经济协同发展和中国高水平对外开放，从而有力助推经济发展新格局的形成。[①] 大力建设生态文明

[①] 张友国、白羽洁:《区域差异化双碳目标的实现路径》，《改革》2021年第11期；张友国、白羽洁:《区域协同低碳发展的基础与路径》，*China Economist* 2022年第2期。

新格局将在人与自然相联系的边界、在生态环境治理领域夯实党的领导，将通过不断完善和健全的生态文明制度体系大大强化社会主义制度优越性、巩固新型举国体制优势、把人民民主优势落到实处和人民身边，将通过其形成的优美生态环境最生动、最直观地展现党领导人民进行中国特色社会主义建设所取得的伟大成就，从而坚实支撑政治文明新格局。大力建设生态文明新格局将充分彰显习近平生态文明思想的文化魅力，使生态文明成为中华文化的重要内涵，使"天人合一"这一中华传统文化精髓焕发新活力，推动人类命运共同体理念落地落实，展现中华文化自信，从而把文化发展新格局推到新的高度。大力建设生态文明新格局还将为人口高质量发展奠定良好基础，为教育发展提供新领域、新机遇，强有力保障生态环境安全，为全社会提供优良生态环境，从而强力推进社会发展新格局形成。

第三节　生态文明新格局的框架体系

生态文明新格局具有鲜明的时代特征，提出了与现代化强国相适配的生态文明建设新目标、新要求；开创了新世界治理模式，引领全球的生态环境治理；运用新技术推动绿色发展，实现了清洁的可再生能源和绿色技术的结合；提出了全面转型的新框架，选择了人与自然和谐共生的中国式现代化道路。

一　与现代化强国相适配的生态文明建设新目标、新要求

建设中国特色社会主义现代化强国，需要把握好中国式现代化的重要特征，充分掌握中国式现代化的精髓。中国式现代化最早是邓小平同志提出来的，他曾说"我们搞的现代化，是中国式的现代化。我们建设的社会主义，是有中国特色的社会主义"[①]。在新的发展阶段下，习近平

---

① 《邓小平文选》第3卷，人民出版社1993年版，第29页。

总书记进一步提出中国的现代化是人口规模巨大的现代化，是全体人民共同富裕的现代化，是物质文明和精神文明相协调的现代化，是人与自然和谐共生的现代化，是走和平发展道路的现代化。① 建设社会主义现代化强国，必然要求我们走生产发展、生活富裕、生态良好的文明发展道路，创造出更多优质的生态产品。与新时代中国建设现代化强国相适配的生态文明格局新目标是实现人与自然和谐共生的中国式现代化。应树立"尊重自然、顺应自然、保护自然"的自然生态保护理念，通过高质量的绿色发展来实现更高层级的现代化。要求我们坚持新发展理念，坚持走绿色发展道路，既要山水林田湖草沙冰统筹兼顾，又要跳出环境看环境，将资源节约和生态环境保护全部融入经济、政治、文化和社会建设的全过程，举全社会之力探索经济社会发展与生态环境保护共赢、高质量发展的新路，为建设中国特色社会主义现代化强国打好生态基础。

二　顺应和促进科技革命与产业变革的绿色创新体系

世界各国近年来不再停留在当前的化石燃料文明中，各个领域尤其是科学技术领域比以往任何历史时期都要活跃，对国家前途命运的影响也远比此前任何时期都要深刻。经济社会发展全面绿色低碳转型直至建立零碳社会，是这一轮科技革命及其引发的产业变革所指向的重要目标之一。正如杰里米·里夫金所描述的那样，绿色智能基础设施的建设将是实现零碳社会目标的关键。建筑、交通、能源、通信、水利等各类基础设施将逐步与化石燃料文明脱钩，转而与绿色、低碳、清洁、高效、安全的能源技术相结合。太阳能和风能的大规模使用将使中国经济以接近于零的边际成本获得大部分能源，无人驾驶电动汽车、智能生态农业等的快速发展将开启人类全新的零碳生活，化石燃料资产则将逐步被搁置。构建生态文明新格局高度契合这一轮新的科技革命和产业变革。②

---

① 《习近平谈治国理政》第四卷，外文出版社2022年版，第123—124页。
② [美] 杰里米·里夫金：《零碳社会——生态文明的崛起和全球绿色新政》，赛迪研究院专家组译，中信出版集团2021年版。

中国作为最大的发展中国家，无疑需要在这一轮新的科技革命大潮中实现弯道超车，并为构建生态文明新格局打下坚持的科技基础。例如，中国在绿色智慧能源领域仍需突破一系列重大科技难题，包括清洁、高效、安全的新能源生产技术，大规模绿色智慧能源存储技术，与分布式能源体系相适应的基于物联网的智能化能源网络技术，绿色智慧能源的终端应用技术等。

同时，中国需要通过构建生态文明新格局强化生态环境约束，推动绿色发展政策体系快速发展和完善，以助推科技革命和产业变革，实现高水平科技自立自强。如大力发展绿色金融为扩大新的零排放基础设施规模提供了必要的资金支持，为关键经济领域与化石燃料脱钩而与清洁的可再生能源和绿色技术相结合提供资金支持。这一过程虽然任务艰巨，但也充满希望。

三 支撑人与自然和谐共生中国式现代化的发展方式与制度体系

人与自然和谐共生是中国式现代化道路的突出特征。在这个现代化过程中，既要大力促进经济发展，又要努力促进生态环境质量的持续改善。因此，必须在坚持尊重自然、顺应自然、保护自然的原则下，妥善解决好经济社会其他方面的主要矛盾。这就必须采取符合人与自然和谐共生的中国式现代化要求的发展方式，并建立相应的制度体系保障中国式现代化过程始终坚持人与自然和谐共生。上述发展方式和制度体系也是生态文明新格局的重要组成部分。

构建支撑人与自然和谐共生的中国式现代化的发展方式和制度体系重点要做好如下三个方面的工作。一是以发展方式的绿色转型为核心，树立并践行"绿水青山就是金山银山"的理念，加快发展绿色生产力，形成绿色的生产方式。二是以培育生态价值观为文化支撑，树立整体生态价值观，倡导绿色节约的生活方式。三是以完善和实施生态文明制度体系为保障，坚持生态文明制度的价值取向，加快生态文明体制改革，改革生态环境监管机制，健全环境监管体系，以多元主体共治的生态环境治理体系为基础，从而不断完善生态文明新格局的新框架。

四　引领全球的生态环境治理范式

生态环境问题已然成为全球重大难题之一，生态环境的治理需要突破西方现代化发展模式的藩篱，需要各国在生态环境治理问题上不再执行单边主义，不再坚持碎片化思路，而是全球各个国家共同参与，国际社会共同治理。习近平总书记在2015年的巴黎气候大会上首次提出的"人类命运共同体"这一重要概念，正是对这一重大现实需求的积极思索和回应，也是破解这一难题的根本出路。坚持以"人类命运共同体"理念引领全球生态环境治理，就能够将绿色可持续的发展理念、共商共建共享的价值理念和创新激励监督的工作理念贯穿到全球生态环境治理中去。

构建生态文明新格局也必须服务于人类命运共同体这一伟大目标。这意味着不仅要通过构建生态文明新格局建设一个美丽中国，还要通过构建生态文明新格局不断促进人类社会形态由工业文明迈向生态文明，促成一个美丽新世界的形成，使世界迈入更加美好的绿色时代。这就要求中国通过构建生态文明新格局形成引领全球的生态环境治理范式。

为此，中国在自己坚持以"两山"理念为指导加强生态文明建设、走可持续发展之路的同时，还需要继续认真落实生态环境相关多边公约或议定书，在全球生态环境治理中发挥引领示范。在这方面，中国一直都做得很好，如中国始终坚持自己的减排承诺，走低碳发展、循环经济之路；提出碳达峰、碳中和目标愿景；坚定捍卫以联合国为核心的国际体系和国际秩序，率先发布《中国落实2030年可持续发展议程国别方案》；中国的森林面积和森林蓄积连续30年保持"双增长"，生态环境状况得到根本性好转。[①] 不过，中国还需要继续在构建生态文明新格局中推进生态环境治理范式现代化，从而为全球特别是发展中国家的生态环境治理提供借鉴。

---

① 罗照辉：《中国引领全球生态环境治理，共建人类美好家园》，《人民日报》2020年9月28日第16版。

第十八章

构建生态文明新格局的重大意义和内在逻辑

构建生态文明新格局，对推进生态文明建设和倡导绿色发展意义重大，对贯彻落实新发展理念、构建新发展格局、建设具有中国特色的现代化社会主义强国有着极其重要的作用。构建生态文明新格局有其历史逻辑，它是生态文明建设经历萌芽时期、发展时期后步入新时代的必然要求。构建生态文明新格局有其理论逻辑，它是贯彻落实习近平生态文明思想的必然要求，是对西方生态环境保护思想的扬弃。构建生态文明新格局有其现实逻辑，是把握新发展阶段机遇的战略选择，是应对新发展阶段挑战的战略选择，是贯彻落实新发展理念和高质量发展的必然要求，是实现"新两步走"战略目标的重要保障，同时是中国引领全球从工业文明走向生态文明的要求。生态文明新格局的三大逻辑构成了紧密联系的内在逻辑。

第一节 历史逻辑

中国共产党在近百年的不懈探索、实践过程中，坚定把握科学的生态文明思想，用科学的生态文明思想指导生态文明建设实践，从而不断开创生态文明建设新局面。总体上的探索实践可以分为三个时期，一是推进社会主义建设时期，二是改革开放和社会主义现代化建设时期，三是中国特色社会主义新时代。在习近平生态文明思想的指导下，面对碳达峰、碳中和的远景目标，生态文明新格局的构建已经成为历史的必然。

一 推进社会主义建设时期

在新中国刚成立时，富有远见的中国共产党就对国家的绿化以及林业产业的发展十分重视，毛泽东同志曾有过诸多论述，如基于生态环境恶劣、树木数量大幅减少的实际情况提出的"绿化祖国"，对绿化祖国给出的具体方法、地点、建议以及目标和时间要求、效果要求等，"在十二年内，基本上消灭荒地荒山，在一切宅旁、村旁、路旁、水旁，以及荒地上荒山上，即在一切可能的地方，均要按规格种起树来，实行绿化"①。基于实事求是的思想给出绿化方式，科学指导绿化。"凡能四季种树的地方，四季都种。能种三季的种三季。能种两季的种两季"②。推动广大人民群众学习先进的经验方法、科学的技术手段，"要真正绿化，要在飞机上看见一片绿"③。"绿化工作不要作假。"④ "林业要计算覆盖面积，算出各省、各专区、各县的覆盖面积比例，作出森林覆盖面积规划。"⑤ "森林是很宝贵的资源。"⑥ "要使我们祖国的河山全部绿化起来"⑦。毛泽东同志对中国林业甚至是生态环境的重视为党和人民进行生态文明建设提供了指导性作用。在党的领导下，一些具有制度建设意义的文件也制定出来，如1973年出台了中国第一部关于环境保护法规性的文件《关于保护和改善环境的若干规定》。不过，关于生态环境的系统性、专门性的意见、文件等还比较少见。

同时，"一五"计划至"五五"计划时期，提出了一系列关于改善生态环境的措施与政策，如"一五"计划中提出"兴修水利、植树造林"，

---

① 《毛泽东文集》第6卷，人民出版社1999年版，第509页。
② 中共中央文献研究室、国家林业局编：《毛泽东论林业》（新编本），中央文献出版社2003年版，第10页。
③ 中共中央文献研究室、国家林业局编：《毛泽东论林业》（新编本），中央文献出版社2003年版，第11页。
④ 中共中央文献研究室、国家林业局编：《毛泽东论林业》（新编本），中央文献出版社2003年版，第10页。
⑤ 中共中央文献研究室、国家林业局编：《毛泽东论林业》（新编本），中央文献出版社2003年版，第11页。
⑥ 《毛泽东文集》第7卷，人民出版社1999年版，第383页。
⑦ 中共中央文献研究室、国家林业局编：《毛泽东论林业》（新编本），中央文献出版社2003年版，第11页。

同时提出要广泛地开展水土保持工作。"二五"计划除了列出木材生产指标，还把植树造林、国有林区迹地更新和抚育作为重点工作。"三五"计划则继续提出要大力植树造林和封山育林。"四五"计划和"五五"计划时期，继续重视造林绿化，提出每年人工造林面积超过7000万亩，同时给出了具体的年度目标，即1985年要达到每年1亿亩。这些生态环境治理实践为生态文明格局的形成奠定了良好的基础。

二 改革开放和社会主义现代化建设时期

改革开放以来，随着中国生态环境问题的出现并呈现不断恶化的态势，生态环境保护的战略地位不断上升。党的十六大至二十大报告中，生态文明建设思想有了巨大改变，生态环境保护升级为生态文明建设。

（一）生态环境保护的战略地位不断上升

改革开放初期，中国发展相对较为落后，虽然开始起飞的经济增长和工业化尤其是地方乡镇企业的发展给生态环境带来了一定的破坏，环境污染问题日趋严重，但是仍以局部和点状污染为主。由于生态环境问题的严峻性还未凸显出来，生态环境保护的战略地位也不十分突出，但生态环境保护行动计划仍然体现在了国家发展规划中。"六五"计划中提出，要加强环境保护，继续开展全民植树运动，同时，对环境污染的进一步发展要有效制止，对重点地区的环境污染要进行重点防治，使其环境状况有所改善。"六五"计划时期，召开了全国第二次环境保护大会，在这次会议上，环境保护被确定为中国的一项基本国策。"七五"计划要求五年内全国森林覆盖率提高到14%，造林面积达到2770万公顷。

随着改革开放进程的加快，中国的经济规模迅速扩张，环境污染进入不断加剧阶段，污染范围也进一步扩大，从城市到农村、从东部到西部，由局部扩散到全国范围，污染事件多发，污染种类增加。同时，随着城市化的快速发展，城市环境污染成为中国环境问题的重点和难点。在一些地区生态环境的恶化相当严重，甚至是超过了环境承载能力。资源相对短缺，中国发展面临严峻的生态环境问题。

党已逐步认识到环境保护和生态平衡对于发展的重要性，但总体上仍倾向于通过环境保护和维护生态平衡来服务经济建设。1987年党的十三大召开，在党的十三大报告中，提到了"人口控制、环境保护和生态平衡是关系经济和社会发展全局的重要问题"。一边大力推进经济建设，一边要合理利用和保护我们的自然资源，同时把三大效益（经济效益、社会效益和环境效益）有机地结合起来。党中央的这一决策也落实到国家发展规划中——"八五"计划提出重点抓好大气、水、固体废物污染控制，加强水资源保护等，坚定不移地实行环境保护的基本国策。

随着经济的不断发展、改革的不断深入和世界范围内可持续发展理念的深入人心，党对生态环境有了新的认识。1992年，党的十四大在谈到环境问题时，提出要"认真执行控制人口增长和加强环境保护的基本国策"，增强全民族的环境保护意识，对自然资源（包括森林、土地和水等）要进行合理地保护和利用。党不仅提出要在思想上重视对环境的保护，而且在行动上要科学合理地开采使用各种自然资源，要坚持改善生态环境。这是党首次将生态环境保护提高到了基本国策的高度，将环境保护提升为全民族都要增强的意识，意味着人与自然和谐共生的探索已逐步开始。"九五"计划也要求积极实施可持续发展战略，高度重视人口、资源和环境工作。

不过，中国生态环境状况恶化的总体趋势没有很快得到根本遏制，这导致环境保护压力继续加大。特别是中国加入WTO之后，重化工业的迅速膨胀使得中国进入了环保压力最大的时期，二氧化碳排放量急速上升。从人均水平看，2006年中国的人均碳排放量超过了世界平均水平。[①] 尽管中国在生态环境保护政策、法律和制度等方面均有了重大的进展，但是仍然未能扭转生态环境恶化的局面，不过对生态环境状况改变的需求越来越强烈，遏制生态环境问题恶化态势的政策和措施越来越多。

在此背景下，党的十五大把可持续发展战略当作中国发展建设不可缺少的一部分，认为我们在建设中国特色社会主义现代化过程中必须走可持续发展道路，坚持环境保护的基本国策不动摇，把资源的开发和节约结合起来，把节约放在首位，在开发资源的同时不断提高资源的利用效率，对资源的使用实施有偿制度。同时还提到应不断加强对环境污染的治理，做好水土保持工作，国土资源开发和整治工作等，不断改善生态环境。在坚

---

① 潘家华、庄贵阳：《中国生态建设与环境保护》，社会科学文献出版社2018年版。

持保护生态环境作为一项基本国策的基础上,坚持要处理好人与自然、资源环境等之间的关系。党的十五大还特别强调了生态建设,提到要做好造林植树,坚持改造生态环境向良好方向发展。"十五"计划也提出要"节约保护资源,实现永续利用",对已出现的生态环境问题进行综合治理。[①]

(二)生态环境保护升级为生态文明建设

21世纪后,党的十六大进一步提升了可持续发展的战略意义,提出必须把可持续发展放在十分突出的地位,对自然资源进行合理的开发和利用。在党的十六大报告中,对水资源短缺问题尤其重视,提到要兴建南水北调工程。同时扩展了资源开发的领域,提出要对海洋资源进行开发。党的十六大在党的十四大提出的"计划生育和保护环境"的基本国策基础上,又提出"保护资源",进一步突出了人口、资源与环境等的重要性,对全民环保意识也提出了相应的要求。特别是党的十六大对人与自然的关系有了更进一步的认识,提出人与自然要协调、要和谐,资源和环境要同样保护,努力开创生产发展、生活富裕、生态良好的文明发展道路,这一文明发展道路的提出已然触及生态文明思想的核心要义。

随后制定的"十一五"规划则提出了生态保护和建设应以事前保护和自然恢复为主,而不是事后治理和人工建设,强调从源头上扭转生态恶化的趋势,同时提出了具体的生态保护重点工程和环境治理重点工程,生态保护重点工程包括天然林资源保护、退耕还林还草、退牧还草、京津风沙源治理、防护林体系、湿地保护与修复、青海三江源自然保护区生态保护和建设、水土保持工程、野生动植物保护及自然保护区建设和石漠化地区综合治理等重点生态工程,环境治理重点工程则包括重点流域水污染治理、燃煤电厂烟气脱硫、医疗废物及危险废物处置、核与辐射安全工程和铬渣污染治理等。

党的十七大则基于科学发展观首次提出了生态文明建设,对生态环境保护认知有了进一步深化。党的十七大指出必须坚持全面协调可持续发展。可持续发展就意味着中国特色社会主义事业的各个方面都应协调可持续,包括经济、政治、文化和社会建设等,同时应促进生产关系与生产

[①] 刘国光、张卓元、董志凯、武力:《中国十个五年计划研究报告》,人民出版社2006年版。

力、上层建筑与经济基础、经济发展与人口资源环境等方面相协调。党的十七大提出了建设"两型"社会，即资源节约型、环境友好型社会。

"十二五"规划同样提出要绿色发展，建设"两型"社会，要不断增强可持续发展能力、不断提高生态文明水平，并详细表述了生态文明建设的方方面面，如积极应对全球气候变化、加强资源节约和管理、大力发展循环经济、加大环境保护力度和促进生态保护和修复、加强水利和防灾减灾体系建设等。

不难看出，从党的十四大到十七大，中国生态文明格局发生了巨大改变。一是对环境保护和利用关系有了新的突破，对环境保护和利用的范围也有了新的认识，即认为环境保护和利用不仅包括陆地，还包括海洋和大气等的开发利用与保护。二是不再将生态环境的保护与利用简单对立起来，而是协同起来，致力于推动保护与利用相辅相成、相互促进，实现在保护中利用、在利用中保护，这对提升环境保护在现代化建设进程中的地位有很大的促进作用。三是生态文明建设也不再是经济建设的范畴，而是独立的且地位逐步上升。在党的十四大到十六大期间，生态文明建设被纳入经济建设的范畴，并未独立存在。党的十七大则首次将生态文明建设作为独立于经济、政治、文化和社会建设的一项任务而提出来，这对中国的生态文明建设来说是一个重要转折。[①]

三　中国特色社会主义新时代

党的十八大以来，党在"五位一体"总体布局中吸纳了生态文明建设，将其与经济建设、政治建设、文化建设、社会建设并列，确定为"建设生态文明，是关系人民福祉、关乎民族未来的长远大计"[②]。这是中国面对资源约束趋紧、环境污染严重、生态系统退化的严峻形势下，党中央作出的重大战略决策，标志着习近平生态文明思想的正式形成。党的十八大明确了生态文明理念，即尊重自然、顺应自然、保护自然；明确了生态文明建设的总体思路，即融入经济建设、政治建设、文化建设、社会建设各

[①] 《党的十一届三中全会以来历次党代会、中央全会报告公报决议决定》，中国方正出版社2010年版，第914页。

[②] 习近平：《关于社会主义生态文明建设论述摘编》，中央文献出版社2017年版，第5页。

方面和全过程;明确了生态文明建设的长期目标,即努力建设美丽中国,实现中华民族永续发展,为人民创造良好生产生活环境,为全球生态安全作出贡献;明确了生态文明建设的总体策略和方针,即坚持节约资源和保护环境的基本国策,坚持节约优先、保护优先、自然恢复为主的方针;明确了生态文明建设的关键路径,即着力推进绿色发展、循环发展、低碳发展,形成节约资源和保护环境的空间格局、产业结构、生产方式、生活方式,从源头上扭转生态环境恶化趋势,加大自然生态系统和环境保护力度,加强生态文明制度建设。

进入新时代,中国的生态文明建设在实践过程中也出现了一系列新的问题,于是便有了一系列解决新问题的新举措新概念等,来深入回答新时代下中国如何认识和解决生态文明建设中存在的问题,从而推动了习近平生态文明思想的不断深化和发展。党的十八大提出的关于生态文明与人类命运共同体之间的一系列重大战略导向,充分显示出中国以生态文明建设构建人类命运共同体的全球视野和国际胸怀。

"十三五"规划也提出要坚持绿色发展,着力改善生态环境,具体的内容包括促进人与自然和谐共生、加快建设主体功能区、推动低碳循环发展、全民节约和高效利用资源、加大环境治理力度、筑牢生态安全屏障等方面,通过以上内容,为人们提供更多优质的生态产品,使得人们的生产环境和生活方式逐步形成绿色化,协同推进人民富裕、国家富强、中国美丽。"十三五"时期也是生态环境质量显著改善、生态环境保护事业快速发展的 5 年。

党的十九大将生态文明建设进一步提升到了制度层面,提出"人与自然是生命共同体,人类必须尊重自然、顺应自然、保护自然"[①]。人类只有遵循自然规律才能有效防止在开发利用自然上走弯路,人类对大自然的伤害最终会伤及人类自身,这是无法抗拒的规律。我们要建设的现代化是人与自然和谐共生的中国式现代化,既要创造更多物质财富和精神财富以满足人民日益增长的美好生活需要,也要提供更多优质生态产品以满足人民日益增长的优美生态环境需要。必须坚持节约优先、保护优先、自然恢复

---

① 习近平:《决胜全面建成小康社会 夺取新时代中国特色社会主义伟大胜利——在中国共产党第十九次全国代表大会上的报告》(2017 年 10 月 18 日),人民出版社 2017 年版,第 50 页。

为主的方针，形成节约资源和保护环境的空间格局、产业结构、生产方式、生活方式，还自然以宁静、和谐、美丽。

党的十九届四中全会进一步提出要实行最严格的生态环境保护制度，从整体布局设计上对生态文明新格局进行了新部署，生态文明政策逐步制度化、体系化，党领导的生态文明建设从认识到实践，正在发生根本性变化，生态文明新格局的形成突破了历史任何时刻，作为世界上最大、最有潜力、秉持科学发展观点的发展中国家，生态文明新格局在党的领导下的构建，是对工业文明带来的人与自然的深刻矛盾的一次突破，科学应对了人类社会工业文明以来数百年间关于发展经济和保护环境的"二元悖论"，自觉走出了"绿水青山就是金山银山"的成功之路。

党的十九届五中全会通过的《中共中央关于制定国民经济和社会发展第十四个五年规划和二〇三五年远景目标的建议》中明确提出，2035 年"广泛形成绿色生产生活方式，碳排放达峰后稳中有降，生态环境根本好转，美丽中国建设目标基本实现。"这也是生态文明新格局构建的目标。该建议同时提出"推动绿色发展，促进人与自然和谐共生"，为生态文明新格局的构建提供了思想指导和行动指南。以习近平同志为核心的党中央把生态文明建设摆在了建设中国特色社会主义的突出地位。生态文明新格局的构建是中国进入特色社会主义新时代的必然选择。[①]

党的二十大正式提出了中国式现代化是人与自然和谐共生的现代化，紧紧围绕推动绿色发展，促进人与自然和谐共生，对新时代新征程中的生态文明新格局作出了重大部署，同时提出了重点任务举措，主要包括四个重点领域：加快发展方式绿色转型、深入推进环境污染防治、提升生态系统多样性、稳定性、持续性和积极稳妥推进碳达峰、碳中和。[②] 这意味着构建生态文明新格局既在原有基础上提高了标准和要求，也有新时代生态文明建设的新重点，充分表明了生态文明新格局的构建是中国生态文明建设在传承中不断迭代升级，同时在不断改革创新。

[①] 黄承梁、杨开忠、高世楫：《党的百年生态文明建设基本历程及其人民观》，《管理世界》2022 年第 5 期。

[②] 习近平：《高举中国特色社会主义伟大旗帜 为全面建设社会主义现代化国家而团结奋斗——在中国共产党第二十次全国代表大会上的报告》（2022 年 10 月 16 日），人民出版社 2022 年版，第 50—51 页。

第二节 理论逻辑

生态文明新格局以自然价值观念为基础，是在习近平生态文明思想指引下生态文明建设实践的必然结果，高度体现了习近平生态文明思想的核心要义。生态文明新格局充分吸收了西方生态环境保护理论的合理成分，远远超越了西方生态环境保护理论。

一 生态文明新格局是践行习近平生态文明思想的要求

生态文明新格局是在习近平生态文明思想指引下生态文明建设实践的必然结果。党的十九大报告中指出，"坚持人与自然和谐共生。必须树立和践行绿水青山就是金山银山的理念，坚持节约资源和保护环境的基本国策，像对待生命一样对待生态环境，统筹山水林田湖草系统治理，实行最严格的生态环境保护制度，形成绿色发展方式和生活方式，坚定走生产发展、生活富裕、生态良好的文明发展道路，建设美丽中国，为人民创造良好生产生活环境，为全球生态安全做出贡献"[1]。党的二十大报告中指出，"尊重自然、顺应自然、保护自然，是全面建设社会主义现代化国家的内在要求。必须牢固树立和践行绿水青山就是金山银山的理念，站在人与自然和谐共生的高度谋划发展。我们要推进美丽中国建设，坚持山水林田湖草沙一体化保护和系统治理，统筹产业结构调整、污染治理、生态保护、应对气候变化，协同推进降碳、减污、扩绿、增长，推进生态优先、节约集约、绿色低碳发展"[2]。这些关于生态文明建设的要求集中体现了习近平生态文明思想中"坚持人与自然和谐共生"的重大战略构想，实现这些要

---

[1] 习近平：《决胜全面建成小康社会 夺取新时代中国特色社会主义伟大胜利——在中国共产党第十九次全国代表大会上的报告》（2017年10月18日），人民出版社2017年版，第24页。

[2] 习近平：《高举中国特色社会主义伟大旗帜 为全面建设社会主义现代化国家而团结奋斗——在中国共产党第二十次全国代表大会上的报告》（2022年10月16日），人民出版社2022年版，第49—50页。

求就将形成生态文明新格局。

生态文明新格局高度体现了习近平生态文明思想的核心要义。任何文明都内生了与其相适应的自然价值观念。以习近平生态文明思想为指导的生态文明新格局以"两山"理论、人与自然生命共同体理念为核心，坚持人类社会实践与自然环境演化相一致，坚持走可持续发展道路。就价值取向而言，生态文明新格局既坚持以人民为中心的发展思想，又坚持走人与自然和谐共生的中国式现代化道路，但这并不矛盾。自然价值主要包括自然外在价值、内在价值、系统价值和固有价值，其范畴和内涵极为丰富。自然外在价值指的是自然界对人类的价值，强调人类依赖自然界生存和发展，在创造自己的生活的过程中，把自然条件和自然物质、能源、信息和空间作为资源，通过社会劳动转化为自己的生存资料。内在价值是以生命和自然界作为主体的价值评价，具有主动性、积极性和创造性。同时生命和自然界是自组织、自维持的系统，所有的价值主体都是以整体或系统的形式存在和发展，因而具有系统价值。进一步，自然界的演化不以人的意志为转移，这是自然的固有价值所在。[①] 以习近平生态文明思想为指导构建的生态文明新格局将充分尊重生命和自然界、充分发挥自然价值、充分实现自然价值，充分爱惜自然价值。同时，坚持人与自然和谐共生，就意味着自然价值与人类是同等重要的存在，是平等关系。

二　生态文明新格局是对西方生态环境保护理论的扬弃

生态文明新格局充分吸收了西方生态环境保护理论的合理成分。生态文明是人类在反思全球性问题的过程中就自己的基本的生存和发展问题做出的理性选择和科学回答，也是文明实践活动的新方向。虽然西方生态环境保护理论并没有提出"生态文明"这一具体的概念，但形成了一系列的相关的理论或概念。其中最具代表性的是西方国家在20世纪90年代形成的生态现代化理论。虽然对于生态现代化理论目前并未形成统一的认识，但总体上它是西方发达国家为了解决其面临的生态危机而出现的一种社会

[①] 黎祖交主编：《生态文明关键词第2版》（上），中国林业出版社2020年版，第190页。

理论，认为工业社会转型是解决生态危机的必由之路。进一步，生态现代化理论是以欧洲的经验为基础的，描述的是一种现代化的新模式，追求的是一种环境友好、经济有效的发展。[①] 生态现代化理论主张对过去的生产模式进行深刻反思，对工业社会带来的环境污染等问题进行合理解决，对现代工业社会进行生态修复和生态重建，从而摒弃原有的现代化中的"工业化、城市化、征服自然"等观念，将生态化与现代化二者融合起来。虽然生态现代化理论具有明显的局限性，没有考虑到传统经济和社会的生产生活方式存在的根本问题，但它承认环境保护和经济发展可以兼容，这是其最大可取之处。构建生态文明新格局在一定程度上借鉴吸收生态现代化理论的上述合理成分，这有助于中西方在生态环境治理领域展开对话和交流合作。

但构建生态文明新格局所秉持的思想理论远远超越了西方生态环境保护理论。中国的生态文明新格局是在习近平生态文明思想指导下形成的。习近平生态文明思想提出了人与自然是生命共同体、人类命运共同体、"两山"理念等，超越了西方生态环境保护理论。一是西方生态环境保护理论主要基于人类中心主义看待问题，总体上将生态环境系统当作人类社会的附属，主要从保护人类利益的视角出发考虑问题，没有从理论上深刻揭示人与自然和谐的内在协调机制，保护自然也仅仅是服务于人的利益；而习近平生态文明思想指导形成的中国生态文明新格局则指出人与自然是生命共同体。二是西方生态环境保护理论深受功利主义影响，在诸多生态环境保护问题上也避重就轻，特别是在全球性生态环境问题上，重视发达国家利益而轻视发展中国家利益；而习近平生态文明思想指导形成的中国生态文明新格局则积极应对全球环境治理问题，积极主动承担同自身国情相符的国际责任，从而不断推进全球的可持续发展。三是西方生态环境保护思想总体上把生态环境保护和经济发展看作是对立的，对两者之间的统一性缺乏深刻认识，不能从资本主义制度上找问题、求答案；而习近平生态文明思想坚持"两山"理念，认为生态环境保护和经济发展是可以并存的，是辩证统一的关系。

[①] 诸大建：《生态文明与绿色发展》，上海人民出版社2008年版，第96—97页。

第三节　现实逻辑

生态文明新格局的形成是把握新发展阶段机遇和应对新发展阶段挑战的战略选择，同时是贯彻落实新发展理念的必然要求，对实现"新两步走"战略目标有着重要保障作用，是中国引领全球从工业文明走向生态文明的要求。

一　把握新发展阶段机遇的战略选择

中国的发展在一个时期内处于重要战略机遇期，有着众多的机遇来发展，这对我们科学分析形势和珍惜发展好局面等具有重要的指导意义。新发展阶段中，中国的制度优势明显，经济长期向好，我们面临着新的发展机遇，如数字技术的进步，加上"双碳"目标的提出，将促使中国加快速度实现绿色转型，而绿色转型将促进诸多绿色产业的发展。

新经济新业态新模式的出现将使得战略性新兴产业和服务业保持快速增长势头，随着中国进一步深化改革，市场主体将更加活跃，对外开放程度将进一步提升，这将为构建中国新发展格局提供更大动力，同时，在新发展格局下，生态文明新格局的构建将成为把握新阶段发展机遇，形成新发展格局的重要战略选择，生态文明新格局的构建让我们在面临新的发展机遇时有所抉择，秉持着生态文明相关理念，走绿色可持续发展道路，走人与自然和谐共生的发展道路，从而为中国经济高质量发展提供全新的更大动能。

二　应对新发展阶段挑战的战略选择

当今世界正经历百年未有之大变局，世界进入动荡变革期。目前，受新冠疫情影响，世界经济复苏进程缓慢。各国需求不足，增长乏力，结构性矛盾较为突出。南北差距、贫富差距还在扩大，主要经济体量化宽松政策造成市场流动性泛滥，不稳定性、不确定性明显增加，全球产业分工格局面临深刻调整，领土纠纷、移民困局等问题此起彼伏，国际政治、经济、文化等格局都在发生剧烈变化，在一个更加不稳定不确定的环境下，我们必须谋求中国新的出路和发展。就中国国内而言，发展环境同样面临着巨大挑战，在新冠疫情的冲击下，中国经济运行压力较大。城乡区域的发展和收入差距较大，发展不平衡不充分问题较为突出，水污染、土壤污染和大气污染等生态环境问题突出，生态环境保护仍然任重道远。

面对新发展阶段国际国内扑面而来的各种挑战，以习近平生态文明思想为指导，构建生态文明新格局，坚持人类命运共同体理念、坚持人与自然和谐共生理念，是新发展阶段中国最明智的战略抉择，中国用新发展理念引领全球生态环境治理，走可持续的绿色高质量发展道路，共同推进全球的生态文明建设。

三　贯彻落实新发展理念和高质量发展的必然要求

2021年1月，习近平总书记强调：全党必须完整、准确、全面贯彻新发展理念，确保"十四五"时期中国发展开好局、起好步。[①] 新发展理念是发展行动的先导，创新、协调、绿色、开放、共享的新发展理念在新的发展阶段对实现中国高质量发展有着重要指导作用。高质量发展，不仅仅指的是构建一个绿色低碳循环的经济体系，可以更深层次地理解为能够满足人民日益增长的美好生活需要的发展。高质量发展更是要求人与自然和谐共生。贯彻落实新发展理念和高质量发展必然要求构建生态文明新格局，高质量落实绿色发展理念，不断推进生态文明建设，要牢固树立"绿水青山就是金山银山"理念，坚持绿色高质量发展，促进经济社会发展全面向绿色转型，在新发展阶段、新发展理念和新发展格局下，以探索生态产品价值实现机制为契机，以实现"双碳"目标为动力，坚定不移走生态优先、绿色低碳的高质量发展道路。

[①] 习近平：《论把握新发展阶段、贯彻新发展理念、构建新发展格局》，中央文献出版社2021年版，第499页。

四 实现新时代"两步走"战略目标的重要保障

党的十九大报告中提出了新时代"两步走"战略目标,该目标对中国特色社会主义发展作出了战略安排,明确了中国特色社会主义进入新时代的长期目标任务。[①] 新时代"两步走"战略目标中,在总体设计上作出了调整,在"富强民主文明和谐"之后加上了"美丽"两个字,充分说明以习近平同志为核心的党中央把生态文明建设、美丽中国建设提升到奋斗目标的高度,为满足人民美好生活的需要提供良好的环境而奋斗。随着中国社会主要矛盾发生变化,人们对于美好生活需要中的优美生态环境的需要便成为这一矛盾的重要方面。

生态文明新格局下,加强生态文明建设是实现美丽中国建设的必然要求。当前生态环境领域存在不少问题,建设生态文明新格局还有一段路要走。中国当前的生态环境质量同人民群众对美好生活的期盼相比,同构建新发展格局、全面建设中国特色社会主义现代化国家的要求相比,都还有较大差距,但在逐步构建生态文明新格局下、经济的高质量发展和绿色低碳发展推动下,生态环境现状将得到根本改善,清洁美丽的新世界将完全建立起来,"两步走"战略目标在生态文明新格局的保障下必将实现。[②]

五 中国引领全球从工业文明走向生态文明的要求

生态文明旨在消除工业文明中人与自然存在的多方面的矛盾和冲突,消除工业文明中化石能源燃料所带来的各类污染等。工业文明时代,片面追求经济产出和生产效率,生态文明则改变了这种状态,追求的是经济与环境、人与自然和谐共存。过去我们把生态文明理解为一种工具价值,认为生态文明建设是对过去可持续发展理念的延续,仅仅是更换了概念而已,其实不然,生态文明建设是新时代中国特色社会主义的新任

[①] 习近平:《决胜全面建成小康社会 夺取新时代中国特色社会主义伟大胜利——在中国共产党第十九次全国代表大会上的报告》(2017年10月18日),人民出版社2017年版,第19页。

[②] 习近平:《努力建设人与自然和谐共生的现代化》,《求是》2022年第5期。

务，形成的新格局是在新时代背景下国家发展的必由之路，是人类应该共同参与的伟大事业。在习近平生态文明思想指导下形成的生态文明新格局，是生态文明建设的整体框架，是人类社会发展的一种更高级文明形态的整体。

生态文明新格局是中国引领全球从工业文明迈向生态文明的新要求，在生态文明新格局下，中国的各类生态文明体系发生了新的变化，包括生态文明文化、经济、责任、制度和安全体系，这是我们实现由工业文明迈向生态文明的必备条件。

中国通过思想引领、行动引领、援助引领等方式引领全球从工业文明迈向生态文明。思想方面，坚持习近平生态文明思想，其中包括"坚持人与自然和谐共生""绿水青山就是金山银山"等。[1] 行动方面，中国可再生能源投资、太阳能、风能、专利数等均为全球第一，引领了全球可再生能源的有序发展，为中国引领全球生态环境治理提供了强有力的证明。援助方面，中国在引领全球生态环境治理方面，始终积极主动承担相应国际义务和责任，始终坚持"地球生命共同体"[2]。近年来，中国实施了众多环保援助项目，推动了全球的环境保护工作。中国已成为全球生态文明建设的引领者，从工业文明到生态文明，还有一个过程，更加需要中国构建以习近平生态文明思想为指导的生态文明新格局。

---

[1] 习近平：《关于社会主义生态文明建设论述摘编》，中央文献出版社2017年版，第12页。
[2] 丁金光、董雯千：《中国何以成为全球生态文明建设引领者》，《中国社会科学报》2021年11月9日第8版。

第十九章

构建生态文明新格局的路径与任务

构建生态文明新格局的关键路径就是要遵循自然规律，坚持人与自然和谐共生，构建自然生命共同体、人与自然生命共同体、人类命运共同体，其最终目的是实现人与自然和谐共生的现代化。三个"共同体"相互依赖、相互融合，共同支撑起生态文明新格局，但三个"共同体"各有自己的战略侧重点。

第一节 构建自然生命共同体

构建自然生命共同体，必然要求陆海空一体化治理，主要目标是要形成国土空间开发保护新格局，构建山水林田湖草沙冰相统一的生态系统保护新格局，发展海洋经济等。同时在生态文明建设机制方面进行协同创新，发挥出各项机制相辅相成、共同推进的作用，多方面建立"两山"理念下的价值实现机制。另外，数字技术赋能生态文明是生态环境领域的集成创新和积极探索，对于提升生态环境管理水平、实现生态环境治理现代化至关重要。

一 开展陆海空天一体化治理

构建自然生命共同体首先要坚持陆海空天一体化治理，在地域空间范围的立体化协同治理方式，主要目标是要形成国土空间开发保护新格局，构建山水林田湖草沙冰相统一的生态系统保护新格局，发展海洋经济。

一是形成国土空间开发保护新格局。新格局的构建对推动中国经济社会发展和加强生态环境保护具有重要的战略意义。需要着力提高国土开发的质量、增强国土保护内生动力、确保国土开发与保护相互支撑。要区分城市化地区、农产品主产区及生态功能区,不同区域的侧重点不同。在城市化地区,应高效集聚人口与经济,对基本农田和生态空间进行保护;在农产品主产区,应不断提高其生产能力;在生态功能区,应着重保护生态环境和提供生态产品,每一个区域实现其内部的价值。建立"多规合一"的分级分类国土空间规划体系,开发与保护过程中要根据当地的资源环境承载能力来进行开发,因地制宜分类分区优化国土空间发展格局。

二是构建山水林田湖草沙冰相统一的生态系统保护新格局。"山水林田湖草沙冰"的一体化治理、保护和修复,是习近平生态文明思想的重要内容,已成为推动中国生态文明建设的重要抓手,为自然资源和生态环境监管体制改革提供了实践路径。[①] 提高山水林田湖草的保护及修复速度,形成良好的生态格局、稳定的生态系统、多功能的生态环境,对于国家民族的长远发展、现代化进程十分重要。构建山水林田湖草沙冰相统一的生态系统保护新格局应从以下几个方面着手:(1)遵循系统思维新理念,提高自然生态系统的生物多样性、平衡性、稳定性,并促进生态服务功能的实现。(2)充分集成整合资金,要将土壤、水源及其他环境的污染治理、环境修复及保护、污染防治等作为整体看待。(3)集中管理、集中施策。自然资源部门履行对国家领土使用的管理、控制责任,统一国土空间规划,即"多规合一"。(4)以林业为基础开展综合治理,将营造森林、森林绿化、沙漠化防治、湿地及野生动植物保护等视作统一的整体,兼顾各项工作的协调进行。

三是下大力气解决好海洋生态环境问题。要始终把解决海洋生态环境中的主要问题作为陆海空天一体化治理的重要工作方向,聚焦建设美丽海湾的主线强化精准治污、保护修复并举、加强风险源头防范、坚持综合治理、协同推进。当前我国正大力发展海洋经济,包括开发海洋资源以及依

---

① 成金华、尤喆:《"山水林田湖草是生命共同体"原则的科学内涵与实践路径》,《中国人口·资源与环境》2019 年第 2 期。

靠海洋空间的各种生产、经济活动。① 推动海洋经济发展一定要坚持人与海洋的和谐相处，始终秉持整体思想、大局观念，统筹海洋经济发展与海洋基本安全保障，特别是海洋生态安全保障。要加速海洋产业的现代化，在开发海洋资源的同时，将海洋生态环境破坏降到最低水平，最终实现海洋与陆地天生态环境保护协同并进。

二 建立"两山"理念下的生态价值实现机制

"两山"理念是习近平生态文明思想的重要组成部分，内涵和外延都极其丰富。从长期看，通过制度性保障发挥出生态产品的价值，发挥出均衡价格的调节作用，对于持续性地开展生态保护、修复和建设，发挥各种主体的作用意义重大。生态价值实现的类型包括市场、激励和公益等多种的方式，相关机制的建设可以在"两山"理念的指导下，从主体、载体出发开展生态再生产与经济再生产的融合、生态系统承载能力与社会进步相适应的生态服务融合，在生态利用与生态保护融合机制等方面实现创新，同时，在生态文明建设机制方面进行协同创新，发挥出各项机制相辅相成、共同推进的作用，共同为构建"两山"理念下的生态价值实现服务。② 可以从以下几个方面构建"两山"理念下的生态价值实现机制。

一是生态产品经营开发机制。提高"生态环境也是重要生产力"的战略定位，全面调查、动态监测、统一评价自然资源资产，对自然资源资产进行摸底调查，在此基础上，科学界定草原、水流、滩涂、森林、湿地等自然资源资产的产权主体及权利确立相对应的产权制度，建立自然资源资产制度。在严格保护生态环境的前提下，完善生态价值向经济价值转化的体制机制，创新推动生态资源产业化和市场化发展，加大生态产品的开发力度，丰富生态产品。开展生态保护修复的产权激励试点工作；完善集体林地"三权分置"等。引导社会力量参与生态产品开发，利用好外来的资金、技术和成熟商业模式，推进山水林田湖草沙冰等资源开发转化，依靠

---

① 刘曙光、姜旭朝：《中国海洋经济研究 30 年：回顾与展望》，《中国工业经济》2008 年第 11 期。

② 李周：《生态价值核算与实现机制研究》，《山西师范大学学报》（社会科学版）2022 年第 1 期。

科技创新提升资源的附加值和提高资源利用效率。出台相关政策打通保护和转化通道，提供坚实的组织保障和工作制度支撑，促进各地因地制宜地推动生态价值向经济价值的转化。

二是建立生态产品价值评估、认定和监测机制。秉持生态产品价值的核算标准科学、核算过程规范和核算结果公正原则，生态价值核算结果的应用在开展自然资源登记、确权和监测普查的基础上，进一步丰富生态产品的信息密度，明确权责归属和开发权限。科学、准确的基础生态数据可以为后续生态产品的开发、经营、保护、补偿、考核等提供坚实的基础。

三是完善生态产品市场交易体系。生态产品市场较为活跃，当前应对生态资源分类补偿、分级管理等进行机制上的完善，提高生态资源的补偿标准，推行公益生态资源的权质押贷款模式，构建生态产品价值实现机制，健全生态产品市场交易机制，完善和健全相关市场交易制度，探索建立高效率、可操作生态信用保障制度体系，完善信用评价，建立法人和自然人的生态信用档案制度和负面清单制度，探索建立多维度、多层次和多样化的生态货币信用体系。探索生态产品线上线下多方式、标准化的交易试点。

四是健全生态产品的保护和补偿机制。建立完善央地联动、省市县乡多级联动的纵向和地方、区域、行业间的横向生态保护、补偿、损害赔偿等的制度和机制。进一步清晰明确生态保护、补偿和损害赔偿的具体对象、权责、标准、模式等，做到"谁保护谁受益"的激励和"谁破坏谁赔偿"的约束。探索多种方式的生态补偿方法，积极推进政策倾向、资金补偿、产业帮扶、飞地经济、人才培养、园区共建等方面的创新。生态修复工程可作为特殊的开发补偿方式，更好维护生态系统的功能完整性。推动"自然资源票"、污染减排补偿指标、碳汇指标等的交易，需要多做创新性探索。

五是培育生态价值方面的新型人才。营造良好的生态人才成长成才环境，加大生态文明领域的新型科技人才激励和使用，完善"生态三农"方面人才的选拔、考核和评级认定制度，多元创新相关的体制机制，完善生态服务的保障机制，着力提升重点生态区域的公共服务和公共产品的供给能力，为生态人才提供宜居宜业的良好环境。

六是加大绿色金融支持力度。加大金融政策和资源保障倾斜力度，建立金融机构的生态环境保护利益导向和激励机制，不断提升绿色金融服务生态保护的质效和覆盖面，构建多元化的绿色金融商品服务体系，其中包括绿色投资、绿色信贷、绿色理财等。推出更多的生态修复贷、生态保护贷等特色产品，在信贷政策和资源上加大倾斜力度，全面落实环境与社会风险一票否决制，为保持生态系统稳定和生物多样性提供金融解决方案。同时，要注重加强各级各部门的协调领导组织，相互配合形成合力，细化工作方案，明确责任清单，保证把党中央和国务院的相关部署落到实处，不断把新时代生态文明新格局的构建推向更高水平。

三 数字技术赋能生态环境治理

以信息化、多元化、便捷化、快速化、准确化、智能化为特征的数字技术创新了经济社会的新业态，区块链、大数据、云计算、机器学习、人工智能等关键数字技术，已经渗透生产、生活的方方面面，正显示出无限生机并发挥着越来越重要的作用。数字技术赋能生态环境治理是生态环境领域的集成创新和积极探索，对于提升生态环境管理水平、实现生态环境治理现代化至关重要。

当前，中国数字经济正进入全面发展的新时代，通信、计算机基础技术、互联网、软件及软硬一体化等产业领域的技术加速创新，并日益融入经济社会发展各个领域，并成为高质量发展的重要引擎。数字经济改造并提升传统产业，成为新的经济增长点，对推动构建新发展格局有重要作用。将数字技术和数字化手段与生态环境保护工作深度融合，有助于构建智慧高效的生态环境管理信息化体系，有助于提高生态环境治理现代化水平。

数字技术赋能生态文明新格局建设主要通过以下四个方面：一是建立生态资产数据库，推动生态环境价值评估、生态价值补偿和生态产品交易的数字化，构建生态资产价值核算体系，以生态系统生产总值（GEP）核算体系管理生态资产。二是改造生态领域的传统产业，运用数字技术对生态产业的网络化、智能化和便利化进行提升，不断改善生态领域传统产业的精准化水平。三是加快数字技术在生态领域的应用，提高数字技术在生态经济中的贡献率，利用数字技术推动生态环境保护，如深入实施"互联网+生态"行动等。四是运用数字化技术促进生态文明转型，以数字化技术创新为基础，对经济社会发展的各个方面进行引领，同时对生态环保产业变革等方面进行引领，促使其实现绿色化转型；在生态环境治理方面，依托数字化技术创新的成果，促使其走向协商共治、民主高效转型；拓展多边平台的数字化协作，推进全球环境治理合作能力转型。

第二节　构建人与自然生命共同体

　　构建人与自然生命共同体，以多维协调治理推进生态—经济—社会一体化发展，一方面要构建覆盖企业、产业、区域、国家、全球的统筹协调机制，另一方面要深化生态文明试验区建设。同时对国内跨界污染治理进行强化，通过降碳减污共同处理、协同降碳与提高资源利用效率、协同降碳和生态建设等方式将碳达峰、碳中和纳入生态文明建设整体布局。不断通过强化绿色财政支撑、大力推进绿色金融发展和完善绿色法律保障等方式强化发展方式绿色转型的支撑政策体系。

一　以多维协调治理推进生态—经济—社会一体化发展

　　一方面要构建覆盖企业、产业、区域、国家、全球的统筹协调机制。习近平总书记强调生态文明建设要从全局出发，注重系统观念。在新时代中国的生态文明建设面临着新形势、新挑战，承担着新使命，更加需要系统思维和全局意识，更加需要注重统筹兼顾和协调推进。要进一步推动全局谋划、统筹兼顾、多措并举、分类实施，力争全方位、全地域、全过程开展生态文明建设。历史的实践表明，在新时代建设生态文明，要在系统观念下，统筹经济发展和环境保护，按照生态系统的系统性、整体性、科学性和演进性等特征，尊重其内在规律统筹完善生态文明领域务实高效的协调机制，共同推动实现人与自然和谐共生的中国式现代化发展。

　　准确理解习近平总书记提出的山水林田湖草沙冰是一个生命共同体的深刻内涵，用大局观、长远观、整体观来保护生态环境。"十四五"规划也明确提出了生态文明领域统筹协调机制，为系统性、整体性、协同性地提升生态文明建设和生态环境治理提供了制度保障和实践路径，为科学的生态文明保护提供了行动指南。强调生态文明领域必须着眼于统筹经济社会发展与生态环境保护，在经济社会发展中的物质资源消耗和生态环境保护中的自然生态系统健康之间寻求平衡，从而实现人与自然的和谐共生。

在生态文明新格局的大背景下，构建覆盖企业、产业、区域、国家、全球的统筹协调机制，要做到五个协调：一是经济发展与生态环保的统筹协调，二是自然资源、生态保护与污染防治的统筹协调，三是区域环境与发展的统筹协调，四是中央与地方生态环保事权财权的统筹协调，五是不同职能部门之间的分工和配合的统筹协调。

另一方面要深化生态文明试验区建设。试验区建设是生态文明新格局构建的一个重要载体。党的十八届五中全会从生态文明建设的全局出发，提出设立国家生态文明试验区，重点在生态文明体制改革等方面开展综合试验，统一规范各类试点，为完善生态文明的制度体系建设开展相关实验探索。从国家到地方的一系列生态文明建设方案也都强调了试验区建设的重要作用。

2015年，《中共中央 国务院关于加快推进生态文明建设的意见》出台，其主要目标之一是设立若干试验区，建立国家级生态文明体制改革的综合试验平台，旨在鼓励更好地发挥地方首创精神，先行先试一批实施难度较大、涉及重大关切、具备长远价值的生态文明制度探索。同年出台的《生态文明体制改革总体方案》服务于"五位一体"总体布局，鼓励立足于国土资源科学开发、生态服务和产品的价值实现、环境治理体系创新改革和生态绿色持续发展评价等方面的先行先试。各省级政府及相关单位加快落实相关文件精神，陆续出台了各自的生态文明实验区实施方案。

2020年，国家发展改革委发布《国家生态文明试验区改革举措和经验做法推广清单》，进一步明晰了将国家生态文明试验区的生态优势转化为经济优势的指导意见，主要包括：巩固和充分发挥生态比较优势，发展生态文明经济；立足市场需求，扩大生态产品和服务有效供给；立足生态优势发展新业态，培育发展新动能；优化产业结构，推进产业生态化和生态产业化；深化制度有效供给，为优势转化提供有效制度保障。①

二 强化国内区域间跨界污染治理

跨界污染主要是跨区域大气和流域污染，解决跨界污染问题的关键是追溯污染源，找到"病根"。这需要相邻的、功能重叠的、不同辖区的公共部门，协调政府、市场、社会及公众的力量，共同实施区域间跨界污染治理。一方面要加大区域间的资金统筹、规范生态环境治理的信息公开，在边界区域环境管理方法、措施、标准逐步实现"三统一"，推动跨区域生态治理执法（生态环保部门快速反应协查，检察司法机关依法监督），建立健全政策监督考核机制，规范标准指标，形成既统筹兼顾又各有侧重，创新务实发展的跨区域合作的地方生态治理合作运行机制。另一方面要强化跨界污染治理的制度保障，包括优化跨界污染治理的组织体系，加快跨区域生态环境的立法，做到跨区域生态环境的有法可依，厘清跨区域合作治理中的权责关系，建立利益分配调节机制，激发跨区域合作环境治理的内在动力。与此同时，对于不同类型的跨界污染还需要根据其特点进一步优化治理模式。

以雾霾污染跨界治理为突破，推进跨界大气污染治理。一是建立多元投资保障机制。跨界的雾霾污染治理需要建立政府、企业和社会资本共同出资的多元投资机制。主要分为三个层面，在中央政府层面，保证经费充足是最主要的，因此应加大财政投入，建立专项资金，由中央财政出资，对雾霾跨界污染治理提供足够的运行经费。在地方政府层面，加大各级地方政府对雾霾跨界污染治理的配套财政投入，从而建立起相对动态的地方政府财政资金投入机制。动态主要指的是在配套经费时，根据各级地方政府的经济发展情况和雾霾污染的实际情况来配套，在投资保障机制构建中充分融入公平、公正和合作的正确理念，从而能够最大限度地调动各级地方政府的积极性。在企业层面，同样需要加大资金投入力度。建立健全企业对雾霾的跨界污染治理资金投入机制。在雾霾的跨界污染治理中，主要

---

① 于浩、郑晶：《生态优势转化为经济优势的实现路径研究——以国家生态文明试验区为例》，《林业经济》2019 年第 8 期。

是对污染的企业征收排污费，不断鼓励企业承担相应的环保责任，鼓励企业加大对绿色环保技术的投入力度，减少污染。具体而言，在跨界雾霾污染治理中表现积极的企业，对其进行相应的经济奖励，在跨界雾霾污染治理中表现不积极造成严重污染的企业，则给予一定的经济处罚，对于表现积极但是技术相对落后的企业，则给予一定的技术指导和支持。二是建立区域统一碳排放交易机制。解决跨界雾霾污染治理的一个有效手段是利益导向的市场机制。首先是要构建统一的跨界的碳排放交易市场，其次是建立排污权有偿分配使用制度。为企业配备一定的排污许可额度，同时对最高额度进行限制，企业可以根据配备好的排污额度自由选择，可以主动减排，也可以购买其他企业的排污额度，从而对自己的排污总量水平进行很好的控制。三是要建立健全区域监督机制。监督机制里包括企业和公众两个部分，对企业而言，应建立和健全跨界雾霾污染治理的环保通报批评机制，同时对环境及公共安全领域内的标准进行定期发布，在区域的环保部门网站上对跨区域内的企业进行定期公布。对公众而言，建立信息公开机制，加大公众参与力度，建立和完善多渠道信息自由获取机制，使公众能够第一时间了解到跨界区域雾霾污染的变化，同时能够及时掌握各级政府采取的相应政策措施，从而进一步提高公众参与环境保护的积极性。

强化流域污染跨界治理，提升流域整体水生态环境治理。一是增强跨界流域污染治理的资金投入。对于流域跨界污染治理而言，相关运作资金紧缺将对水资源防护系统构建产生重要影响。因此，需要进一步增加跨界流域污染的资金投入，首先是要制定相关的政策条款，来积极推进多元化的投资模式，包括个人投资和集体投资。从而进一步增加跨界流域污染治理的相关成本投入来源。其次是地方政府和主管部门也需要相应地增加资金扶持力度，对资金运用进行科学规划，提高资金的使用效率，增加资金的运作管控。二是完善跨界流域管理体系。跨界水污染治理需要各区域内的矛盾各方共同参与，完善跨界流域管理体系十分必要，跨区域的水污染矛盾各方共同来统一进行治理机制的建立，开展相关的具体治理工作。同时在管理体系内，保障沟通措施常态化对提升跨界流域污染治理效率的提升具有一定的促进作用。在体系完善方面，分为不同的时期，在前期，侧重的是对信息进行沟通和对责任进行明确；在后期，则侧重的是对水污染进行更好的综合治理等。通过以上措施，完善后的跨界流域管理体系将为跨界水污染治理提供进一步的保障。三是运用市场经济手段整治跨界水污染。应多运用激励性手段，建立完善水定价机制，允许水权交易，同时建立统一的交易原则和交易规范来指导实践，完善水资源跨界交易的市场机制。四是通过宣传引导，鼓励公众参与。增强社会公众的参与对跨界流域污染治理将产生一定的原动力。社会公众的参与一方面可以降低跨界流域污染治理执法的成本，在一定程度上提高监管的力度；另一方面可以对各级政府形成较为有力的制约，进一步缓解社会公众舆论对跨界流域污染治理的压力。社会公众参与跨界流域污染治理主要有以下四个途径，一是设立热线电话，二是利用新闻媒体，三是建立流域公共网站，四是确立环境公益诉讼制度，社会公众可以选择以上一种或多种方式对跨界流域污染治理进行监督。

三 把碳达峰、碳中和纳入生态文明建设整体布局

全球气候变暖的主要因素是温室气体增加，世界各国一直在共同努力，为降低大气中的二氧化碳浓度而采取积极行动。2020年9月，习近平总书记宣布"双碳"目标，决定将"双碳"目标纳入生态文明建设整体布局的战略安排，主要措施有降碳减污共同处理、协同降碳与提高资源利用效率、协同降碳和生态建设。

一是把握好碳达峰、碳中和的内在规律与战略要求。党中央在统筹分析当前国内外形势作出了碳达峰、碳中和的重要决定，是"十四五"时期和2035年远景时期以及更长一个时期中国经济社会发展的主要目标之一。减缓气候变化可以提高能源效率，对国民经济产生积极效应。碳循环经济是一种人与环境和谐发展的模式，它更具有可持续性、可发展性，是关乎未来的挑战，将会重塑未来的人类文明。"双碳"目标提出后，各部门、各地区、各行业迅速贯彻落实，制定规划、部署行动、开拓创新。但实现"双碳"目标的道路是曲折的，无法避免地需要经历产业以及能源等的艰难转型，此过程中需要统筹规划、系统设计经济、民生、社会等各方各面。各地既要求同存异、保持地方特色，更要主动响应、落实国家区域发展战略，努力实现产业发展、技术创新、要素配置等共同协作，将"双

碳"深刻融入地方发展之中。① 要始终坚持科学，兼顾发展与安全，有整体规划，既要减少碳排放，也要保证粮食、产业、能源安全，保证人民生活水平稳步向前、社会稳定。在实现"双碳"目标的道路上，要咬定目标不放松，突出重点，稳步推进"双碳"工作，在生态文明整体建设的过程中充分考虑碳中和，推动生产生活绿色发展，助力"双碳"推动环境、资源友好型社会发展，最终达到可持续发展的根本目标。②

二是将党中央、国务院提出的构建碳达峰、碳中和工作"1+N"政策体系的战略部署落实到位。碳达峰、碳中和"1+N"政策体系已基本建立，该体系中的"1"指的是2021年10月24日发布《中共中央 国务院关于完整准确全面贯彻新发展理念做好碳达峰碳中和工作的意见》（以下简称《意见》），该意见是管总管长远的，在碳达峰、碳中和"1+N"政策体系中发挥着统领的作用。该意见与2021年10月26日国务院发布的《2030年前碳达峰行动方案》（以下简称《方案》）共同构成了顶层设计，贯穿于"双碳"阶段的全过程。同时《意见》提出了碳达峰、碳中和工作10个方面31项重点任务，《方案》确定了碳达峰十大行动。碳达峰、碳中和"1+N"政策体系中的"N"包括中央层面不同领域和行业制定实施的双碳目标方案，如科技、能源、财政、金融及监督考核等，以及各个地区制定实施的双碳目标方案。当前要加快推进"1+N"政策体系制定，将碳达峰、碳中和与中国经济发展融为一体，把它们作为生态文明建设和生态文明新格局构建的主要抓手，坚持绿色低碳发展，促进绿色中国、生态文明现代化早日实现，人与自然的和谐发展、和谐共处早日实现。

三是强化降碳减污协同增效。当前中国在生态文明的建设过程中把降低碳排放作为一个重点，积极推进减少碳排放与减少污染共同发挥作用，坚持推动环境友好型社会与经济发展，目前中国已经到了生态环境质变紧要关头。当前中国需要同时完成"生态环境根本好转"和"碳达峰碳中和"战略任务，目标是环境效益、气候效益、经济效益的多赢。减污降碳协同治理有助于以更小成本实现更优效果。将二氧化碳纳入现有环境管理制度体系，在该制度体系中，各个部门之间相互协调，各类社会资源之间

---

① 张友国、白羽洁：《区域差异化双碳目标的实现路径》，《改革》2021年第11期。
② 张永生：《为什么碳中和必须纳入生态文明建设整体布局——理论解释及其政策含义》，《中国人口·资源与环境》2021年第9期。

相互协同，从而实现污染物与二氧化碳协同管控的"归一化"管理，在行政管理方面节约成本，同时又能取得更大的管理效益。降碳减污，要注重从根本上治理，以整体的眼光看待，一方面要做好整体规划布局；另一方面也要保证落实到位，并积极创新，用新眼光新思路解决新问题，并注重相互借鉴学习，将优良经验方法化为己用。降碳和减污是统一的，相互联系，是同一问题的两个方面，在处理降碳减污问题时，要协同处理两者，在处理指标设定、区域设置、对象处理、具体措施、政策方法等问题时，要抓住两者的联系，协同处理。

四是协同降碳与提高资源利用效率。资源利用效率的提高，对于中国的生态文明建设和经济发展的巨大挑战，都是不可或缺的一部分。提高资源利用效率与降碳减污同样是一体两面，要紧抓二者联系，协同处理问题。目前，中国在资源利用方面存在一些明显问题：人均资源较少，资源粗放利用问题依然突出。协同降碳和提高资源利用效率，需要抓住主要矛盾，突出重点，分别处理，一方面要将主要地区、企业纳入降碳减污、循环经济的发展规划中；另一方面也要注意具体问题具体分析，对不同对象采取针对性措施。通过寻找新材料、新能源、优化生产过程、循环利用等途径促进循环经济发展，并对循环经济相关行业和企业给予更多扶持，培育绿色低碳意识，推动公众逐步养成环保、绿色低碳生活方式。协同降碳和提高资源效率，要依照提高发展质量、提高发展效果、减少资源损耗、减少对环境的污染来部署，贯彻"节约、集约、减约"的理念，全面构建采选环节、产业加工利用环节、全社会消费层面的资源高效利用政策体系。

五是协同降碳和生态建设。大力推进绿色生物质能源低碳转型战略，不断提升生物质能在能源转型中的战略地位，并在做好基础性工作的同时，不断改进技术，提升转化效率，降低成本，健全收储体系，推动产业模式创新。实施大规模科学国土绿化增汇战略，科学增加森林碳库和提升森林碳汇能力，尽可能扩大森林面积，精准提升森林质量，提高人为活动管理水平，保护好现有森林资源的碳储存功能。将固碳战略纳入生态保护与修复，要通过实施重大生态修复工程达到以点带面、带动全局的效果，注重通过先进技术方法的应用提升整治过程中的碳吸收量，要通过对海洋生态系统的保护及修复以充分发掘海洋碳汇能力。

四 强化发展方式绿色转型的支撑政策体系

一是强化绿色财政支撑。绿色财政包括绿色投资、绿色采购、绿色税收与补贴等。构建生态文明新格局，需要绿色财政的支持，绿色财政对传统财政制度进行了修正，在财政制度设计时将绿色发展理念融入其中。绿色财政的理论基础是公共产品理论、市场失灵理论和可持续发展理论。绿色财政的实施对微观经济主体从事相关经营活动和宏观制度设计都有着积极的促进作用，从体制机制上还能保障新的经济增长模式能够得以良好运行。中国的绿色财政主要通过财政支出、环境税费和环境定价三种绿色财政工具来共同发挥其作用，从而对环境商品和自然资源的价格产生影响。推行绿色财政政策，财政部门应不断深化财税改革，积极推动财政各项体系建设，在绿色预算、绿色转移支付和绿色税收等体系建设方面积极作为，同时，构建绿色政府采购体系和构建绿色财政管理体系。从而发挥绿色财政优化资源配置、引导正向激励、强化约束与惩罚、筹集必要资金的功能，为中国绿色经济、可持续发展、生态文明和美丽中国建设作出贡献。

二是大力推进绿色金融发展。绿色金融是指为支持环境改善、应对环境恶化、支持环境技术创新、改善生态结构而提供的金融服务。绿色金融通过增加就业和直接投资、提高劳动生产率、改变土地利用方式、支持技术创新等来促进经济发展，在促进经济发展的同时推动生态文明新格局的构建。发展绿色金融是中国金融业应尽的职责与使命，更是金融业助力生态文明建设的重要抓手。随着中国碳达峰、碳中和目标的提出，金融机构加快布局绿色金融来促进经济社会绿色低碳发展转型成为一项重要课题。2016年，中国出台《关于构建绿色金融体系的指导意见》，其中提出了不少措施，包括设立绿色发展基金、发展绿色保险等，对绿色金融的发展有着一定的促进作用。同时政府也为绿色金融的发展发挥了重要作用，是推动绿色金融发展的主要外部力量。政府通过外部性内部化、提供金融基础设施公共产品和降低信息不对称等措施来促进绿色金融的发展。绿色金融政策为中国发展方式绿色转型提供了资金支撑，为生态文明新格局的构建提供了金融支持。

三是不断完善和加强绿色法律保障。绿色法律是指涉及自然资源管理、生态与环境保护，事关绿色发展、生态文明建设、可持续发展相关的法律法规。中国的绿色法律包括两个方面，一是保护自然资源本身的法律，二是与绿色经济领域密切相关的法律。绿色法律目前依然存在着排污权交易主体资格尚待明确、对环境财产权的认识不统一、国际生态环境公约履约方面有法律空白等问题，中国需要借鉴发达国家环境税法的立法与实践经验，完善现行的税制结构，考虑从排污收费到污染税的可能改革等。完善中国的绿色法律，应多维度展开法律制度上的布局（包括政府、市场、企业和公众等）。构建政策与法律兼容的绿色法律制度体系，应从公平、效益和秩序上转变绿色经济领域法律的观念，公平方面，要从代内公平转向代际公平；效益方面，从经济效益转向经济、社会和生态效益三者统一；秩序方面，从人类中心主义转向生态主义，进一步完善绿色法律，为生态文明新格局提供法律保障。

第三节　构建人类命运共同体

当前人类面临着全球性的生态环境危机、粮食危机、能源危机、和平与安全的威胁、国际供应链的短缺、国际贸易合作的挑战，不稳定性和不确定性增加，为了世界和平、人类发展、文明传播，中国积极参与全球生态环境治理，在积极引领全球气候变化治理、积极引领生物多样性保护、积极引领跨境污染治理、积极推动联合国可持续发展目标等方面作出了重要贡献，体现了大国的责任担当，贡献了中国智慧和中国力量。

一　积极引领全球气候变化治理

中国面临着由全球气候变化带来的"绿色工业革命"的巨大挑战和机遇。在新形势下，西方发达国家、新兴国家、能源生产国呈现三角态势，各自形成了不同的联盟。当前，全球气候治理面临两个主要方面的挑战。第一，全球气候变化问题的紧迫性、严重性与应对气候变化治理迟滞性、落后性的矛盾，气候问题的复杂性、艰巨性与气候变化治理去体系化、伪合作化等矛盾严重；第二，新冠疫情对气候变化治理造成阻碍和复杂的负面影响。《巴黎协定》确立了以"国家自主贡献"为基础加"五年评审"的减排机制。在新的治理体制下，中国不仅采取了自身应对气候影响的结构调整、优化能源等方面行动，而且主动承担更多的气候治理的国际义务。通过多种方式多种渠道积极引领、改善和优化全球气候变化治理，一是中国为应对气候变化贡献了中国智慧、提供了中国新理念、奉献了中国方案；二是中国坚定维护多边主义，坚持团结合作为全球气候治理注入强大动力；三是持续向发展中国家传递在推动节能减排和发展低碳经济等领域的重要经验，帮助发展中国家走符合国情的气候治理道路。

二 积极引领生物多样性保护

生物多样性为人类经济社会发展创造了巨大价值，然而，生物多样性丧失已经和气候变化、环境污染一起被联合国列为全球三大危机，面临着自然和人为因素等多方面的挑战。中国政府为加强保护生态环境和生物多样性，努力加快构建以国家公园为主体的自然保护地体系，逐步把最精华最不可复制的自然遗产、最关键最重要的自然生态系统、最独特最珍贵的自然景观和最富集最浓缩的生物多样性区域纳入国家公园体系。在理论方面，习近平生态文明思想是国家生态文明建设的根本遵循，也成为生物多样性保护的科学指南；在实践方面，中国生物多样性保护逐渐主流化，并通过划定生态保护红线来保障全国的重要生态空间，通过生态修复逐步提升生态系统服务功能。积极发挥引领作用，增强生物多样性保护意识，重视生物多样性保护，形成生物多样性保护机制，推动更高水平的全球生物多样性治理。一是总结已有经验，讲好中国故事。二是主动参与全球多边环境治理，促进生物多样性相关公约协同增效。三是推动企业参与生物多样性保护，扩大生物多样性保护相关投融资。

三 积极引领跨境污染治理

由于环境污染问题存在负外部性，而且全球的公共资源，如大气、海洋、生物多样性等缺乏明确的产权，一国的污染排放不可避免地会对邻国的这些公共资源产生一定影响。如果一国的外部性溢出国境对其他国家造成影响，而又不需要为此支付成本，或者说支付的成本远远小于获得的收益，在出现跨境污染的条件时，单个国家通常会有"搭便车"的激励，在设定国内政策时将很少考虑这些影响，往往选择排放污染。

加强环境污染的治理离不开国际社会的合作，由于缺乏强而有力的权威的多边合作组织进行协调和监督，各个国家往往会从自己国家利益最大化的角度来出发，考虑污染排放问题，难以统一认识并形成合力，由此给跨境污染治理带来极大挑战。特别是当前人类面临着全球性的生态环境危机、粮食危机、能源危机、和平与安全的威胁、国际供应链的短缺、国际贸易合作的挑战，不稳定性和不确定性增加，导致跨境合作更为必要且难度加大。因此，如何让各国积极、主动、自愿地开展合作，携手共同解决跨界污染是当今国际治理的一大难题。

跨境污染的产生，一般是通过一定空间内的环境媒介传播，如跨境的河流、空气的流动、生物的传播等。跨境污染的产生，也可以通过货物贸易进行。当前国际经济日益走向全球化和一体化，由于比较优势和要素禀赋的不同，跨国资本流动的加剧和跨国公司的不断发展，国际贸易的品种和贸易量在不断加大，通过国际贸易，一个国家在出口给其他国家消费的产品时，与生产该产品相关的污染也在该国发生，相当于污染从消费国转移到了生产国。

跨境污染治理，要重视加强对污染源头国的管理。对于产生污染的源头国家来说，一方面，要约束产生污染的企业，使其在追求经济效益的同时，重视环境污染问题，树立企业的社会责任感，并且相应地承担治理责任。另一方面，国家层面要勇于承担国际责任，认真履行国际环境保护的义务，倡导绿色发展和可持续发展，加强节能减排，重视循环利用，调整产业结构，重视环境问题，发展清洁生产技术。

跨境污染治理，除了要加强污染源头国的治理，还要避免受到影响的消费端的下游国家以环境污染为借口，肆意抬高环境贸易壁垒，阻碍全球贸易自由化的发展。适度的环境壁垒，可以解决跨界污染的博弈问题"囚徒困境"的局面，达到个体利益与集体利益的统一。此外，在处理环境问题的同时，能够提高全球的贸易自由化程度，进一步提高全球的福利水平，实现一种多效益的、良性循环发展的状态。

解决跨境污染问题，需要在互利互信的基础上加强区域或国家之间的合作，将外部性的成本内部化，或者是进一步明晰产权，实行排污权的交易。如果排污方有排放权而并没有以损失区域（流域）环境为代价进行跨境排污，受益方则可以通过生态环境补偿弥补排污方的机会收益。然而，这种旨在解决跨境污染问题的区域（流域）间合作，由于产权界定的困难和自然地理条件的天然存在的不平等，通过协商达到一致并非易事。最好的办法就是建立一种利益驱动与合作机制，把它纳入区域（流域）合作的大框架内，实现协商共治、统一管理。

解决跨境环境污染问题的基础是各国达成共识，因此需要实现区域性或全球性环境治理体系的有效联结。国家和地区之间可以通过签订条约的方式，确定环境污染标准，共同制定环境公约。国际环境法、国际环境公约、国际环境共同宣言等，作为一种事前的预防行为，分为具有法律约束力和不具法律约束力两种形式，可以避免由跨界污染引发的争端。《控制危险废物越境转移及其处置巴塞尔公约》于1992年正式生效，它是一个控制有害废弃物越境转移的国际公约，是环境无害管理的第一个，也是最重要的全球性环境条约。除此之外，还有一些重要的有全球影响力的国际公约，如《联合国海洋法公约》《联合国气候变化框架公约》《生物多样性公约》等。

在跨境污染治理问题上，在新格局下，中国应继续坚持全方位开展跨境污染治理，加强国际合作与沟通，努力实现由参与者、合作者到引导者、主导者，以完成"双碳"目标为契机，展现中国的责任担当，作出中国的大国贡献，与国际社会一道，共同建设公平合理、合作共赢的全球跨境污染治理体系，开启全球应对跨境污染新征程。

四 积极推动联合国可持续发展目标

2015年9月25日，《2030年可持续发展议程》发布，旨在推动全球的和平发展与繁荣、推动全人类的可持续发展，为实现该目标制定具体的行动计划、方案和准则，采取合适手段强化执行落实，消除不同层面的贫穷与饥饿，保护地球生态免遭破坏和退化，保障人们过上和平、富足和充实的生活。《2030年可持续发展议程》中包括了推动公平正义、消除极端贫困、推动环境治理、遏制气候变化和推动国际合作等方面的17类大目标和169项具体指标的可持续发展目标，涉及生态领域多个方面。

人类只有一个地球，人与自然是命运共同体，生态安全是全球性公共产品，以全球生态观开展合作，有利于维护全人类的共同利益。中国林草部门积极牵头组织落实了多个涉林国际公约，主要有《生物多样性公约》《国际森林文书》《国际植物保护公约》《联合国气候变化框架公约》等。近年来，中国林草部门在党中央、国务院统一部署下，准确理解公约精神，认真履行国际公约义务，在新增造林、荒漠化防治在内的全球生态安全治理方面取得突出成绩。为了更好地履行国际公约，落实联合国2015年后发展议程和联合国2030年可持续发展目标，推广中国的有益发展经验，中国在生态文明领域继续推动"走出去、引进来"战略，更加积极地在国际舞台上发挥作用，展现大国担当，奉献中国智慧、方案和力量，为推动实现联合国可持续发展目标作出新的更大贡献。

参考文献

书籍

［法］皮凯蒂：《21世纪资本论》，巴曙松等译，中信出版社2014年版。

［美］杰里米·里夫金：《零碳社会——生态文明的崛起和全球绿色新政》，赛迪研究院专家组译，中信出版集团2021年版。

《党的十一届三中全会以来历次党代会、中央全会报告公报决议决定》，中国方正出版社2010年版。

《邓小平文选》第2卷，人民出版社1994年版。

《邓小平文选》第3卷，人民出版社1993年版。

《江泽民文选》第3卷，人民出版社2006年版。

《马克思恩格斯全集》第1卷，人民出版社1956版。

《马克思恩格斯全集》第3卷，人民出版社1979年版。

《马克思恩格斯全集》第42卷，人民出版社1979年版。

《马克思恩格斯选集》第1卷，人民出版社2012年版。

《马克思恩格斯选集》第3卷，人民出版社1972版。

《毛泽东文集》第6卷，人民出版社1999年版。

《毛泽东文集》第7卷，人民出版社1999年版。

《毛泽东文集》第8卷，人民出版社1999年版。

《毛泽东选集》第3卷，人民出版社1991年版。

《毛泽东选集》第4卷，人民出版社1991年版。

《习近平谈治国理政》第二卷，外文出版社2017年版。

《习近平谈治国理政》第三卷，外文出版社2020年版。

参考文献

《习近平谈治国理政》第一卷，外文出版社 2018 年版。

《习近平谈治国理政》第四卷，外文出版社 2022 年版。

《〈中共中央关于坚持和完善中国特色社会主义制度、推进国家治理体系和治理能力现代化若干重大问题的决定〉辅导读本》，人民出版社 2019 年版。

《中国共产党第十九届中央委员会第六次全体会议文件汇编》，人民出版社 2021 年版。

《资本论》第 3 卷，人民出版社 2004 年版。

恩格斯：《自然辩证法》，人民出版社 2018 年版。

高英：《毛泽东思想和中国特色社会主义理论体系概述》，高等教育出版社 2014 年版。

季羡林：《禅和文化与文学》，商务印书馆 1998 年版。

厉以宁、傅帅雄、尹俊：《经济低碳化》，江苏人民出版社 2014 年版。

厉以宁：《经济与改革：厉以宁文选 2011—2014》，中国大百科全书出版社 2019 年版。

黎祖交主编：《生态文明关键词第 2 版》上，中国林业出版社 2020 年版。

刘国光、张卓元、董志凯、武力：《中国十个五年计划研究报告》，人民出版社 2006 年版。

卢风、王远哲：《生态文明与生态哲学》，中国社会科学出版社 2022 年版。

潘家华、庄贵阳：《中国生态建设与环境保护》，社会科学文献出版社 2018 年版。

任仲文：《何为全过程人民民主》，人民日报出版社 2022 年版。

习近平：《高举中国特色社会主义伟大旗帜　为全面建设社会主义现代化国家而团结奋斗——在中国共产党第二十次全国代表大会上的报告》（2022 年 10 月 16 日），人民出版社 2022 年版。

习近平：《关于社会主义生态文明建设论述摘编》，中央文献出版社 2017 年版。

习近平：《论把握新发展格局、贯彻新发展理念、构建新发展格局》，中央文献出版社 2021 年版。

习近平：《论坚持党对一切工作的领导》，中央文献出版社 2019 年版。

习近平：《论坚持人与自然和谐共生》，中央文献出版社 2022 年版。

习近平：《在庆祝中国共产党成立 100 周年大会上的讲话》，人民出版社 2021 年版。

叶谦吉：《叶谦吉文集》，社会科学文献出版社 2014 年版。

张岱年、程宜山：《中国文化精神》，北京大学出版社 2015 年版。

张宇燕：《习近平新时代中国特色社会主义外交思想研究》，中国社会科学出版社 2022 年版。

中共中央党史和文献研究院：《习近平关于全面从严治党论述摘编》，中央文献出版社 2021 年版。

中共中央文献研究室、国家林业局编：《毛泽东论林业》（新编本），中央文献出版社 2003 年版。

中共中央文献研究室：《习近平关于社会主义社会建设论述摘编》，中央文献出版社 2017 年版。

中共中央宣传部、国家发展和改革委员会：《习近平经济思想学习纲要》，人民出版社、学习出版社 2022 年版。

中共中央宣传部、中华人民共和国外交部：《习近平外交思想学习纲要》，人民出版社、学习出版社 2021 年版。

中共中央宣传部：《习近平总书记系列重要讲话读本》，学习出版社、人民出版社 2014 年版。

中共中央宣传部和中央全面依法治国委员会办公室编：《习近平法治思想学习纲要》，人民出版社、学习出版社 2021 年版。

中国共产党第十九届中央委员会：《中华人民共和国国民经济和社会发展第十四个五年规划和 2035 年远景目标纲要》，人民出版社 2021 年版。

中华人民共和国国务院新闻办公室：《中国的民主》，人民出版社 2021 年版。

中央党史和文献研究院编：《十八大以来重要文献选编》下册，中央文献出版社 2018 年版。

诸大建：《生态文明与绿色发展》，上海人民出版社 2008 年版。

期刊

蔡昉、贾朋：《构建中国式福利国家的理论和实践依据》，《比较》2022 年第 120 辑。

蔡跃洲：《中国共产党领导的科技创新治理及其数字化转型——数据驱动的新型举国体制构建完善视角》，《管理世界》2021 年第 8 期。

蔡之兵：《规范和引导资本健康发展的理论逻辑、现实逻辑与政策逻辑》，《改革》2022 年第 6 期。

陈慈英：《弱有所扶的理论依据与路径选择》，《中国民政》2018 年第 12 期。

陈继红、董颖洁：《"大德"的历史意蕴与当代建构》，《社会主义核心价值观研究》2021 年第 1 期。

陈佳贵、黄群慧：《工业发展、国情变化与经济现代化战略——中国成为工业大国的国情分析》，《中国社会科学》2005 年第 4 期。

陈劲、阳镇、朱子钦：《新型举国体制的理论逻辑、落地模式与应用场景》，《改革》2021 年第 5 期。

陈可：《党的初心和使命的时代意蕴》，《山东干部函授大学学报》（理论学习）2018 年第 6 期。

成金华、尤喆：《"山水林田湖草是生命共同体"原则的科学内涵与实践路径》，《中国人口·资源与环境》2019 年第 2 期。

戴翔、张二震：《逆全球化与中国开放发展道路再思考》，《经济学家》2018 年第 1 期。

董志勇、毕悦：《为资本设置"红绿灯"：理论基础、实践价值与路径选择》，《经济学动态》2022 年第 3 期。

樊欣：《论中国特色社会主义政治制度的合法性优越性》，《科学社会主义》2019 年第 5 期。

冯金华：《以人民为中心和以资本为中心：两种发展道路的比较——基于劳动价值论的若干思考》，《学术研究》2020 年第 12 期。

傅其林：《中国共产党百年文艺思想的三次高峰及其经典文本》，《求索》2021 年第 6 期。

高培勇：《构建新发展格局：在统筹发展和安全中前行》，《经济研究》2021 年第 3 期。

高长武：《汲取中华优秀传统文化中的国家治理思想智慧》，《瞭望》2022 年第 21 期。

顾海良：《社会主义市场经济体制是如何上升为基本制度的》，《红旗文稿》2020年第2期。

顾海良：《中国特色社会主义基本经济制度的政治经济学分析》，《政治经济学研究》2020年第1期。

郭辉、王国骋：《自然价值论的理论突破及其意义》，《河南师范大学学报》（哲学社会科学版）2010年第11期。

郭克莎、田潇潇：《加快构建新发展格局与制造业转型升级路径》，《中国工业经济》2021年第11期。

郭熙保、胡汉昌：《后发优势新论——兼论中国经济发展的动力》，《武汉大学学报》（哲学社会科学版）2004年第3期。

何忠国：《坚定不移推进更高水平对外开放》，《红旗文稿》2021年第8期。

黄承梁、杨开忠、高世楫：《党的百年生态文明建设基本历程及其人民观》，《管理世界》2022年第5期。

黄群慧、倪红福：《中国经济国内国际双循环的测度分析——兼论新发展格局的本质特征》，《管理世界》2021年第12期。

黄群慧：《新发展格局的理论逻辑、战略内涵与政策体系——基于经济现代化的视角》，《经济研究》2021年第4期。

季思：《积极为全球公域治理贡献中国方案》，《当代世界》2019年第2期。

江小涓、孟丽君：《内循环为主、外循环赋能与更高水平双循环——国际经验与中国实践》，《管理世界》2021年第1期。

江泽林：《"两会制"民主视域下的人民政协——全过程人民民主的重要政治制度》，《中国社会科学》2021年第12期。

李程骅：《先进思想引领：中国共产党文化建设的核心战略与路径创新》，《南京社会科学》2021年第10期。

李海舰、杜爽：《"十二个更加突出"：习近平新时代中国特色社会主义思想精髓》，《改革》2022年第5期。

李海舰、杜爽：《共同富裕问题：政策、实践、难题、对策》，《经济与管理》2022年第3期。

李海舰、杜爽：《推进共同富裕若干问题探析》，《改革》2021年第11期。

李海舰、杜爽：《中国现代化国家建设中的"十化"问题》，《经济与管理》2021年第1期。

李海舰、李文杰、李然：《中国未来养老模式研究——基于时间银行的拓展路径》，《管理世界》2020年第3期。

李海舰、李燕：《对经济新形态的认识：微观经济的视角》，《中国工业经济》2020年第12期。

李海舰、李燕：《美学经济研究论纲》，《山东大学学报》2021年第4期。

李海舰、田跃新、李文杰：《互联网思维与传统企业再造》，《中国工业经济》2014年第10期。

李海舰、徐韧、李然：《工匠精神与工业文明》，China Economist 2016年第4期。

李海舰、原磊：《三大财富及其关系研究》，《中国工业经济》2008年第12期。

李海舰、赵丽：《数据成为生产要素：特征、机制与价值形态演进》，《上海经济研究》2021年第8期。

李海舰、朱兰、孙博文：《新发展格局：从经济领域到非经济领域——加速启动"五位一体"新发展格局》，《数量经济技术经济研究》2022年第10期。

李雪松：《贯彻新发展理念构建新发展格局》，《改革》2022年第6期。

李忠：《论全过程人民民主的制度化法律化》，《西北大学学报》（哲学社会科学版）2022年第1期。

李周：《生态价值核算与实现机制研究》，《山西师范大学学报》（社会科学版）2022年第1期。

厉以宁：《论"两个一百年"的奋斗目标和"中国梦"的实现》，《理论学习与探索》2019年第6期。

林伯强：《碳中和进程中的中国经济高质量增长》，《经济研究》2022年第1期。

林丹、丁义浩：《马克思主义引领社会主义核心价值观的逻辑维度》，《思想教育研究》2022年第1期。

林利民：《世界政治与格局的变化趋势》，《现代国际关系》2020年第12期。

林盼：《新型举国体制如何落地：打造以国企为主导的创新平台》，《华东理工大学学报》（社会科学版）2021年第4期。

林毅夫、孙希芳、姜烨：《经济发展中的最优金融结构理论初探》，《经济研究》2009年第8期。

林毅夫、张鹏飞：《后发优势、技术引进和落后国家的经济增长》，《经济学》（季刊）2005年第4期。

刘锦、汪进元：《论新型举国体制的宪法基础与实施路径》，《社会主义研究》2021年第6期。

刘明明：《百年未有之大变局下中国道路引领21世纪社会主义的新发展》，《河南社会科学》2021年第2期。

刘明松：《马克思的民生思想及其当代价值》，《马克思主义研究》2019年第8期。

刘培林、刘孟德：《发展的机制：以比较优势战略释放后发优势——与樊纲教授商榷》，《管理世界》2020年第5期。

刘曙光、姜旭朝：《中国海洋经济研究30年：回顾与展望》，《中国工业经济》2008第11期。

刘同舫：《构建人类命运共同体对历史唯物主义的原创性贡献》，《中国社会科学》2018年第7期。

刘伟：《习近平新时代中国特色社会主义经济思想的内在逻辑》，《经济研究》2018年第5期。

刘晓梅、曹鸣远、李歆、刘冰冰：《党的十八大以来我国社会保障事业的成就与经验》，《管理世界》2022年第7期。

刘志彪、孔令池：《从分割走向整合：推进国内统一大市场建设的阻力与对策》，《中国工业经济》2021年第8期。

路风、何鹏宇：《举国体制与重大突破——以特殊机构执行和完成重大任务的历史经验及启示》，《管理世界》2021年第7期。

马建堂、赵昌文：《更加自觉地用新发展格局理论指导新发展阶段经济工作》，《管理世界》2020年第11期。

莫纪宏：《习近平法治思想"十一个坚持"的法理逻辑结构与功能透析》，《新疆师范大学学报》（哲学社会科学版）2022年第2期。

莫纪宏：《习近平法治思想的理论渊源及发展脉络》，《中国井冈山干部学院学报》2021年第3期。

裴长洪、刘洪愧:《中国外贸高质量发展:基于习近平百年大变局重要论断的思考》,《经济研究》2020年第5期。

邱耕田:《习近平对人类社会发展规律的探索和理论贡献》,《社会科学辑刊》2022年第4期。

曲青山:《从三个维度看中国共产党的初心和使命》,《中共党史研究》2019年第3期。

盛朝迅:《新发展格局下推动产业链供应链安全稳定发展的思路与策略》,《改革》2021年第2期。

孙博文:《建立健全生态产品价值实现机制的瓶颈制约与策略选择》,《改革》2022年第5期。

汤玲:《中华优秀传统文化、革命文化和社会主义先进文化的关系》,《红旗文稿》2019年第19期。

王晨:《习近平法治思想是马克思主义法治理论中国化的新发展新飞跃》,《中国法学》2021年第2期。

王鸿铭:《论党的政治建设与国家治理能力的提升》,《社会主义研究》2021年第6期。

王惠岩:《建设社会主义政治文明》,《政治学研究》2002年第3期。

王维平、陈雅:《"双循环"新发展格局释读——基于马克思主义政治经济学总体性视域》,《中国特色社会主义研究》2021年第1期。

王一鸣:《百年大变局、高质量发展与构建新发展格局》,《管理世界》2020年第12期。

吴海江、徐伟轩:《"以人民为中心"思想对传统民本思想的传承与超越》,《毛泽东邓小平理论研究》2018年第7期。

习近平:《把握新发展阶段,贯彻新发展理念,构建新发展格局》,《求是》2021年第9期。

习近平:《加快建设科技强国,实现高水平科技自立自强》,《求是》2022年第9期。

习近平:《努力成为世界主要科学中心和创新高地》,《求是》2021年第6期。

习近平:《努力建设人与自然和谐共生的现代化》,《求是》2022年第11期。

习近平：《深入实施新时代人才强国战略，加快建设世界重要人才中心和创新高地》，《求是》2021年第24期。

习近平：《文明交流互鉴是推动人类文明进步和世界和平发展的重要动力》，《求是》2019年第9期。

习近平：《学史明理 学史增信 学史崇德 学史力行》，《求是》2021年第13期。

习近平：《一个国家、一个民族不能没有灵魂》，《求是》2019年第8期。

习近平：《在庆祝中国共产党成立100周年大会上的讲话》，《党建》2021年第7期。

习近平：《在深入推动长江经济带发展座谈会上的讲话》，《求是》2019年第17期。

习近平：《扎实推动共同富裕》，《求是》2021年第20期。

习近平：《正确认识和把握我国发展重大理论和实践问题》，《求是》2022年第10期。

习近平：《中国共产党领导是中国特色社会主义最本质的特征》，《求是》2020年第14期。

夏志强：《国家治理现代化的逻辑转换》，《中国社会科学》2020年第5期。

谢玉华、刘晶晶：《"普惠性、基础性、兜底性民生"的内涵及本质特征研究》，《社会主义研究》2020年第4期。

辛勇飞：《数字技术支撑国家治理现代化的思考》，《人民论坛·学术前沿》2021年第Z1期。

熊秋良：《认识中国共产党领导中国式现代化道路的三个维度》，《求索》2022年第1期。

许宪春、雷泽坤、窦园园、柳士昌：《中国南北平衡发展差距研究——基于"中国平衡发展指数"的综合分析》，《中国工业经济》2021年第2期。

薛澜：《顶层设计与泥泞前行：中国国家治理现代化之路》，《公共管理学报年》2014年第4期。

严文波：《中国传统"和合"理念与构建人类命运共同体》，《红旗文稿》2020年第16期。

杨成荣、张屹山、张鹤：《基础教育公平与经济社会发展》，《管理世界》2021 年第 10 期。

杨汝岱、姚洋：《有限赶超与经济增长》，《经济研究》2008 年第 8 期。

尤春媛：《马克思民主契约法律观与方法论及其对构建和谐社会的启示》，《探索》2016 年第 6 期。

于浩、郑晶：《生态优势转化为经济优势的实现路径研究——以国家生态文明试验区为例》，《林业经济》2019 年第 8 期。

张军：《大国经济发展需更开放市场》，《中国工业经济》2020 年第 12 期。

张来明、李建伟：《促进共同富裕的内涵、战略目标与政策措施》，《改革》2021 年第 9 期。

张来明：《以国家治理体系和治理能力现代化保证和推进中国社会主义现代化》，《管理世界》2022 年第 5 期。

张少军、方玉文：《中国经济双循环的比较优势分析》，《数量经济技术经济研究》2022 年第 2 期。

张文显：《国家制度建设和国家治理现代化的五个核心命题》，《法制与社会发展》2020 年第 1 期。

张永生：《为什么碳中和必须纳入生态文明建设整体布局——理论解释及其政策含义》，《中国人口·资源与环境》2021 年第 9 期。

张友国、白羽洁：《区域差异化双碳目标的实现路径》，《改革》2021 年第 11 期。

张友国、白羽洁：《区域协同低碳发展的基础与路径》，*China Economist*，2022 年第 2 期。

张友国：《生态文明建设的马克思主义政治经济学分析》，《社科院专刊》2016 年 9 月 9 日总第 359 期。

赵昌文、蒋希蘅、江宇、余璐：《中国共产党为什么能够成功？——百年大党领导经济社会发展的基本经验》，《经济社会体制比较》2022 年第 3 期。

郑功成：《中国慈善事业发展：成效、问题与制度完善》，《中共中央党校（国家行政学院）学报》2020 年第 6 期。

郑永年：《国际发展格局中的中国模式》，《中国社会科学》2009 年第 5 期。

中国城市营商环境评价研究课题组：《中国城市营商环境评价的理论逻辑、

比较分析及对策建议》，《管理世界》2021 年第 5 期。

钟坚、张其富、王启凤：《习近平经济发展"四个更"重要论述及其时代意义》，《社会主义研究》2020 年第 3 期。

钟小武、涂龙峰：《中国共产党社会文明观的百年考察及时代意蕴》，《江西社会科学》2021 年第 12 期。

周娟娟：《数字技术赋能文化遗产的保护传承与发展》，《福建农林大学学报》（哲学社会科学版）2022 年第 3 期。

周明海：《比较视野中的"四个全面"战略布局与"五位一体"总体布局》，《中共天津市委党校学报》2015 年第 3 期。

朱兰、郭熙保：《党的十八大以来中国绿色金融体系的构建》，《改革》2022 年第 6 期。

报纸

《习近平在博鳌亚洲论坛 2022 年年会开幕式上发表主旨演讲》，《人民日报》2022 年 4 月 22 日第 1 版。

《习近平在中共中央政治局第三十次集体学习时强调　加强和改进国际传播工作　展示真实立体全面的中国》，《人民日报》2021 年 6 月 2 日第 1 版。

《习近平在中央政治局第二十三次集体学习时强调　建设中国特色中国风格中国气派的考古学　更好认识源远流长博大精深的中华文明》，《人民日报》2020 年 9 月 30 日第 1 版。

《习近平在中央政治局第十八次集体学习时强调　牢记历史经验历史教训历史警示　为国家治理能力现代化提供有益借鉴》，《人民日报》2014 年 10 月 14 日第 1 版。

《中共中央关于党的百年奋斗重大成就和历史经验的决议（2021 年 11 月 11 日中国共产党第十九届中央委员会第六次全体会议通过）》，《人民日报》2021 年 11 月 17 日第 1 版。

《中共中央政治局召开会议分析研究当前经济形势和经济工作　审议〈国家"十四五"期间人才发展规划〉》，《人民日报》2022 年 4 月 30 日第 1 版。

《中共中央政治局召开会议分析研究二〇二一年经济工作 研究部署党风廉政建设和反腐败工作 审议〈中国共产党地方组织选举工作条例〉》,《人民日报》2020年12月12日第1版。

《中共中央政治局召开民主生活会强调加强政治建设提高政治能力坚守人民情怀 不断提高政治判断力政治领悟力政治执行力》,《人民日报》2020年12月26日第1版。

《中央经济工作会议在北京举行》,《人民日报》2021年12月11日第1版。

丁金光、董雯千:《中国何以成为全球生态文明建设引领者》,《中国社会科学报》2021年11月9日第8版。

国防大学中国特色社会主义理论体系研究中心:《统筹联动 相互促进 全面发展——如何更好推进"五位一体"总体布局和"四个全面"战略布局》,《经济日报》2017年2月5日第7版。

韩文秀:《加快构建新发展格局》,《人民日报》2021年12月10日第9版。

何星亮:《不断满足人民日益增长的美好生活需要》,《人民日报》2017年11月14日第7版。

黄坤明:《坚持马克思主义在意识形态领域指导地位的根本制度》,《人民日报》2019年11月20日第6版。

黄润秋:《把碳达峰碳中和纳入生态文明建设整体布局》,《学习时报》2021年11月18日第1版。

李晓华:《立足现实基础:增强制造业根植性》,《经济日报》2021年4月28日第10版。

李雪松、孙博文、朱兰:《促进共同富裕要靠共同奋斗》,《光明日报》2022年2月24日第6版。

李志明:《民生"三性"》,《人民日报》2014年6月8日第5版。

刘鹤:《必须实现高质量发展》,《人民日报》2021年11月24日第6版。

刘鹤:《加快构建以国内大循环为主体、国内国际双循环相互促进的新发展格局》,《人民日报》2020年11月25日第6版。

罗照辉:《中国引领全球生态环境治理,共建人类美好家园》,《人民日报》2020年9月28日第16版。

邵景均:《充分发挥文化对经济社会发展的引领作用》,《人民日报》2011年12月20日第7版。

王炳林：《革命文化与文化自信》，《光明日报》2017年12月28日第7版。

王培安：《幼有所育关乎民族未来》，《经济日报》2022年6月1日第12版。

王益：《共同富裕：社会主义对资本主义的超越》，《中国社会科学报》2022年1月13日第8版。

韦玉潇：《科技创新为社会治理体系提质增效》，《学习时报》2022年1月15日第7版。

吴向东：《价值与文明：中国共产党的百年探索》，《光明日报》2021年11月15日。

习近平：《把提高农业综合生产能力放在更加突出的位置 在推动社会保障事业高质量发展上持续用力》，《人民日报》2022年3月7日第1版。

习近平：《关于〈中共中央关于制定国民经济和社会发展第十四个五年规划和二〇三五年远景目标的建议〉的说明》，《人民日报》2020年11月4日第1版。

习近平：《加强数字政府建设 推进省以下财政体制改革》，《人民日报》2022年4月20日第1版。

习近平：《坚定不移走高质量发展之路 坚定不移增进民生福祉》，《人民日报》2021年3月8日第1版。

习近平：《年轻干部要提高解决实际问题能力 想干事能干事干成事》，《人民日报》2020年10月11日第1版。

习近平：《青年要自觉践行社会主义核心价值观——在北京大学师生座谈会上的讲话》，《人民日报》2014年5月5日第1版。

习近平：《全面推进教育文化卫生体育事业发展 不断增强人民群众获得感幸福感安全感》，《人民日报》2020年9月23日第1版。

习近平：《深化文明交流互鉴 共建亚洲命运共同体——在亚洲文明对话大会开幕式上的主旨演讲》，《人民日报》2019年5月16日第1版。

习近平：《推动平台经济规范健康持续发展 把碳达峰碳中和纳入生态文明建设整体布局》，人民日报2021年3月15日第1版。

习近平：《携手构建合作共赢新伙伴 同心打造人类命运共同体——在第七十届联合国大会一般性辩论时的讲话》，《人民日报》2015年9月29日第1版。

习近平:《携手建设更加美好的世界——在中国共产党与世界政党高层对话会上的主旨讲话》,《人民日报》2017年12月2日第1版。

习近平:《依法规范和引导我国资本健康发展　发挥资本作为重要生产要素的积极作用》,人民日报2022年5月1日第1版》。

习近平:《以解决突出问题为突破口和主抓手　推动党的十八届六中全会精神落到实处》,《人民日报》2017年2月14日第1版。

习近平:《在高质量发展中促进共同富裕　统筹做好重大金融风险防范化解工作》,《人民日报》2021年8月18日第1版。

习近平:《在文艺工作座谈会上的讲话》,《人民日报》2015年10月15日第2版。

习近平:《在哲学社会科学工作座谈会上的讲话》,《人民日报》2016年5月19日第1版。

习近平:《筑牢理想信念根基树立践行正确政绩观　在新时代新征程上留下无悔的奋斗足迹》,《人民日报》2022年3月2日第1版。

习近平:《在亚太经合组织工商领导人对话会上的主旨演讲》,《人民日报》2020年11月20日第1版。

许宪春:《发展数字经济　助力构建新发展格局》,《人民日报》2021年4月20日第7版。

杨洁篪:《推动构建人类命运共同体》,《人民日报》2021年11月26日第6版。

叶坦、王昉:《对中国古代民本经济观的传承与超越》,《人民日报》2021年11月29日第9版。

尹俊:《必须牢牢把握高质量发展主题》,《光明日报》2022年1月7日第6版。

尹俊:《以世界眼光关注人类前途命运》,《中国纪检监察报》2022年4月28日第5版。

于化民:《党史视野中的中国革命文化》,《中国社会科学报》2021年7月5日第4版。

姚瑞华、赵越、张晓丽、严冬:《坚持陆海统筹,加强流域海域系统治理》,《中国环境报》2021年1月20日第3版。

英文期刊

Carla P. F. , "An Uncommon Approach to the Global Commons: Interpreting China's Divergent Positions on Maritime and Outer Space Governance", *The China Quarterly*, No. 241, 2019.

Iring Fetscher, "Conditions for the Survival of Humanity: On the Dialectics of Progress", *Universitas*, Vol. 20, No. 3, 1978.

Scott A. J. , Ellison M. , Sinclair D. A. , "The Economic Value of Targeting Aging", *Nature Aging*, No. 1, 2021.